수필쓰기의 이론

정진권 지음

학 연 사

초판 머리말

- 어떻게 하면 수필을 잘 쓸 수 있을까

옛날 중국의 구양수(歐陽修)는, 글을 잘 쓰려면 많이 읽고 많이 써 보고 많이 생각하라고 했다(看多, 做多, 商量多). 이를 삼다(三多)라고 한다. 그러면 물론 글을 잘 쓰게 될 것이다. 수필이라고 예외일 리 없다.

그런데 이 세 가지 중 많이 써 보라는 것에 관해서는 좀 생각할 것이 있다. 글을 잘 쓰기 위해서는 당연히 많이 써 보아야 하겠지만, 옆에서 누가 한 마디 거들어 주면 금방 깨우칠 수 있는 것까지 무작정 많이 써 봄으로써 터득하려 한다면 그것은 너무 지나친 낭비가 아니겠는가?

이 책은 수필쓰기를 공부하는 분들에게 옆에서 이따금 거들어 주고 싶은 그 한 마디들을 모아 주로 문장론(文章論)의 입장에서 정리한 것이다. 내용은 다음과 같이 다섯 개의 장과 부록으로 구성했다.

Ⅰ. **수필에의 접근**은 수필의 문학적 위치와 그 갈래, 수필에 관한 몇 가지 오해, 그리고 수필의 특질과 좋은 수필의 요건을 저자 나름대로 밝힌 부분이며,

Ⅱ. **수필쓰기를 위한 산문의 이해**는 제목 그대로 산문의 이해를 위하여 마련한 장이다. 이 부분은 산문의 갈래, 사실과 허구, 시점

(관점), 심상(이미지), 표현, 문체 등을 포함하고 있다.

Ⅲ. 산문의 언어 단위와 수필은 수필이 산문이니만치 그 언어 단위인 단어, 문장, 그리고 문단에 관하여 논의한 것이다. 이에 대한 이해는 수필쓰기에 있어서 필수적인 것이지만 문장에 관한 것은 (다소 귀찮게 생각될 경우) 좀 뒤로 미루어도 좋겠다.

Ⅳ. 산문의 진술방식과 수필은 산문의 진술방식으로서의 설명(說明)과 논증(論證), 묘사(描寫)와 서사(敍事)에 관한 논의인데 이는 수필쓰기에 있어서도 대단히 중요하다고 생각되어 한 장을 마련한 것이다.

Ⅴ. 수필쓰기의 과정은 주제의 설정과 소재의 선정, 구성, 집필과 퇴고, 제목붙이기 등 수필쓰기의 전 과정을 점검한 것이다.

부록. 이는 이 책의 미비한 점을 보완하기 위하여 마련한 것이다. 예문을 모두 고전에서 취한 것은 수필쓰기를 공부하는 분들이 이 분야에 관심을 가졌으면 하는 바람에서다.

저자는 오랫동안 우리 수필문단의 말석이나마 차지하면서, 또 한편으로는 학생들에게 문장론을 가르쳐 왔다. 이것이 저자로 하여금 감히 수필쓰기를 공부하는 분들에게 이따금 거들어 주는 한마디를 생각하게 했는지 모른다. 그러나 이제 탈고에 즈음하여 다시 읽어 보니 몇 가지 결함이 눈에 띈다.

첫째는 저자 자신의 글을 너무 빈번히 예시했다는 점이다. 이것은 편파적이라는 비판은 물론, 좋은 작품을 널리 보여주지 못했다는 지적을 면할 수 없을 듯하다. 어떻든 저자의 독서범위가 협소한 데서 생긴 결과이니 이 책을 가지고 공부하는 분들은 이에 구애받지 말고 좋은 글을 널리 찾아 읽기 바란다.

둘째는 수필을 바라보는 저자의 관점에 관한 것이다. 수필이란 어떤 글인가, 저자는 주로 정서적 만족을 수여하는 글로 제한하고 이 책을 썼다. 그러다 보니 그 반대의 입장(지적인, 논리적인 수필을 써 보자는)을 충분히 설명하지 못했다. 이것은 입장을 달리하는 분들로부터 저자의 관점이 너무 협소하다는 비판을 받게 될 듯하다. 이 책을 가지고 공부하는 분들은 저자의 관점에 치우치지 말고 지적인 문장도 많이 찾아 읽고 또 써보기 바란다.

이 밖에도 설명이 명쾌하지 못한 데가 많고 문장도 퍽 거칠다. 이것은 저자의 역량에 관한 문제이므로, 다만 이 책을 가지고 공부하는 분들의 질정을 바랄 뿐이다.

저자는 2천년 8월에 학교를 떠난다. 그러니까 이 책은 저자의 정년을 기념하는 뜻이 담기게 될 것이다. 저지는 또 2천년 첫 한 학기 연구교수로 임명되었다. 이 책은 그 보고서로 제출될 것이다. 그러나 저자의 정년에 무슨 기념할 만한 것이 있겠는가? 이 책에 무슨 연구한 흔적이 있겠는가? 부끄러울 뿐이다. 다만 수필 쓰기를 공부하는 분들에게 작은 도움이나마 될 수 있다면 조금은 자위가 되겠다.

끝으로 이 책을 완성할 수 있도록 강의부담을 덜어 준 한국체육대학교 당국, 특히 이상철 총장과 같은 교과의 이재원, 박덕규 교수, 그리고 판로도 불투명한 이 책의 출판을 쾌락해 준 학지사 김진환 사장과 직원 여러분께 감사를 드린다.

2000년 6월 10일

정 진 권

개정판에 붙여

이제 이 책의 개정판을 낸다. 17년 만이다. 미진한 데가 많은 이 책, 고쳐야지 고쳐야지 하다가 이렇게 세월이 흘렀다. 이 개정판은

첫째, 그 목차를 다소 조정했다. 순론(順論)의 편의를 위해서다.

둘째, 예문을 대폭 바꾸었다. 보다 더 적절한 예문을 보이기 위해서다. 대부분의 경우 그 예문은 현대수필과 고전수필을 함께 보였다. 우리 고전수필과 우리 수필문학사(韓國隨筆文學史)에 대한 이해를 돕기 위해서다. 필자 여러분께 감사를 드린다.

셋째, 한 단락이 끝나면 그 단락에서 공부한 내용을 실제 작품을 통해 한 번 더 확인해 보는 과정(확인하기)을 설치했다. 보다 확실한 이해를 위해서다.

끝으로, 부록으로 실은 고전수필을 대폭 바꾸었다. 수필쓰기의 이론을 확인하는 데 더 적절한 작품을 보여 주기 위해서다.

개정판이라고는 하지만 여전히 불비한 데가 많을 줄 안다. 이 책을 가지고 공부하는 여러분의 질정에 힘입어 더 완벽한 교재가 되도록 고쳐 나가겠다.

이 책은 필자의 ≪韓國現代隨筆文學論≫과 ≪한국수필문학의 이해≫, ≪韓國隨筆文學史≫를 내주신 학연사 한점덕 사장님과 그 편집진 여러분의 호의로 세상에 나오게 된 것이다. 고마운 뜻을 여기 적는다. 이 책을 앞에 말한 졸저 세 권과 함께 낼 수 있도록 허락해 주신 학지사 김진환 사장님께도 감사의 뜻을 전한다.

2017. 3.

지은이

차 례

Ⅲ. 산문(수필)의 언어 단위

IV. 산문(수필)의 진술방식

V. 수필쓰기의 과정

참고 이 책에는 다음과 같은 문장부호가 사용되었다.

- 〈 〉: 작품명을 나타냄
- 《 》: 서명 또는 잡지명을 나타냄
- ‖ : 생략 또는 연(聯) 구분을 나타냄
- ※ : 본문의 요약 또는 참고를 나타냄

Ⅰ 수필에의 접근

우리가 수필쓰기의 이론을 공부하는 것은 좋은 수필을 쓰기 위해서다. 그렇다면 수필이란 어떤 글인가(수필의 특질), 좋은 수필이란 어떤 수필인가(좋은 수필의 요건)에 대한 이해가 있지 않으면 안 된다. 다만 논의의 편의를 위하여 먼저 수필의 문학적 위치와 그 갈래, 그리고 에세이와 수필은 같은가 다른가를 확인하고, 수필에 관한 몇 가지 오해도 함께 씻어 낼까 한다.

1 수필의 문학적 위치와 그 갈래

수필을 쓰려고 하는 사람이라면 수필이 문학이라는 큰 영역 안에서 어느 위치에 놓여 있는지, 그것은 또 어떤 갈래로 나뉘는지 대강은 알고 있을 것이다. 그러나 이번 기회에 한 번 더 확인해 두기로 하자.

(1) 수필의 문학적 위치

문학이라고 하는 말이 가리키는 대상은 한마디로 한정하기가 어렵다. 그러나 우리가 흔히(좁은 의미로) 문학이라고 하면 다음과

같은 글 또는 이런 글을 비평(연구)한 글을 말한다.

A. 정지용/향수(鄕愁)

넓은 벌 동쪽 끝으로/옛이야기 지줄대는 실개천이 휘돌아나가고, 얼룩백이 황소가/해설피 금빛 게으른 울음을 우는 곳, ‖
- 그곳이 참하 꿈엔들 잊힐 리야.

- 민음사, ≪정지용전집≫

B. 이동하/대복이네 가족

갑자기 여자의 울음소리가 낭자하게 들려왔다. 이게 무슨 일인가 싶어 나는 벌떡 몸을 일으켰다. 장시간 책상 앞에 앉아 있었던 탓에 허리가 얼른 펴지지 않았다.

"여보, 여보, 빨리 좀 나와 봐요."

아내의 다급한 목소리였다. 나는 서둘러 고무신을 꿰어 신고 마당으로 내려섰다. 저녁거리인 듯 푸성귀가 몇 잎 든 소쿠리를 가슴에 보듬은 채로 아내가 울타리 너머 길 쪽을 가리켰다. 여자의 모습이 눈에 잡혔다.

"저게 누구야?"

내가 중얼거리자 아내가 대답했다.

"대복이 각시 같은데?"

* 대복이가 제 각시를 쫓아냈다. 제 어머니 여주댁에게 잘못한다는 것이다. 대복이 각시에 대한 여주댁의 태도는 앙칼질 정도다. 아니, 제 아들인 대복이에게도 불만이 끝없다. 그런데 대복이 각시가 아기를 가짐으로써 이런 갈등들이 씻은 듯이 해소된다. "할렐루야! 감사합니다, 하나님!", 이 글을 끝맺는 아내의 말이다.

- ≪현대문학≫ 2009년 1월호

C. 차범석/성난 기계(機械)

* 어느 종합병원 폐외과(肺外科) 과장실. 연초공장 포장공인 김인옥이 찾아와 상한 폐를 수술해 달라고 간청한다. 가족의 생계가 자기에게 달려 있

다는 것이다. 그러나 X-레이 검진 결과 이미 수술이 어려운 상태다. 기계처럼 냉정한 폐외과 과장 양회기는 김인옥의 청을 거절한다.

인 옥 : (조심성 있게) 저…, 선생님…, 그렇게 좀 해 주세요.
회 기 : (냉담하게) 내가 할 수 있는 대답은 매한가지라니까요.
인 옥 : 그렇지만….
회 기 : (사라져 가는 담배 연기를 바라보며 사무적으로) 수술이란 장난이 아닙니다. 하물며 살인을 할 수는 없지요. ‖
인 옥 : 살인이라니요?
회 기 : 댁에선 수술만 하면 만사가 곧 해결될 줄만 믿고 계시는 모양인데, 수술도 경우에 따라서 하는 법이지 어디 그렇게….

* 인옥이 다녀가자 그녀의 남편 최상현이 찾아온다. 수술을 할까 봐 말리러 온 것이다. 그리고는 돈이 없다, 아내는 부정한 여인이다, 수술할 돈으로 먹고 살겠다, 별의별 소리를 다 늘어놓는다. 아내가 죽어도 좋다? 이에 분노한 회기는 인옥의 폐를 수술하여 꼭 살리겠다고 뜻을 굳힌다.

- 정음사, ≪신문학 60년 대표작전집≫

D. 문혜영/소풍 한번 잘 했나

벌써 보름 가까이 이어지는 불온한 날씨에 마음마저 갇혀 있어, 휴우 긴 숨을 자꾸 토하게 된다. 책을 보아도 글이 겉돌고 TV의 예능 프로를 보아도 웃음이 나오지 않는다. 긴 투병 기간 내내 듣고 또 들었던 음악을 틀어 놓아도 감흥이 없다. 답답하다. ‖ 시간은 멈춘 듯 느린 걸음이고, 늘 같은 얼굴로 반복되는 일상 속에 내 삶의 공간은 온통 무채색이다. ‖

잠수교 가까이에 이르니, 다른 때처럼 군데군데 강태공들이 앉아 낚시를 하고 있다. 물비늘로 번들거리는 수면에 시선을 두고 정물처럼 앉아서 그들은 무엇을 낚는 것일까? 한 사람 곁으로 다가가 보았다. 궁금해하는 나에게 강물 속에 있던 그물망을 들어올려 보여 준다. 40센티미터가 넘는 붕어다. 평생에 한 번 낚을까 말까 하는 대어란다. 보일 듯 말 듯 빙긋거리는 강태공의 웃음을 뒤로 하고 다시 오던 길로

걸음을 옮겼다.

그런데 내 가슴 속에서도 찌르르 찌가 움직인다. 그 움직임 끝에서 '감사함'이란 단어가 고개를 내밀었다. 아직 살아 있네, 내가.

삶의 공간이 무채색이라고 투덜댈 만큼 어느새 건강해졌단 말인가. 생명의 강물 속에서 좀 더 헤엄칠 수 있도록 유보해 주신 분의 마음도 깜빡 잊은 채….

-문혜영, ≪바닥의 시간≫

글A는 시(詩)다. 내 고향도 이 시 비슷한 농촌이다. 한잔 얼큰한 밤, 나는 집으로 돌아오는 골목에서 이 시를 흥얼거릴 때가 있다.

글B는 소설(小說)이다. 이 글의 전문을 보면, 한 노인의 "우리 밤산골에도 곧 갓난쟁이 울음소리 듣게 생겼네." 하는 목소리가 들린다. 복음(福音)이 따로 없다.

글C는 희곡(戲曲)이다. 인옥의 남편 최상현의 비정(非情)이 극에 달해 있다. 이에 성난 기계가 수술을 결심한다. 이 시대 비인간화(非人間化)에 대한 이 악물기다.

글D는 수필(隨筆)이다. 다시 살아남의 기쁨, 어느 절대자에 대한 감사, 그 삶이 경건하게 다가온다.

이런 글들을 창작(創作)이라고 한다. 창작은 처음 마들어낸다(예술가의 작업), 처음 만들어 낸 것(예술 작품)이란 뜻이다. 향수를 말한 글은 수없이 많지만 정지용처럼 말한 것은 그의 〈향수〉가 처음이다. 대복이네 가족 이야기, 성난 기계 이야기, 한강을 소풍한 이야기도 다 그 작가에 의해서 처음 이루어진 것들이다. 자, 다음을 읽고 이 사실을 한 번 더 확인해 두자. 글A는 현대수필, 글B는 고전수필이다.

A. 최민자/달빛과 나비

황병기 선생의 가야금에서는 달빛 냄새가 난다. 청아한 그의 가야금 연주는 댓잎에 듣는 빗방울이었다가, 빠르게 일어나는 구름이었다가, 휘몰아치는 눈보라였다가, 이윽고 고요한 달빛이 되어 천지간에 흐뭇이 내려앉는다. ‖

중모리, 중중모리, 자진모리를 거쳐 휘몰이로 풀어내는 산조가락의 홍취는 켜켜이 쌓인 여인네의 정한이 주춤주춤 불씨를 머금다 마침내 환희의 절정으로 치달아 불꽃으로 산화해 버리는, 한바탕 육체의 향연과도 같았다.

- 최민자, ≪꼬리를 꿈꾸다≫

B. 김수온(金守溫)[1]/금헌기(琴軒記)

* 조선 세조 때 김유(金維)는 거문고의 달인이었다. 그의 호가 금헌(琴軒)이다. 다음에 옮기는 것은 지은이가 그를 말한 글(〈금헌기〉) 중 그의 거문고 소리를 듣고 쓴 부분이다.

아, 그 소리, 봄 하늘에 부드러이 구름 피는 듯, 저 들에 훈훈히 봄바람 부는 듯, 그러더니 홀연히 솟구치매 무서운 뇌우(雷雨) 산악을 뒤흔드는 듯, 세찬 파도 천지를 뒤엎는 듯, 듣는 사람으로 하여금 모발(毛髮)이 곤두서게 하더니, 다시 한 곡을 타매 바람도 물결도 다 자, 어느덧 하늘이 개고 해가 빛난다.

- 서거정(徐居正), ≪동문선(東文選)≫

글A는 황병기의 가야금 소리를, 글B는 금헌의 거문고 소리를 묘사한 것이다. 부드럽고 가벼이, 그러더니 어느덧 격정에 이르고, 그 격정이 지나면 다시 평온해지는 과정-. 황병기의 가야금 소리와 금헌의 거문고 소리를 들은 사람은 많겠지만, 그 과정을 글A처럼, 글B처럼 말한 것은 최민자와 김수온이 처음이다.

---

1) 김수온(1409-1481)) : 조선 세종 때의 문신, 학자. 호는 괴애(乖崖), 식우(拭疣). 고전에 밝고 문장이 뛰어났다. 저서로 ≪식우집(拭疣集)≫.

이처럼 수필은 시, 소설, 희곡과 함께 창작의 한 분야다.

그런데 모든 창작(작가 포함)에는 비평(批評)이 따른다. 수필도 마찬가지다. 비평은 가치를 평가(논의)한다는 뜻이다. 다음에 그 예를 보기로 한다.

A-1. 맹난자/내면(內面) 일기

인사동 네거리 왼편에는 MBC 방송국이 있었고 우리 ≪실험극장≫ 동인들은 이 근처에서 자주 모였다. 장맛비에 갇혀 종일 떠들던 2층 그 다방을 눈으로 좇는다. 긴 여름방학, 가난과 열정, 그리고 황홀과 불안이 교차하는 60년대였다.

워크숍 때 나와 메텔링크조(組)였던 H씨는 성공한 연극인이었다. 이중섭의 소 같은 뚝심에 침착한 연출가의 면모가 돋보였던 사람, "…추석을 우리 함께할 수 있을 것으로 믿고…." 소인이 찍히지 않은 그 엽서가 아직도 새로운 것은 내가 일찍 그 동네를 떠났기 때문이다.

"우리는 취해야만 한다. 술에, 시에, 그리고 사랑에." 불문학도인 C가 혀 꼬부라진 소리로 외치자 누군가가 되받아 "술에, 연극에, 그리고 사랑에."로 고쳐 말했다. 끔찍한 시간의 무게를 느끼지 않기 위하여 끊임없이 취해야 한다던 보들레르의 시였다. 원문이 "술에, 시에 또는 덕성에."임을 알게 된 것은 나중 일이었다. 안주도 없이 배갈로 가슴에 불을 지피던 시절, 막연한 불안과 허기와 그 장대비 소리는 우리를 데카당스에 젖게 했다. 데카당스하지도 못한 게 데카당스한 척한다고 나를 한방 먹이던 K도 캐나다 어느 마을에선가 지금쯤 늙어 가고 있을 테지.

그 동안 나는 무엇을 했나? 굴러 떨어지는 바위를 들어 올리는 시지포스처럼 무엇인가를 하지 않은 적이 없었는데 무엇을 했는지 모르겠다.

- ≪에세이문학≫ 2009년 가을호

A-2. 박양근/맹난자의 〈내면(內面) 일기〉

평자는 이 작품을 읽으면서 박태원의 〈천변풍경〉을 떠올렸다. 〈천변풍경〉은 근대와 전근대가 혼합된 1930년대 청계천변을 배경으로 평범한 군상의 삶을 그려낸다. 중심인물과 갈등이 없이 에피소드들이 모자이크처럼 모여 모더니즘적 도시 풍경을 이루어낸 작품이다. 등장인물은 디아스포라적인 유랑을 계속한다. 청계천 풍경을 그려낸 박태원처럼 맹난자도 인사동 거리에서 청춘 시절에 고락을 함께한 인물들과 연이어 만난다.

- ≪에세이문학≫ 2009년 겨울호

B. 홍억선/김규련에 관하여

선생은 지역의 후배들에게 천생 선비라는 말로 존경을 받아왔습니다. 이를 증명이라도 하듯이 그는 삶을 품(品)으로, 또 문학을 격(格)으로 나누기를 즐겼습니다.

사람은 9가지 인품으로 나눌 수 있는바 자신은 중품, 즉 학인(學人), 철인(哲人), 인인(仁人)의 자리에 처하기를 원했습니다. 글을 쓰는 문장가 역시 8가지의 인격이 있는바 본인은 문선(文仙)에 이르기를 갈망하였습니다.

이는 학자이면서 수필가인 그가 조선시대 선비들이 추구하던 학행일치의 도학(道學)과 서정적 음풍농월의 사장(詞章)을 따르고자 한 것이 아니겠습니까?

- ≪계간수필≫ 2015 가을호

C. 안상수/수필의 맛과 멋을 찾아서

수필의 미학성을 간결하게 말한다면 맛과 멋으로 표현하는 것이 좋을 것이다. 그만큼 수필의 맛과 멋은 작품의 미학성을 평가하는 조건이 되기도 한다. 특히, 수필은 짧은 분량의 산문문학으로서 전통적으로 글맛과 멋을 추구하는 장르라는 점에서 타 장르와의 비교를 불허한다.

맛과 멋은 본디 동일한 개념이다. 맛이 내용에 가까운 개념이라면 멋은 형식에 가까운 표현이다. 형식이 내용을 담는 그릇이라면 내용은 그 형식을 결정해주는 조건이라고 할 수 있다. 이처럼 내용과 무관한

형식은 존재할 수 없으며 형식과 무관한 내용 또한 존재할 수 없다. 나아가 형식은 내용에서 나오고 내용은 형식에 의해 인식되는 이를테면 동전의 안팎과 같은 필연적인 상관성을 지닌다. 그러므로 수필의 맛과 멋은 동일한 개념으로서 맛은 멋에서 나오고, 멋은 곧 맛에서 나온다고 할 수 있다.

- 안상수, ≪한국현대수필의 구조와 미학≫

글A-1은 지은이가 그의 60년대를 회상한 수필이다. 그의 60년대는 황홀과 불안, 취해야만 한다, 데카당스, 이런 말들로 특징지어진다. 그는 그 속에서 지난날 함께했던 사람들을 만나고, 문득 깨어난 듯 자신의 현재로 돌아온다. 글A-2는 이 수필을 논한 글이다. 지은이는 이 비평에서 맹난자의 〈내면 일기〉와 박태원의 〈천변풍경〉의 유사점을 지적한다. 박양근의 이 글처럼 작품을 논한(비평한) 글을 수필작품론(줄여서 작품론)이라고 한다.

글B는 수필가로서의 김규련(p. 208)을 논한 것이다. 김규련은 학인, 철인, 인인의 자리에 처하기를 원했다, 문선에 이르기를 갈망했다, 이는 조선시대의 도학파와 사장파를 함께 따르고자 한 것이 아니겠는가 하는 것이 그 요지다. 홍억선의 이 글(강연)처럼 작가를 논한 글을 수필작가론(줄여서 작가론)이라고 한다.

* 홍억선의 이 글 전문은 김규련의 〈거룩한 본능〉을 논한 것이다. 그러니까 작품론이다. 그러나 그 서두의 일부인 이 부분은 김규련이라는 작가를 논한 것이다. 해서 작가론의 한 예로 여기 보인다. 작품론은 흔히 부분적으로나마 그 안에 작가론을 포함한다. 작품과 작가를 완벽하게 분리할 수는 없기 때문에 그럴 것이다.

글C는 수필의 맛과 멋을 논한 것이다. 맛과 멋은 동일한 개념, 맛은 멋에서 나오고 멋은 맛에서 나온다, 그것은 마치 형식과 내용과의 관계, 이를테면 동전의 안팎과도 같은 필연적 상관성을 지닌다는 것이 그 요지다. 안상수의 이 글처럼 작품이나 작가 아닌 수필(문학의 한 장르로서의) 자체의 어떤 면을 논한 글을 수필문학론(줄여서 수필론)이라고 한다.

*안상수의 이 글 전문은 윤오영의 〈달밤〉을 논한 것이다. 그러니까 홍억선의 경우처럼 작품론이다. 그러나 그 서두의 일부인 이 부분은 수필의 한 특질을 논한 것이다. 해서 수필론의 한 예로 여기 보인다. 작품론은 흔히 부분적으로나마 그 안에 수필론을 포함한다. 그것은 그 작품을 평가하는 놈(norm, 기준)이 되기 때문에 그럴 것이다.

우리는 지금 수필쓰기의 이론(수필창작론)을 공부하려고 한다. 따라서 아직은 비평에까지 관심을 기울일 필요는 없다. 우리는 여기서 우리가 쓰려고 하는 수필이 창작의 한 분야라는 사실, 그리고 수필도 다른 모든 문학처럼 비평이 따른다는 사실을 확인하는 것으로 족하다. 그럼 다음으로-.

(2) 수필의 갈래

어떤 대상을 보다 명료하게 이해하기 위해서는 그 대상을 갈래지어 보는 것도 한 방법이다. 이 갈래짓기를 분류(分類)라고 한다. 수필을 분류하는 방법(분류기준)은 퍽 다양하다. 그러나 그것이 우리에게 다 유용한 것은 아니므로, 여기서는 제작시기, 길이, 글의 내용, 그리고 예상독자를 기준삼아 분류해 보기로 한다. 예문은 고전수필도 포함시키겠다. 고전에 대한 눈뜸은 문학적 교양을 함양하는 데 도움이 될 것이다.

1) 제작시기

우리는 흔히 갑오경장(甲午更張, 1894)을 기준으로 그 이전에 제작된 수필을 고전수필, 그 이후에 제작된 수필을 현대수필이라고

한다. (갑오경장 이후라 하더라도 그 직후와 오늘의 수필은 현격한 차이가 있지만 편의상 여기서도 그렇게 나누기로 하자.) 그러니까 위에 보인 김수온의 〈금헌기〉는 고전수필, 최민자의 〈달빛과 나비〉는 현대수필이다. 고전수필은 그 표현수단에 따라 다시 한글수필과 한문수필로 나뉜다.

A. 유몽인(柳夢寅)[2)]/수요장단(壽夭長短)

양송천(梁松川) 응정(應鼎)[3)]이 고을을 하여 고을집을 지을 새[4)], 목장(木匠)이 상량(上梁)하며 톱질하더니, 송천(松川)이 손(客)으로 더불어 그 아래 앉아 한 가지로 마실새 소반 가운데 해송자(海松子, 잣)씨 심히 신신하거늘 아이를 불러 동산에 심으라 하여 가로되

"다른 날에 이 솔이 자라거든 마땅히 베어 관판(棺板)을 하리라."

객이 양송천더러 일러 가로되

"그 송자(松子) 장대(長大)하여 결실(結實)하거든 나는 마땅히 그 열매를 따다 심어 그 장대하거든 내 관재(棺材)를 하리라."

목장이 톱을 놓고 뜰에 내려 절하거늘 송천이 물으되

"어찌오?"

목장이 가로되

"다른 날에 두 합하(閤下) 만세(萬世) 후에 소인(小人)은 마땅히 두 합하의 관(棺)을 짜리이다."

두 사람이 저장대소(抵掌大笑)하고 곡식 닷 섬을 갖다가 그 말을 상(賞)주니, 슬프다, 사람의 수요장단(壽夭長短)이 어찌 사람의 입에 있으리오?

- 유몽인, ≪어우야담(於于野談)≫한글본

---

2) 유몽인(1559-1623) : 조선 선조 때의 문신, 문인. 호는 어우당(於于堂). 설화 및 수필의 대가. 시와 글씨도 뛰어났다. 저서로 ≪어우집(於于集)≫, ≪어우야담(於于野談)≫, ≪어우야담≫은 한글본과 한문본의 두 가지가 있다.

3) 양응정(1519-?) : 조선 명종 때의 문신. 송천은 호, 응정은 이름. 시문이 뛰어났다. 저서로 ≪송천집(松川集)≫.

4) 고을의 원님이 되어 그 고을의 청사를 지을 새.

B. 김부식(金富軾)[5]/아계부(啞鷄賦, 울지 않는 닭)

날과 달이 바뀌어 해가 저무니 괴롭게도 낮은 짧고 밤이 길다. 이 긴 밤, 어찌 등불 없이 글을 읽으랴마는 병든 몸이라 억지로 할 수가 없다. 뒤척이며 잠 못 이루는 일촌(一寸) 창자에 온갖 근심이 다 얽힌다.

가까이에 닭장이 있다.

"조만간 닭이 홰를 치고 울리라."

침의(寢衣) 그대로 앉아 창틈의 미명(微明)을 본다. 보다가 문을 열고 나가 하늘을 우러른다. 삼성(參星)이 맑게 서녘으로 기울어 있다. 아이를 불러 묻는다.

"대체 닭이 살았느냐 죽었느냐?"

잡아서 제사에 쓴 일도 없는데 왜 울지를 않느냐? 살쾡이에게 해를 입을까 봐 그러느냐? 어찌 머리를 떨어뜨리고 눈을 감고 마침내 입 다물고 소리가 없느냐? ‖ 울 때에 오히려 입을 다무니 어찌 천리(天理)에 어긋남이 아니냐?

이는 개가 도둑인 줄 알고도 짖지 않는 것이나 고양이가 쥐를 보고도 쫓지 않는 것이나, 제 타고난 재능을 다하지 않기는 마찬가지이니, 그러므로 잡아 죽이는 것이 또한 마땅하나 성인(聖人)의 가르침이 불살위인(不殺爲仁)이라 하셨으니….

"네 만일 마음이 있거든 이를 고맙게 알아, 잘못을 뉘우치고 스스로 새로워져라."

- 서거정(徐居正), ≪동문선(東文選)≫

글A는 한글수필이다. 목장의 재치가 빛난다. 그 재치 있는 말에 껄껄 웃으며 상 주는 손길도 참 넉넉하다.

글B는 한문수필이다. 울어서 새벽을 알려야 할 닭이 울지를 않으면, 짖어서 도둑을 쫓아야 할 개가 짖지를 않으면, 내달려 쥐를

5) 김부식(1075-1151) : 고려 인종 때의 문신, 학자. 호는 뇌천(雷川). 시문이 뛰어났다. 문집이 있었다고 하나 현재 전하지 않는다. 저서로 ≪삼국사기(三國史記)≫.

잡아야 할 고양이가 빈둥거리고 앉아 있으면, 아 그 사회가 어찌 될까? 그 시절의 관리들이 혹 이랬던 걸까?

2) 길 이

수필의 길이 하면 우리는 흔히 A4, 11p로 1.5~2매 정도를 생각한다(200자 원고지 15매 내외, 잡지에 실으면 3 페이지 내외). 이것이 가장 일반적이다. 그런데 이보다 좀 긴 수필이 있다. 잡지에 실어 놓으면 10 페이지 안팎, 이런 수필을 중편(中篇)수필이라고 한다. 이 밖에 책 한 권이 되는 아주 긴 수필이 있다. 이런 수필이 장편(長篇)수필이다.

그런데 일반적인 길이보다 아주 짧은 수필이 있다. A4, 11p로 한 페이지가 채 못 되는 길이다(더 짧은 예도 흔하다.). 이런 수필을 장편(掌篇)수필, 또는 엽편(葉片)수필이라고들 하는데 적당한 명칭인지는 잘 모르겠다. 어떻든 다음은 그 예-.

A. 정진권/정답(正答)과 오답(誤答)

고등학교에 다닐 때의 일이다. 국어시험에 '전쟁발발'을 한자로 쓰라는 문제가 난 일이 있다. 나는 어렵지 않게 戰爭勃發을 써냈다. 그런데 다음 국어시간에 선생님께서는 내 친구 한 녀석의 터무니없는 오답을 일품이라고 극찬하시면서 그 한 시간을 위트(wit)라는 말씀으로 다 때우셨다. 녀석은 勃發을 몰라 戰爭足足이라고 썼다 한다.

나는 그때 오답을 일품이라고 극찬하신 선생님 말씀에 전혀 동의하지 않았다. 그런데 지금은 위트 전무(全無)의 자신의 글을 읽으면서 선생님의 그 말씀에 수긍을 보낼 때가 있다. 선생님께서는 戰爭足足에 동그라미를 치시면서 얼마나 머리가 산뜻하셨을까? 적어도 수필에 있어서는 아둔한 정답보다 산뜻한 오답이 더 정답인 것 같다.

- 정진권, ≪한 수필가의 짧은 이야기≫

B. 이규보(李奎報)[6]/주뢰설(舟賂說)

이자(李子)[7]가 남(南)으로 한 강을 건너는데 함께 건너는 또 한 배가 있었다. 배의 크기도 같고 노꾼의 수효도 비슷했으며 거기 실은 인마(人馬)의 수도 거의 같았다.

그런데 잠시 후에 보니, 그 배는 뜨자마자 나는 듯하여 이미 저쪽 언덕에 닿았는데 내가 탄 배는 머뭇거리며 나아가지 않았다. 까닭을 물은즉 배 안에 있는 사람이 말했다.

"저 배는 함께 탄 사람들이 노꾼들에게 술을 먹여서 그들이 힘껏 노를 저었기 때문에 그런 거요."

나는 부끄러운 빛을 감출 수 없었고, 인하여 탄식해 마지않았다.

"아아, 하찮은 작은 배 한 척이 물을 건너는 데에도 뇌물이 있고 없음에 따라 그 나아감에 질서(疾徐)와 선후(先後)가[8] 있는데, 하물며 환해(宦海)의 넓은 바다를 다투며 건넘에랴. 돌아보매 내 손에 돈 한 푼 없으니 지금까지 얕은 벼슬 하나 못 한 것이 어찌 당연하지 않은가?"

다른 날에 보고자 써 둔다.

- 서거정(徐居正), ≪동문선(東文選)≫

글A는 현대수필이다. 수필에 있어서의 위트의 중요성을 말한 것이다. 글B는 고전수필이다. 뇌물에 따라 벼슬길이 열리고 닫히는 세태를 개탄한 것이다. 둘 다 짧은 글이다. 내가 여기서 굳이 짧은 글을 말하는 것은 너무 일반적인 길이에 집착하지 말자는 뜻이다. 글은 생각의 길이만큼 쓰면 된다. 고전수필에는 짧은 글이 많다.

---

6) 이규보(1168-1241) : 고려 고종 때의 문신, 문인. 호는 백운거사(白雲居士). 시와 술과 거문고를 너무 좋아하여 삼혹호(三酷好) 선생이라 자칭했다고 한다. 시문이 뛰어났다. 저서로 ≪동국이상국집(東國李相國集)≫, ≪백운소설(白雲小說)≫.

7) 지은이 자신을 가리키는 말. 子는 인칭 접미사.

8) 빨리 가고 더디 감과 앞서고 뒤처짐이.

3) 내 용

글의 내용은 글마다 다른 것이어서 내용을 가지고 분류한다는 것은 어려운 일이다. 그러나 그 다룬 문제가 개인적인 것인가 사회적인 것인가에 따라 크게 개인적(個人的) 수필과 사회적(社會的) 수필로 나누어 볼 수 있다.

A-1. 윤형두/연(鳶)처럼

줄 끊어진 연이 되고 싶다.

구봉산(九鳳山) 너머에서 불어오는 하늬바람을 타고 높이 높이 날다 줄 끊어진 연이 되고 싶다.

꼬리를 길게 늘어뜨린 채 갈뫼봉 너머로 날아가 버린 가오리연이 되고 싶다.

바다의 해심(海深)을 헤엄쳐 가는 가오리연처럼 현해탄을 지나 검푸른 파도가 끝없이 펼쳐져 있는 태평양 창공을 날아가는 연이 되고 싶다.

장군도(將軍島)의 썰물에 밀려 아기섬 쪽으로 밀려가는 쪽배에 그림자를 늘어뜨리며 서서히 하늘 위로 흘러가는 연이 되고 싶다.

- 윤형두, ≪연(鳶)처럼≫

A-2. 성간(成侃)[9]/유관악사북암기(遊冠岳寺北巖記)

드디어 길을 막는 풀과 나무를 베어내면서 먼저 서쪽 낭떠러지로부터 올랐다. 마구 우거진 숲 속을 헤치고 북쪽으로 접어드니 산세(山勢)가 험하고도 뛰어났다. 얽힌 줄기들을 휘어잡고 올랐다. 오르다가 힘이 들면 칡넝쿨을 잡고 쉬면서 올랐다.

정상에 오르니 집채만 한 바위가 하나 있는데 그 바위를 둘러 저 아래로 낭떠러지가 천 길이다. 처음에는 놀라 정신이 아찔했다. 드디어 두 다리를 뻗고 그 위에 걸터앉았다. 금방 수많은 골짜기로부터 솔

9) 성간(1427-1456) : 조선 세종 때의 문신, 문인. 호는 진일재(眞逸齋). 집현전 박사로 문명을 떨쳤으나 일찍 죽었다. 저서로 ≪진일재집(眞逸齋集)≫.

바람이 서늘히 불어와 6월의 무더위가 씻은 듯이 가셨다. 저 아래를 내려다보았다. 새 시원히 날고 물고기 헤엄치며 풀과 나무들 꽃 아름답게 핀 모양이 다 한눈에 들어왔다. 스님이 서쪽을 가리키기로 바라보았다. 큰 바다 끝 하늘에 구름과 안개가 엷게, 황홀하게 펼쳐져 있었다. 해가 바다에 지려 하자 그 빛에 계속 쏘이어 바다가 붉은 듯 푸른 듯 검기도 하고 희기도 하여 도무지 귀신들이 모인 곳 같았다.

- 서거정(徐居正), ≪동문선(東文選)≫

B-1. 최병호/잡풀의 푸념

사람님들이 우리 터전을 뭉개고 갈아엎어 논밭을 일구고 길을 내고 집을 짓고 놀이터 등을 만들어 멋지게 사시는 것이야 어찌할 수 없지요. 이를 위해 일부 우리 친구들을 빼내어 가꾸어 가며 실속을 챙기시는 일도 또한 바늘 가는 데 실 가는 것으로 웃고 있습니다.

그 친구들이 그리워, 아니 그들의 권태가 안타까워 우리는 자주 그들을 찾지요. 그때마다 잡초라는 이름으로 송두리째 뽑히고 짓밟히지만 그것을 우리는 친구를 위한 당연한 수난으로 감수하고 있습니다. 그들이 그런 정을 아는 것만으로 흐뭇하게 생각하며 자긍심을 누립니다.

그런데 느닷없이 왜 극약을 뿌립니까? 단번에 깡그리 씨를 말려버리고 내내 편안하자는 속셈인가요? 어차피 미운 털이 박힌 우리야 그렇다고 칩시다. 그러나 그게 그 친구들에겐 아무런 영향이 없던가요? 오히려 보약으로라도 환생되던가요? 영특하신 사람님들이시여!

- 최병호, ≪느리게, 그러나 자유롭게≫

B-2. 이곡(李穀)[10]/시사설(市肆說)

내가 처음 서울에 와서 뒷골목엘 들어가 보니, 얼굴을 곱게 치장하고 회음(誨淫)하는 자, 그 아리따움의 고하에 따라 공공연히 값을 매

10) 이곡(1298-1351) : 고려 충목왕 때의 문신, 학자. 호는 가정(稼亭). 문장에 능하고 경학(經學)의 대가로 꼽혔다. 저서로 ≪가정집(稼亭集)≫, 가전체(假傳體) 작품으로 〈죽부인전(竹夫人傳)〉.

기는데 조금도 부끄러움이 없었다. 이를 여사(女肆)라 한다. 참으로 풍속의 아름답지 못함을 알았다.

또 관청에 들어가 보니, 문서를 다루고 법을 집행하는 자, 그 사건의 경중에 따라 공공연하게 뇌물을 받아먹는데 조금도 두려움이 없었다. 이를 이사(吏肆)라 한다. 참으로 형정(刑政)의 잘못 다스려짐을 알았다.

- 이곡, ≪가정집(稼亭集)≫

글A-1은 힘든 현실의 연줄을 끊고 모든 번뇌로부터 자유로워지고 싶은 희원(希願)을 말한다. 글A-2는 관악사 북쪽 바위에 높이 올라 거기서 보고 느낀 감상을 말한다. 그 희원이나 감상이 다 개인적이다. 이런 글이 곧 개인적 수필이다.

글B-1은 마구 제초제를 뿌려대는, 너무도 반자연적인 인간을 비판한다. 글B-2는 회음을 하면서 부끄러움을 모르는 포주, 뇌물을 받아먹으면서 두려움이 없는 관리들을 비판한다. 두 글 다 그 다룬 바가 사회적이다. 이런 글이 사회적 수필이다.

그러나 모든 수필이 다 개인적 수필과 사회적 수필로 확연히 나누어지는 것은 아니다. 두 문제를 함께 다룬 수필도 얼마든지 있다. 그래도 굳이 둘로 나누어야 한다면 어느 쪽 경향이 더 두드러지는가에 따를 것이다.

수필은 또 그 내용에 따라 서정(抒情)수필과 서사(敍事)수필로 나누기도 한다. 서정은 정서(情緖)를 드러낸다, 서사는 사건(事件, 이야기)을 진술한다는 뜻이다.[11] 그런데 수필 중에는 그 내용이 서정, 서사에 치우치지 않고(그런 요소는 부분적이다.) 어떤 대상에 대한 사색을 전개하는 글이 있다. 이런 수필을 설리(說理)수필이라고 부른다. 설리는 사리(事理)를 말한다는 뜻이다.

---

11) 서사에 관해서는 p. 205에서 자세히 이야기하겠다.

A-1. 조한숙/새들은 어디서 왔을까

들녘의 바람이 그리워서 산책을 한다.

아파트 동과 동 사이 길을 지나 단풍나무 그늘을 지나 5분 정도 걸어가면 들판이 나온다. 수요일 아침마다 그 들판을 거니는 것으로 나는 요즈음 충분히 행복하다. 나뿐 아니라 많은 이웃들이 아파트의 답답한 거실을 박차고 나와 아침 공기를 마신다. 자전거를 타고 조깅도 하고 뒷걸음질을 치며 걷기도 한다. 한결같이 즐겁고 건강한 표정들이다. 아들과 나란히 자전거를 타며 앞서거니 뒤서거니 하는 어느 부자의 모습이 평화롭다.

들녘, 얼마나 정답고 가슴이 탁 트이는 말인가.

- 조한숙, ≪초록빛 은유≫

A-2. 길재(吉再)[12]/산가서(山家序)

이윽고 봄이 되어 날씨 따뜻해지면 새들이 화평스럽게 노래를 한다. 풀과 나무는 푸르게 우거지고 쑥 캐는 들에는 보슬비가 아련히 내린다. 버들은 솜꽃을 풀어 날리고 오얏꽃 복사꽃도 다투어 핀다. ॥

여름이 되어 찌는 듯한 더위가 사람을 괴롭히면 돛배를 타고 강호(江湖)로 나가고, 해 저물어 날이 서늘해지고 가랑비 흩뿌리면 호미를 메고 전원(田園)으로 돌아간다.

그러다 가을장마 개고 더위도 사그라지면 온갖 곡식이 다 익고 물고기도 살이 찌니 고깃배에 비스듬히 앉아 낚시를 드리우고 물 흐름 따라 오르락내리락한다. 버스럭거리는 갈꽃, 한들거리는 풀 섶에 이는 바람, 명멸하는 안개비, 호탕한 만리의 물결, 그 누가 이 맛을 알겠는가?

다시 눈보라 창을 치고 겨울 기운 매서울 제면, 혹 화로를 끼고 술항아리를 기울이거나 혹 책을 펼치고 마음을 다스리거나 하니, 높고 가없는 천지에 조용히 즐기는 것이 곧 숨어 사는 이의 즐거움이 아니

12) 길재(1353-1419) : 고려말 조선초의 학자. 호는 야은(冶隱). 조선 건국 후 조정에서 불렀으나 두 왕조를 섬길 수 없다 하여 나가지 않고, 고향인 선산(善山)에서 후진 양성에 전념했다. 저서로 ≪야은집(冶隱集)≫, 시조 작품으로 〈오백 년 도읍지를 필마로 돌아드니….〉.

겠는가?

- 길재, ≪야은집(冶隱集)≫

◎ B-1. 정선모/아리롱 할머니

지난봄부터 아리롱 할머니가 경로당의 주요 화제로 떠올랐다. 아파트 울타리 밖에 손바닥만 한 텃밭을 가꾸는 아리롱 할머니 밭에 한 할아버지의 발길이 잦아진 것이다. 아침나절 할머니가 나오기 전에 먼저 와서 풀을 뽑고 물을 주는 모습을 나도 몇 번인가 본 적이 있다. 그냥 거드는 것이려니 했는데 그게 아니란다. 할아버지가 할머니를 마음에 두고 있다는 것이다. 그 할아버지도 경로당에 나오는데 말 없기는 할머니 못잖은 분이었다.

자신의 이야기가 자꾸만 사람의 입에 오르내리자 할머니의 경로당 출입이 뜸해졌다. 어쩌다 밭에서 할아버지라도 만나면 발길을 돌려 얼른 집으로 들어가는 모습도 눈에 띄었다. 등이 굽어 빨리 걷지도 못하면서 허둥대며 걸어가자니 애꿎은 팔 동작만 커지는 할머니, 그런 할머니를 부르지도 못하고 우두커니 서서 바라보는 할아버지의 눈길은 할머니가 문을 닫을 때까지 거두어지지 않았다. 그런 두 분의 모습을 보고 온 날은 알 수 없는 조바심에 목이 탔다.

부지런한 할머니가 전처럼 밭에 나오지 않는 날이 많아졌다. 그런데도 할머니 텃밭은 여전히 정갈하게 가꾸어져 있었다. 상추도 알맞게 솎아져 있고 고추나 가지엔 버팀목이 알뜰히 세워져 있었다. 잡초 하나 없이 말끔한 텃밭 가에서 담배를 태우는 할아버지 모습이 자주 눈에 띄었다.

"밭가에 할아버지가 백일홍을 심었단다."

"분꽃도 몇 포기 구해다 심었다지, 아마?"

어머니를 통해 간간히 두 분의 이야기를 전해 들으면서, 심하다 싶게 내외를 하는 할머니의 마음이 언제쯤 열릴까 궁금하였다. 유난히 무더운 날, 함께 사는 딸의 손에 미숫가루를 들려 밭으로 내보냈다는 이야기를 들은 얼마 뒤, 느닷없이 할머니의 부음이 전해졌다.

- 정선모, ≪바람의 선물≫

B-2. 유득공(柳得恭)[13]/지지유당(只知有餳)[14]

내 말(馬) 모는 녀석의 어머니는 남양 사람이다. 한데 팔십이 넘은 나이로 멀리 아들을 찾아왔다. 그가 안채로 인사를 하러 들어오자 딸아이들이 그 늙고 머리 센 것을 생각해서 벌꿀을 대접했다. 그러자 크게 놀라 중문을 차고 나가며 그 아들을 불러 외쳐 가로되

"내가 꿀을 먹었다! 내 일찍이 꿀이 달다는 말은 들었지만 설마 엿보다 달랴 했는데 이제 꿀을 맛보니 엿은 댈 것도 아니다. 아, 이제 죽어도 한이 없다."

내가 퇴근을 했더니 딸아이들이 웃으며 이 이야기를 했다. 나도 웃으며 들었다. 그러나 천하에 엿 있는 줄만 알고 꿀 있는 줄을 모르는 자가 수를 모르니, 어찌 홀로 남양 한 섬의 이 노인만이 그렇다 하겠는가?

- 유득공, ≪고운당필기(古云堂筆記)≫

글A-1, 2는 서정수필, 글B-1, 2는 서사수필이다. 글A-1은 들녘을 산책하는 데서 느끼는 정서(정답고 가슴 탁 트이는 상쾌함)를, 글A-2는 자연에 묻혀 살면서 느끼는 정서(조용히 삶을 즐기는)를 표현한 것, 글B-1은 아리롱 할머니와 그 할머니를 말없이 돌보는 한 할아버지와의 무구한 사랑 이야기를, 글B-2는 한 노파가 처음 꿀을 먹고 놀라워하는 과정(이야기)을 이야기한 것이다. 다음은 설리수필-.

C-1. 염정임/작은 상자, 큰 상자

어쩌면 인간은 태어나서부터 죽을 때까지 상자에서 상자로 옮겨가며 살아가는 게 아닐까. 어머니 뱃속에서 나와서는 병원 영아실의 조그만 상자 속에 누워 있고, 혹시 너무 성급하게 세상에 나온 아이들은

---

13) 유득공(1748-1807) : 조선 정조 때의 실학자(實學者). 호는 영재(泠齋). 시문이 뛰어났다. 저서로 ≪영재집(泠齋集≫, ≪고운당필기(古云堂筆記)≫.

14) 다만 엿 있는 줄만 안다(꿀 있는 줄을 모른다).

인큐베이터 상자 속에서 자란다.

자라서는 바퀴 달린 상자를 타고 등교를 해서 지붕이 있는 큰 상자 안에서 공부를 한다. 점심시간에는 작은 알루미늄 상자에 든 밥을 먹고, 간식으로는 조그만 종이상자에 든 과자를 먹는다. 집에 오는 길에는 거리에 있는 상자 속에 들어가 전화를 건다. 그리고 다시 독서실이라는 칸막이 상자에 들어가서 공부를 하기도 한다.

문명이 점점 발달할수록 사람들은 더 많은 상자를 만들어내고, 우리들은 상자를 떠나서는 하루도 살 수 없게 되어간다. ∥

옛날 사람들은 저녁밥을 먹고 나면 밖에 나가서 달을 구경하며 놀았다. 둥근 달 속에서 계수나무와 토끼를 찾으며 상상도 하고 아름다운 이야기도 만들었다. 그러나 요즈음의 우리들은 저녁이면 네모난 바보상자를 바라보며 앉아 있다. 그 현란한 영상과 자극적인 대사에 마음을 빼앗기고 복제품 같은 이야기에도 울고 웃는다.

- 염정임, ≪작은 상자, 큰 상자≫

C-2. 김시습(金時習)[15]/인재설(人才說)

아아, 목수(木手) 된 자 진실로 그 모자라는 것을 버리고 그 쓸 만한 것을 취한다면, 나무의 큰 것은 대들보나 기둥이 되고 가는 것은 서까래나 문설주가 되며, 저 하찮은 풀줄기도 쓸 만한 것은 다 집 짓는 데 좋은 재료가 될 것이다.

의사(醫師) 된 자 진실로 그 나쁜 것을 버리고 마땅한 것을 쓴다면, 환약(丸藥)을 만들고 탕약(湯藥)을 만들고 산약(散藥)을 만드는 데, 풀이나 쇠오줌과 말똥과 이끼와 버섯 같은 것들도 다 좋은 약재(藥材)가 될 것이다.

- 김시습, ≪매월당집(梅月堂集)≫

글C-1은 크고 작은 여러 상자(사람이 갇혀 사는)에 관한 사색을 피력한 것이다. 이 글의 독자 중에는 상자로 하여 낭만을 상실한 자신(현대인)을 새삼스럽게 발견하는 사람도 있을 것이다. 글C-2는

15) 김시습(1435-1493) : 조선 세조 때의 문인. 호는 매월당(梅月堂). 시문이 뛰어났다. 저서로 ≪매월당집(梅月堂集)≫, ≪금오신화(金鰲新話)≫.

용인(用人, 임금이 사람을 씀)의 도(道)를 사색한 것이다. 어떤 사람은 이 글을 읽고 자기 시대 임금의 용인을 비판할지 모른다.

그런데 우리는 여기서, 설리수필은 논설문으로 흐르기 쉽다는 사실을 기억해 두기로 하자. 사색이 정서적인 요소를 배제할 때다. 글C-2가 좀 그런 인상을 준다.

4) 예상독자

수필의 예상독자는 천차만별이어서 그것을 분류한다는 것은 쉬운 일이 아니다. 그러나 어른을 대상으로 하는 수필과 어린이를 대상으로 하는 수필 정도로는 나누어 볼 수 있을 것 같다. 나는 후자를 동수필(童隨筆)이라고 부른다. 다음은 그 한 예. 동수필은 퍽 드물다. 고전수필에서도 아직 찾아보지 못했다.

◎ 정진권/열쇠와 자물쇠

열쇠가 자물쇠에게 말했습니다.

"나 없으면 넌 아무 소용도 없게 돼. 잠기지도 풀리지도 못하니까. 그럼 어떻게 되지? 제 구실을 못 하는 것은 다 버려지고 말아. 이젠 내 말 알아듣겠니?"

자물쇠는 기분이 나빴지만 할 말이 없었습니다.

그 뒤로 오랜 세월이 흘렀습니다. 열쇠는 아직도 반짝반짝 빛났지만 자물쇠는 낡아서 더는 못 쓰게 되었습니다. 주인은 자물쇠를 버렸습니다. 그리고는

"그럼 이것도 필요 없지."

하고 열쇠도 함께 버렸습니다.

열쇠는 퍽도 억울했지만 할 말이 없었습니다.

- 정진권, ≪한 수필가의 짧은 이야기≫

동수필은 아직 우리 수필가들의 관심 밖에 있는 듯하다. 그럼에도 내가 이에 관해 언급하는 것은 그것이 문학적으로든 교육적으

로든 대단히 유익하다고 믿기 때문이다. 우리가 좋은 동수필을 많이 생산해 낸다면 우리 어린이들은 그 글들을 통해 일찍부터 문학적 체험(가령 아름다운 상상, 촉촉한 정서, 깊은 감동 같은)을 쌓고 아름다운 우리말의 좋은 용법을 배울 것이다.

(3) 에세이(essay)와 수필

우리 중에는 에세이를 수필로, 수필을 에세이로 아는 사람이 많은 듯하다. 그러나 그것은 좀 다르다. 에세이는 문학적 에세이(literary essay)와 비문학적 에세이(nonliterary essay)로 나뉘는데[16), 이 가운데 문학적 에세이가 곧 우리가 말하는 수필이다. 그러니까 수필이 에세이인 것은 사실이지만 모든 에세이가 다 수필인 것은 아니다. 다음 두 글을 대조해 보기 바란다.

A. 김애양/비 오는 날의 등산

우리 부부가 휴일마다 산에 오른 지 올해로 4년째다.

마흔이 넘어가자 술을 즐기는 중년 남자들 대개가 그러하듯 모든 인격이 배로만 쏠렸는지 복부비만으로 씩씩거리는 숨소리를 내자 남편의 건강이 우려되기 시작했다.

등산을 가자고 졸라 봐도 "산에 가면 쌀이 나오냐 밥이 나오냐? 도로 내려올 산을 왜 기를 쓰고 올라가는지 이해가 안 된다."며 그이는 잘라 거절했다. 지금 같으면 "산에 가면 쌀이나 밥보다 더 좋은 게 많답니다. 두 귀엔 영롱한 새 소리, 코끝에서 가슴까지 파고드는 맑은 공기, 복잡한 머릿속은 세척이나 해낸 듯 개운해지고∥." 이렇게 줄줄 반박을 하겠지만 그때엔 아무 말도 못 했다.

- 김애양, ≪초대≫

---

16) C. Carter Colwell, ≪A Student's Guide to Literature≫, 을유문화사 1978, 이재호, 이명섭 공역 ≪문학개론(文學槪論)≫ p.384 에세이.

B. 조연현/민주주의에 대하여

민주주의는 모든 개개인의 의사를 기초로 하고 성립된다. 그러나 민주주의는 어떠한 개인에게도 완전한 만족을 주지 못한다.

민주주의는 자기를 주장하는 주의인 동시에 자기를 포기하는 주의다. 이 상반되는 양자를 동시에 요구하는 것이 조금도 모순이 아닌 것이 민주주의다.

민주주의는 하나의 이념이며 사상인 동시에 하나의 방법이며 제도이다. 그러므로 민주주의는 민주주의를 위하여 민주주의를 실시한다.

- 어문각, ≪수필선집≫

글A는 제목 그대로 부부가 비 오는 날 등산을 하며 겪은 이야기다. 퍽 정서적이다. 이런 글이 문학적 에세이, 곧 수필이다. 글B는 민주주의란 어떤 것인가를 설명한 글이다. 퍽 논리적이다. 이런 글이 비문학적 에세이다. 비문학적 에세이는 대체로 논설문(論說文), 설명문(說明文) 또는 그 비슷한 글로 흐른다.

두 갈래의 에세이 중 문학적 에세이가 수필이라는 것은 비문학적 에세이가 문학적 에세이보다 못한 글이라는 뜻이 아니다. 위에 보인 조연현의 글은, 수필은 아니지만 훌륭한 에세이다.

자, 참고로 한 예 더 보자.

C. 선정은/어둠 속 아티스트

한 편을 더 본다. 〈레미제라블〉, 유니버설 픽쳐스 100주년 기념작, 뮤지컬 버전을 영화화한 것으로 혁명 장면의 뛰어난 연출로 특히 호평을 받았다. 2013년 골든 그로브 시상식에서 작품상, 남우주연상, 여우조연상을 수상했고, 그해 아카데미 여우조연상, 음악상, 분장상을 수상했다. 선 녹음 후 촬영하는 일반 뮤지컬 영화와 달리 촬영하면서 동시녹음을 했는데 대사의 거의 대부분이 음악으로 이루어져 있어서 배우들은 귀에 꽂은 무선이어폰으로 세트 밖에서 직접 연주하는 피아노 반주를 들으며 노래를 했다. 또 다시 수백 명의 이름이 조용히 떠

오르는 엔딩 크레딧을 존경 가득한 마음으로 지켜본다. 그 중 몇몇은 내게 "하이!" 하고 손짓을 하거나 "땡큐!" 하고 인사를 하기도 했다.

- ≪계간 수필≫ 2016년 봄호

이 글의 앞부분은 일종의 설명문, 조연현의 〈민주주의에 대하여〉와 같은 비문학적 에세이다. 만일 뒷부분의 밑줄 친 부분, 이런 정서적인 요소를 포함하지 않았다면 우리는 이 글을 수필 아닌 설명문으로 읽었을 것이다.

확인하기

우리는 지금까지 수필의 문학적 위치와 그 갈래에 관한 이런저런 사실들을 살펴보았다. 글 한 편 읽으면서 그런 사실들을 확인하고 잠시 쉬기로 하자.

A. 김소운/외투(外套)

* 청마(靑馬) 유치환(柳致環)이 북만주에서 농장을 경영하다가 자금 문제인가로 해서 서울엘 왔다. 그러나 여의치 못해서 다시 북쪽으로 돌아가게 되었다. 눈 펄펄 날리는 역두(驛頭), 영하 40도의 그 추운 북만주로 돌아가는 그가 외투도 없이 서 있었다. 나(김소운)는 내 외투를 벗어주고 싶었지만 실은 나도 외투를 입지 않았다. 발차 시간이 가까웠다.

내 전신을 둘러보아야 청마에게 줄 아무것도 내게는 없고 포켓에 꽂힌 만년필 한 자루가 손에 만져질 뿐이다. 내 스승에게서 물려받은 프랑스제 콩크링, 요즈음 파카니 오터맨 따위는 명함도 못 내놓을 최고급 만년필이다. 일본 안에도 열 자루가 없다고 했다.

"만년필 가졌나?"

불쑥 묻는 내 말에 무슨 뜻인지도 모르고 청마는 제 주머니에서 흰 촉이 달린 싸구려 만년필을 끄집어내어 나를 준다. 그것을 받아 내 주머니에 꽂고 콩크링을 청마 손에 쥐어주었다. 만년필은 외투도 방한구도 아니련만 그때 내 심정으로는 내가 입은 외투 한 벌을 청마에게 입혀 보낸다는 그런 기분이었다.

-윤오영, ≪한국수필정선≫

B. 윤오영/〈외투〉평

문장이 수월한 듯 탄력성이 있고 무기교(無技巧)인 듯 소박한 기교가 있다. 외투가 만년필로 변하는 그 순직(純直)한 인간미는 독자에게 흠뻑 호감을 안아다 준다. 그 소박하고 진실한 태도는 감격적이요 전환시키기 어려운 대목을 힘 안 들이고 써 나가는 데서 문장의 숙련을 보여 주고 있다.

-위 책

글A는 수필(창작)이다. 수필은 창작문학의 한 갈래(genre)다. 외투를 말한 글은 많겠지만 이런 모습으로 말한 것은 이 글이 처음이다. 그래서 우리는 이런 글을 창작이라고 한다.

이 글은 개인적 수필이며 서정수필이다.

이 글은 문학적 에세이다.

글B는 글A에 대한 비평이다. 창작엔 비평이 따른다. 이 비평은 글A의 무기교의 기교, 순직한 인간미, 소박하고 진실한 태도 등 그 장점을 지적하고 있다.

2 수필에 관한 몇 가지 오해

우리는 앞에서 수필의 문학적 위치와 그 갈래를 확인한 바 있다. 이젠 수필에 대한 몇 가지 오해(잘못된 통념)를 살펴보기로 한다. 가령 수필은 이러이러한 글이다, 또는 이러이러한 글이어야 한다와 같은-. 그것은 수필에 대한 우리의 바른 이해를 방해하기 쉽다. 다음은 그 몇 예다.

(1) 유머론(諧謔論)과 고백론(告白論)

흔히 수필의 특질의 하나로 유머(諧謔)를 든다. 수필은 유머가 있어야(유머러스해야, 해학적이어야) 한다는 것이다. 이런 주장을 유머론(諧謔論)이라고 해두자. 그런데 이와 달리 수필을 자기고백의 문학이라고도 한다. 그러니까 신부님 앞에 고해하듯이 진지하게 자기를 고백하는 글이 아니면 안 된다는 것이다. 이런 주장을 고백론(告白論)이라고 해 두자. 다음을 보자.

A. 강호형/오거서(五車書)

만화와 텔레비전에 빠져드는 아들아이에게 나는 남아수독오거서(男兒須讀五車書)를 역설해 왔다. 그럴 때마다 만화도 책이라는 주장과 만화는 만화일 뿐이라는 설득이 맞섰음은 물론이다.

그날도 고등학생인 아들 녀석과 아내 사이에 입씨름이 벌어지고 있었다. "4당5락이란 말을 너는 듣지도 못했느냐? 현대는 어쩔 수 없는 경쟁시대인데 너처럼 하고 싶은 짓 다 하고서야 어떻게 경쟁에서 살아남겠느냐?" 하는 것은 아내의 성화요, "아무리 경쟁사회라지만 우리에게도 최소한의 인간적인 대우를 받을 권리는 있다. 하루에 네 시간만 자고 나머지 시간을 오로지 공부로만 채우라는 것은 비인간적인 폭력이다." 하는 것은 아들의 항변이다.

듣고 보니 모자의 말에 모두 일리가 있는 것 같았다. 입씨름을 하면서도 모자가 번갈아 가며 내 눈치를 살피는 품이 은근히 원조를 요청하는 눈치인지라 미상불 어느 편이건 거들기는 해야겠는데, 사안의 중대성에 비추어 섣불리 개입했다가는 사태를 그르칠 위험이 없지 않았다. 가만히만 있으면 중간은 간다는 말이 있기는 하지만 그렇다고 이런 중대사에서마저 방관으로만 일관함으로써 중간이나 가는 것은 가장으로서의 직무유기라는 생각이 들었다.

-강호형, ≪바다의 묵시록≫

B. 엄정식/은혜의 덩어리

나는 편모슬하에서 외아들로 자라나 겨우 효도를 할 수 있게 되었다고 생각했는데 어머니께서 갑자기 세상을 떠나셨다. 워낙 어머니 중심으로 인생 설계를 꾸며 왔기 때문에 삶 전체가 급류에 휩쓸린 낙엽처럼 소용돌이쳤을 뿐 아니라 그 슬픔과 절망은 도저히 형언할 길이 없었다. 나는 아주 구체적으로 세상을 떠날 생각을 해본 적도 있다.

그 후 2년가량 지났을 때다. 아직도 어머니를 여읜 비애에서 헤어나지 못하고 있을 때 갑자기 로터리 재단 장학생으로 선발되어 유학의 기회를 얻게 된 것이다. 응모한 지 거의 6개월이 경과했을 무렵, 끝까지 남은 네 명 중에서 한 명을 최종적으로 선발하는 절차가 있었다. 일곱 명의 심사위원 앞에서 20여 분에 걸친 면접이 실시되었다. 마지막 질문은, 학업을 마치고 돌아올 것인지, 그리고 그 이유를 묻는 것이었다. 나는 그 순간 갑자기 어머님 산소가 크게 떠올랐다. 그러고는 오히려 의아한 듯 이렇게 말하였다.

"제가 돌아오지 않으면 누가 어머니 산소를 돌보겠습니까?"

나중에 오선환 총재가 귀띔해 주었는데, 결국 이 대답이 심사위원들을 감동시켜 내가 선발된 것이라고 했다.

- 엄정식, ≪길을 묻는 철학자≫

글A를 읽노라면 시종 미소를 머금게 된다. 아들 녀석과 아내의 입씨름에서 그렇고, 그 입씨름에 한참 머뭇거리다가 비로소 직무유기임을 깨닫고 부득이 개입하는 나(1인칭주인공)에게서 더 그렇다. 이런 웃음은 읽는 사람을 경쾌하게 만든다. 이 글은 유머론의 좋은 예가 될 것이다.

글B를 읽노라면 시종 긴장하게 된다. 아주 구체적으로 세상 떠날 생각을 해본 적도 있다, 내가 아니면 누가 내 어머니 산소를 돌보겠느냐, 하는 말에서 더욱 그렇다. 이런 긴장은 읽는 사람을 진지하게(더러는 심각하게) 만든다. 이 글은 고백론의 좋은 예가 될 것이다.

이제 여러분은 내가 무슨 말을 하려는지 짐작했을 것이다. 수필은 글A처럼 해학적일 수도 있고 글B처럼 고백적일 수도 있다. 글A가 주는 경쾌함과 글B가 주는 진지함은 다 같이 소중한 것이다. 그러므로 우리는 어떤 한쪽 논(論)에 치우쳐서는 안 된다. 그리고 해학적이지도 고백적이지도 않으면서 좋은 글도 얼마든지 있다는 사실을 기억해 두기로 하자.

(2) 개성론(個性論)

흔히 수필을 일러, 다른 문학과 달리 개성적(個性的)이라고 한다.[17] 개성이란 그 사람의 그 사람다움(다른 사람과 구별되는)을 가리키는 것으로, 그것은 주제(主題)의 설정, 소재(素材)의 선정, 구성(構成)의 실제, 문체(文體) 등, 모든 것에 다 나타나는 것이다. 그렇다면 이것이 유독 수필에만 한하는 것일까? 다음을 보자.

A. 허세욱/여보게

여보게/우리 떠날 때는/차창에다 얼굴을 내밀고/
우리들 손등이 가물가물/보이지 않을 때까지/
아프도록 흔들어 보지 않겠나? ॥

여보게/우리 떠날 때/그날 보릿가을 자운영 밭에서/
자네의 순이와 뒹굴던 얘기/그 한 대목이라도/
또 한 번 들려주지 않겠나?

- 허세욱, ≪바람이 멎는 곳≫

---

17) 김광섭은 그의 〈수필문학소고〉- ≪文學≫ 창간호(1934)-에서, 수필은 "다른 문학보다 더 <u>개성적</u>(個性的)이며 심경적(心境的)이며 경험적(經驗的)이다." 라고 한 바 있는데, 그 후로 이런 생각이 널리 퍼진 듯하다.

B. 허세욱/이삭줍기

언제부터인지 내게도 나들이가 많아졌다. 그럴 때마다 청승맞게도 자기가 일하던 책상을 말끔히 치워 놓는다든지 자기가 뒹굴던 침대를 만지고 가는 버릇이 생겼다. 그 나들이가 한나절 문밖에 그칠지라도 마찬가지였다. 먼 길을 나설 때는 더욱 그랬다. ‖ 그리고 먼먼 비행길에 올라 벨트를 매고는 이승에서 저승으로 입문(入門)하듯 옷깃도 여며보고, 두고 온 식구들의 얼굴도 그려보곤 했다.

세상은 온통 불바다, 거기에 델세라 몸을 움츠리고, 세상은 온통 살얼음, 거기에 빠질세라 살금거리지만, 도시 지금 선 자리로 돌아올 수 없을 것 같은 몹쓸 예감을 쫓을 수 없었다. 하기야 지금 선 자리로 돌아오지 않으면 어떨까? 하얀 살결로 구름이나 타고 하늘을 뚫는 봉황이면 얼마나 좋을까? 까치 둥우리를 맴돌다가 청산 깊숙한 골짜기로 소요하는 한 줄기 연기라면 어떨까? 파란 들, 파란 논두렁을 훨훨 나부끼다가 종소리의 물결인 양 서녘으로 사라져 버리는 청학이라면 어떨까?

- 허세욱, ≪달이 뜨면 꽃이 지고≫

C. 변해명/나무들이 옷을 벗는다

나무들이 옷을 벗는다. ‖ 눈 비비며 세상에 얼굴을 내밀고, 꿈 많은 날들의 부푼 가슴들로 푸르름이 넘치던 어제의 시간들, 때로는 그리움과 기다림으로, 또는 절망과 회한으로 한 해를 살면서 엮어진 날들의 이야기들을 미련 없이 날려 보낸다. ‖

바람에 구르는 낙엽 소리를 들으면 오구굿(진오기굿) 가락이 들려오는 것 같다. 떠나는 넋을 위로하고 저승으로 안내하는 굿 장단이 중머리, 중중머리, 휘몰이로 빨라지고 그 소리 속에 휩쓸려 아득히 멀어져 가는 소리, 소리들…. ‖

나는 지금 문득 내 영혼도 내 육신의 옷을 벗고 떠날 것이란 생각을 해본다. 바람에 나뭇가지들이 거문고 소리를 내고, 그 소리에 나뭇잎들은 이별을 노래하듯 내 육신도 한낱 낙엽처럼 이별을 노래하며 떠날 것이라는 생각을 해본다.

육신을 떠난 영혼이 별빛이 되고, 달빛이 되고, 기억의 뜰에 진정

아름답고 빛나는 나비로 날기 위해서 맑은 눈으로 세상을 바라보아야지, 맑은 마음으로 이별을 바라봐야지.

- 변해명, ≪주인 없는 꽃수레≫

우선 글A와 글B. 글A는 시, 글B는 수필이다. 같은 작가의 글이다. 둘 다 죽음의 심상(心象, image)이 어른거린다. 수필이 다른 문학과 달리 개성적이라면 글B가 당연히 글A보다 더 개성적이어야 한다. 그러나 어디에도 그런 증거는 없다.18)

다음은 글B와 글C. 이는 둘 다 수필이다. 글C 역시 죽음의 심상이 드러나 있다. 그러나 글B는 죽어서 봉황이 되었으면, 연기가 되었으면, 청학이 되었으면 하는데, 글C는 별빛이 되고, 달빛이 되고, 나비가 되었으면 한다. 왜 이런 차이가 생길까? 작가의 사람(개성)이 다르기 때문이다. 장르의 성격과는 전혀 무관한 것이다.

자, 한 마디 더-. 시인이든 수필가든 소설가든 무릇 작가에게는 (아니, 사람에게는) 개성이라는 게 있다. 허세욱으로 하여금 허세욱이게 하는 그 어떤 것, 변해명으로 하여금 변해명이게 하는 그 어떤 것, 그것이 없으면 그 작가일 수 없는 그런 것, 나에게는 어떤 그런 것(개성)이 있는가 한번 생각해 보기 바란다.19)

---

18) 그럼에도 수필이 다른 문학보다 더 개성적이라고 하는 것은 작가(수필가)의 개인적 사실(가령 지적수준, 정서적 경향, 직업, 취미, 교양 같은)이 비교적 잘 드러나기 때문에 그런 것이 아닌가 한다. 정진권의 ≪한국수필문학의 이해≫(학연사, 2010) pp.35-40 참조.

19) 우리는 앞에서(pp. 26~27) 강호형과 엄정식의 글 한 조각씩을 읽었다. 강호형의 문체는 경쾌했고(해학) 엄정식의 문체는 진지했다(고백). 그것이 곧 각각 두 수필가의 개성인 것이다.

(3) 사실론(事實論)과 허구론(虛構論)[20]

흔히 수필을 일러 사실의 기록이라고 한다. 그러니까 허구가 개입되면 안 된다는 것이다. 여기서 사실이란 실제로 있었거나 있는 것(인물, 사건 등에 있어서), 허구란 체험을 수정하거나 보충하여 새로이 꾸며내는 일(작가의 작업), 또는 그 결과(작품)를 말한다. 그런데 위와 달리 허구를 수용하자는 주장도 있다.

허구가 개입되면 안 된다는 주장은, 수필은 자기고백(自己告白)의 문학이라는 신념에 근거한다. 고해하듯이 자기를 고백하는 글에 어떻게 허구가 개입될 수 있느냐는 것이다. 이런 주장을 하는 사람들은 허구를 거짓말이라고 생각한다.

반면 허구를 수용하자는 주장은, 수필은 창작이라는 신념에서 나온다. 자신의 얼마 안 되는 체험(실제로 보고 듣고 겪은 등등)만으로 어떻게 한 세계를 창조할 수 있느냐 하는 것이다. 이런 주장을 하는 사람들은 허구를 진실(작가가 구현하려는 주제)을 추구하는 한 수단이라고 생각한다.

나는 허구를 도입하자는 쪽이다. 다음은 내 실험-.

A. 빛깔들의 합창

우리 집의 작은 뜰입니다. 밝은 햇볕 속에 잔디가 파랗습니다. 노란 개나리도 환히 피었습니다. 빨간 채송화, 하얀 딸기꽃, 모두 햇볕 속에 환합니다. 아, 연분홍 모과꽃은 좀 수줍은가봐요. 푸른 잎새 속에 숨어서 얼굴만 조금 내 보입니다. 모두모두 다정한 표정들입니다.

빛깔들의 합창입니다. 갖가지 빛깔들의 아름다운 목소리가 뜰 하나

---

20) 앞에 보인 정진권 ≪한국수필문학의 이해≫ pp.40-45 참조. 나는 〈수필문학의 허구성(虛構性) 고찰〉이라는 제목으로 논문 한 편을 쓴 일이 있다. 이 글은 우리 수필이 허구성을 띨 수 있다는 것을 증명한 것이다. 그러나 그 허구가 시나 소설의 그것과 어떻게 다른지는 규명하지 못했다. 정진권, ≪한국수필문학 연구≫ 신아출판사, 1999.

가득이 차서 넘칩니다. 지휘자는 하얀 나비 한 마리, 하늘하늘 춤을 추며 지휘를 합니다. 바둑이가 신기한 듯, 춤추는 지휘자를 바라보며 빛깔들의 합창을 조용히 듣습니다. 정말 평화로운 광경입니다.

우리 집의 작은 뜰엔 목소리가 서로 다른 여러 빛깔들이 함께 삽니다. 그러나 어느 누구도 내 목소리를 닮으라고 말하는 일이 없습니다. 목소리가 서로 달라야 아름다운 합창을 빚어낼 수 있으니까요. 물론 제 목소리만 크게 내는 일도 없습니다. 그러면 합창이 깨지겠지요?

- 정진권, ≪한 수필가의 짧은 이야기≫

B. 불볕과 소나기

소년의 옛 마을 그 여름날.

구름 한 조각, 바람 한 점이 없는 불볕 하늘이다. 밭가의 감나무 잎새는 미동도 않고 돌무더기 호박잎은 축축 늘어진다. 하늘과 땅이 온통 불길 속이다. 소 몰고 콩밭 타는 점돌이의 얼굴이 온통 땀범벅이다.

"사람 죽겠네."

그때 어디선가 먹구름이 모여든다. 갑자기 소나기가 퍼붓는다. 감나무 잎새는 빗속에 통통거리고 호박잎은 다시 생기를 찾아 너울거린다. 산과 들이 온통 소나기로 부옇다. 소 몰고 콩밭 타는 점돌이의 맥고자에도 빗방울이 튄다.

"살 것 같네."

불볕만 있고 소나기가 없었다면 어찌 살았을까?

소년의 옛 마을 그 여름날.

- 정진권, 위 책

우선 글A. 이 글이 허구라는 것은 글 자체로써 자명하다. 이 글은 서로 다른 목소리가 조화를 이루는 한 세계를 창조하고, 그로써 우리 어린이들에게 민주사회의 어떤 특징(다양성과 조화라는-주제)을 이해시키려고 쓴 것이다.

글B는, 글 자체만으로는 사실인지 허구인지 알 수 없다. 이 글은 농촌의 여름날 한때를 재현해 본 것이다. 불볕 아래 콩밭 타는 괴로움, 소나기로 다시 생기를 되찾는 들, 이것들은 다 사실이다. 그러나 사람 죽겠네, 살 것 같네, 하는 점돌이는 내가 꾸며낸(허구적인, 그런 많은 농촌 청년들을 전형화한) 인물이다. 이 글은 우리들 삶에 있어서, 사람 죽겠네 하는 괴로움만 있다면 어떻게 살겠는가, 그래도 살 것 같네 하는 순간이 있어서 이렇게 사는 것이다, 하는 생각(주제)을 한번 말해 본 것이다.

자, 옛글 몇 줄 읽고 지나가자. 허구의 예-.

A. 이달충(李達衷)[21]/초부(礎賦)

주춧돌(礎)이 있어서 퍽 크다. 오직 기둥(楹)을 위한 받침이다. 주춧돌은 아래에 있어 낮다. 기둥은 위에 있어 높다. 기둥이 주춧돌을 보고 말했다.

"너의 쓸모라는 것이 이미 천하고 답답한데, 성질은 또 어찌 그리 완고하고 용모는 왜 또 그리 쓸쓸한가? ‖ 그러고서 내 꾸중을 면하겠는가?"

주춧돌이 엎드린 채 기둥을 보고 말했다.

"너는 당당하다. 서 있는 바가 높다. 네 무리들도 한쪽으로 기우는 일이 없다. 무엇이 받쳐 주어서 그런가? 나 아니면 너는 썩는다. 나 아니면 너는 쓰러진다. ‖ "

마침 장석(匠石)이 이를 듣고 말했다.

"제 몸을 낮추면 이롭고 높이면 해롭다. 저 기둥이 몸을 맡긴 곳은 오직 주춧돌이라. 주춧돌의 이름을 위에 쓰고 기둥의 이름을 그 다음에 써라."

- 서거정(徐居正), ≪동문선(東文選)≫

21) 이달충(?-1385) : 고려 공민왕 때의 문신, 학자. 호는 제정(霽亭). 성품이 강직, 공민왕의 노여움을 사고 신돈(辛旽)에게 밉보여 각각 파면된 일이 있다. 저서로 ≪제정집(霽亭集≫.

B. 이건창(李建昌)[22]/응설(鷹說)

마을 사람이 매 한 마리를 잡아 나를 주었다. 나는 그 매를 놓아 사냥을 시키고 언덕에 올라 바라보았다. 매는 바야흐로 머리를 세우고 날개를 펼치며 재빨리 좌우를 살피는 게 매우 사나워 보였다.

그때 꿩 한 마리가 날아올랐다. 순간 매가 떨치고 날아 금방 낚아채려 했다. 그러더니 갑자기 꿩을 흘겨보다가는 한참을 주춤거렸다. 그 사이 꿩은 급히 날아 숨어 버렸다. 그 얼마 후 이번에는 가까이서 토끼 한 마리가 튀었다. 그러나 매는 다시 떨치고 날지 않았다. 오히려 예사롭게 바라보고 더 뒤로 물러났다. 마치 토끼를 두려워하는 것 같았다. 토끼는 아무렇지도 않은 듯 느긋하게 지나갔다. 그리하여 종일 잡은 게 없었다.

해서 매를 놓아 날아가게 하며 내가 말했다.

"이 매를 어디다 쓰겠는가?"

그러자 누가 말했다.

"이 매는 매우 어질고 지혜롭다. 잡을 수 있는 것을 잡지 않았으니 이는 어짊 아닌가? 잡을 수 있는 것을 잡지 않으면 쓸모없는 것, 그러면 사람들이 놓아 주리라는 것을 알았으니 이는 지혜로움이다. 매가 쓸모 있는 것이었으면 아직도 여기 매여 있을 것이다."

- 이건창, ≪명미당집(明美堂集)≫

글A, B는 다 허구다. 이것은 그 글 자체로써 자명하다. 이 중 글A는, 겸손한 자세로 감사해야 할 대상에게 오만한 태도로 군림하는 잘못을 경계한다는 뜻(주제), 글B는 무능(無能)이 오히려 자신을 자유롭게(속박에서 벗어나게) 한다는 뜻(주제)이다.

어느 쪽을 선택하느냐 하는 것은 수필을 쓰는 사람의 자유다. 사실만을 쓰겠다는 사람을 보고 허구를 수용하라고 강권할 일도 아니고 허구를 수용하겠다는 사람을 보고 거짓말을 한다고 비난

---

22) 이건창(1852-1898) : 조선 고종 때의 문신, 학자. 호는 영재(寧齋). 글씨와 문장이 뛰어났다. 척양척왜(斥洋斥倭)에 철저했다. 저서로 ≪명미당집(明美堂集≫.

할 것도 아니다.

확인하기

지금까지 우리는 수필에 대한 몇 가지 오해를 살펴보았다. 끝으로 글 한 편 읽고 이런 사실들을 한 번 더 확인해 두기로 한다. 내 글을 제시한 것은 다른 수필가들의 제작과정이 공개된 게 없기 때문이다. 이 글이 좋은 글인가 아닌가 하는 것은 따지지 말기로 하자.

어떤 할아버지

할아버지가 어린 손자에게 말했다.

"저 소나무를 보아라. 사시에 푸르지 않니? 사람도 저렇게 변함없이 살아야 한다. 저 대나무를 보아라. 속이 텅 비어 있다. 사람도 저렇게 욕심 없이 살아야 한다. 변함없이, 욕심 없이, 알겠니?"

어린 손자는 고개를 끄덕였다. 나는 변함없이, 욕심 없이, 이런 말을 하는 그 할아버지와 할아버지의 그런 말을 듣고 고개를 끄덕이는 그 어린 손자가 퍽 부러웠다. 내가 그 할아버지처럼 그렇게 말한다면 내 어린 손자들도 고개를 끄덕일까? 아닐 것이다. 끄덕이기는커녕 이렇게 되물었을 것이다.

"할아버진 어떻게 살았어? 할아버지도 소나무처럼 대나무처럼 변함없이 욕심 없이 그렇게 살았어?"

그리고 나는 아무 대답도 하지 못했을 것이다.

- 정진권, ≪내 아내는 잘라 팔 머리가 없다≫

우선 이 글은 해학적이지 않다. 자신의 초라한 삶(이해를 따라 변하고 더 못 가져서 안달하는)을 반성하는 글에 무슨 해학이 필요하겠는가? 그것은 오히려 글을 경박하게 만들 수 있다. 이 글은 반성하는 글이니만치 고백적일 법도 한데 그런 분위기가 아니다. 고백하는 문체가 아니어서 그럴 것이다.[23]

---

23) 신부님 앞에 고해하는 그런 문체가 아니다. 자신의 초라한 삶을 자신의 입

이 글은 우리가 앞에서 읽은 허세욱의 〈이삭줍기〉나 변해명의 〈나무들이 옷을 벗는다〉와 퍽 다른 인상을 줄 것이다. 이것은 어느 문학 장르가 다른 장르보다 더 개성적인 것이 아니라 작가마다 다른 개성을 가지고 있다는 것을 의미한다.

이 글의 앞부분은 내가 실제로 본 게 아니고 뒷부분(나는 변함없이, 욕심 없이 살지 못했다는)을 말하기 위해 마련한 허구적 장치다. 그러니까 변함없이, 욕심 없이, 이런 말을 하는 할아버지나 고개를 끄덕이는 어린 손자는 다 허구적인 인물이다.

자, 좀 쉬고 다음으로 넘어가자.

3 수필의 특질

우리는 앞에서 수필의 문학적 위치와 그 갈래, 그리고 수필에 대한 몇 가지 오해에 관해서 이야기를 나누었다. 이젠 수필이 어떤 글인가를 살펴볼 차례다. 그러나 수필이 어떤 글인가를 한 마디로 정의(定義)하기는 어렵다. 해서 여기서는 수필의 몇 가지 특질을 말해 봄으로써 이를 대신할까 한다.

그런데 어떤 사물의 특질을 말하기 위해서는 그 사물을 바라보는 관점(觀點)이 있지 않으면 안 된다. 그럼 어떤 관점에서 수필을 바라볼 것인가? 물론 여러 가지가 있을 수 있겠지만, 그 표현수단은 무엇인가, 형식은 어떤가, 내용은 어떤가, 독자에게 주는 것(미치는 효과)은 무엇인가, 이런 관점들은 빼놓을 수 없을 것이다.

으로 직접 고백하기가 어려워서 이렇게 쓴 것이다.

(1) 표현수단 - 산문

수필의 특질 중 가장 현저한 것의 하나는 그 표현수단이 산문(散文)이라는 점이다. 산문은 운문(韻文)과 달리 운율(韻律)이 없는 문장이다. 소설의 경우도 마찬가지다. 우선 다음을 읽고 이야기를 계속하자.

A. 허세욱/간이역

까만 시그널
두 개의 까만 쇠막대 사이로
유리창이 보이고/유리창 안엔 빨간
자석식 전화‖
창밖엔/첩첩산중이 에워싸고/저 혼자 등불이 동그랄 때‖
바람처럼/바람처럼/역마가 지나간다.

- 허세욱, ≪바람이 멎는 곳≫

B. 박영자/무사경 고람수가(무슨 말이어요)

* 제주도 공항, 80쯤 돼 보이는 할머니가 아들 며느리인 듯한 신랑 각시를 맞이한다. 할머니는-.
우선 신랑에게 "어떵사 곱단 아기 데려왕(어떻게 이 이쁜 아기를 데려왔니)?"
다음 각시에게 "속암쩌 하영 속암쩌(수고 많았다)."

나는 그 노인의 투박한 제주도 사투리를 들으며 자신의 잘못도 아니면서, 아버지의 부채 때문에 야반도주로 고향을 떠나온 일본의 작가 다쿠보쿠(石川啄木)의 심정을 떠올려 보았다. 고향이 그리우면 정거장에 나가 고향 사투리를 들었다는 작가,‖빚 때문에 다시는 갈 수 없는 고향을 그리워하며 고향의 숨결을 느끼고 싶어 작은 정거장에 나가 나무 기둥에 의지해 귀를 기울이고 서 있는 한 남자의 모습이 눈에 선하다.

- 박영자, ≪앞산이 보이지 않는다≫

C. 이효석/메밀꽃 필 무렵

허 생원은 젖은 옷을 웬만큼 짜서 입었다. 이가 덜덜 갈리고 가슴이 떨리며 몹시도 추웠으나 마음은 알 서 없이 둥실둥실 가벼웠다.

"주막까지 부지런히들 가세나. 뜰에 불을 피우고 훗훗이 쉬어. 나귀에겐 더운 물을 끓여주고. 내일 대화 장 보고는 제천이다."

"생원도 제천으로?"

"오래간 만에 가보고 싶어. 동행하려나, 동이?"

나귀가 걷기 시작하였을 때 동이의 채찍은 왼손에 있었다. 오랫동안 아둑신이같이 눈이 어둡던 허 생원도 요번만은 동이의 왼손잡이가 눈에 뜨이지 않을 수 없었다.

- 어문각, ≪이효석 선집≫

D. 김기림/관북기행(關北紀行)－마을

① 물레방아가 멈춰 선 날 밤/아버지는, 번연히 돌아오지 못할 아들이/돌아오는 꿈을 꾸면서 눈을 감았단다. ‖ 마을에서는/구두소리가 뜨락에 요란하던 그날 밤 일도/불빛이 휘황하던 회관(會館)의 일도 모르는 아이들이/어머니의 잔소리만 들으면서 자라난다.

② 풋볼 대신에 소 방광을 굴리다가도/끝내 저녁을 먹으라는 어머니의 소리가 들리지 않기에/아이들은 지쳐서 돌아와서 새우처럼 고부라져 잠이 든다.

③ 조그마한 소문에도/마을은 엄청나게 놀랐다. ‖ 소문은 언제든지 열매를 맺어서/한 집 두 집 마을은 여위어 가고-. ‖ 간도(間島) 소식을 기다리는 이웃들만 그 뒤에 남아서/사흘 건너 오는 우체(郵遞)꾼을 기다렸다.

- 김기림, ≪바다와 육체(肉體)≫

글A는 운문이다. 소리 내어 읽어 보면 혀끝에 운율이 느껴진다.[24] 이 글은 시다. 옛날의 시골 간이역의 모습이 그리움처럼 다

24) 가령 "나 보기가 역겨워 가실 때에는/말없이 고이 보내 드리오리다(김소월, 진달래꽃)."처럼 겉으로 드러나는 운율(여기서는 음절수가 7·5를 반복하고

가온다. 글B와 C는 다 산문이다. 이 가운데 글B는 수필, 객지에 살며 이 글을 읽는 제주도 사람들은 할머니의 사투리에서 말할 수 없는 친근감을 느낄 것이다. 지난날의 애환과 향수에 젖는 다쿠보쿠도 짠하게 다가온다. 글C는 소설이다. 착한 동이가 외로운 허생원의 아들이어야 할 텐데, 나는 이 글을 읽으면서 이런 생각을 한 일이 있다.

자, 그건 그렇고. 한때는 운문으로 쓴 수필도 있었다. 글D가 바로 그런 예다.[25] 이 글은 억압과 가난과 불안이 엄습하는 어느 힘든 마을을 그린 수필이다. 그러나 지금은, 아주 실험적인 경우를 제외하고는 다 산문으로 쓴다. 즉, 수필의 표현수단은 산문인 것이다. 이 산문에 관해서는 다음 장에서 좀더 깊이 공부하기로 한다.

(2) 형식－자유

수필은 무형식(無形式)을 그 형식적 특질로 한다는 말이 있다.[26] 그러나 그것은 형식이 없다는 뜻이 아니고 형식이 자유롭

있다.)을 외형률(外形律)이라 하고 글A처럼 속으로 흐르는(혀끝에 느껴지는) 운율을 내재율(內在律)이라고 한다.

25) 이 글은 행 구분, 연 구분이 있다. 내재율이 흐른다. 수필집에 실려 있지만 시로 볼 사람도 있을지 모르겠다. 그런데 이와 반대의 경우도 있다. 한용운의 〈복종(服從)〉은 분명히 시인데 나는 이 시를 반은 수필로 읽었다.

26) 이런 생각이 널리 퍼진 것은 다음과 같은 주장 때문일 것이다.

• 김광섭 : 형식으로서의 수필문학은 무형식(無形式)이 그 형식적 특징이다. 이것은 수필의 운명이고 내용이다. - 〈수필문학소고〉, ≪문학(文學)≫ 창간호(1934. 1).

• 김진섭 : 수필이라는 것이 원래 극히 막연하고 광범한 문학 형식인 만큼 간단히 설명하고 규정하기는 물론 곤란하다. 왜냐하면 그것은 예하면, 시, 소설, 희곡 등속의 문학이 일견 명료한 형식을 가지고 있는 데 대해서 수필은 문학으로서의 일정한 형식을 갖지 못하고, 수필은 차라리 작품으로서의 형식을 갖지 않는 데 그 특질이 있기 때문이다. - 〈수필(隨筆)의 문학적(文學的) 영역(領域)〉, 김진섭 ≪교양(敎養)의 문학(文學)≫ 조선공업문화사, 1950.

다는 뜻으로 이해해야 할 것이다.[27] 역시 수필의 형식적 특질은 그 자유로움에 있다. 그렇다면 자유롭다는 것은 무슨 뜻인가? 그것은 다른 글의 형식을 자유롭게 빌려 쓸 수 있다는 것이다. 다음을 보자.

A. 이혜연/다시 생각하기-변덕(전문)

전동차 안에서의 일이다.

삼십대 후반쯤 되어 보이는 두 여인이 내 앞에 서서 두런두런 이야기를 나누고 있었다. 마침 내 옆에 자리가 나자 서로 양보하느라 옥신각신하였다. 서너 정거장 지나자 건너편에 빈자리가 생겼다. 앉아 있던 이가 일행에게 앉기를 권했다. 그는 흘깃 뒤를 한번 돌아보더니 고개를 살래살래 흔들었다. 나는 얼른 일어나 건너편 자리로 옮겨 앉았다. 두 여인이 목례로 내게 고마움을 전했고 나는 미소로 답했다.

얼마 후 아가씨 두 사람이 내 앞에 섰다. 생기발랄한 그들의 목소리가 거침없이 전동차 안을 울렸다. 내 옆자리가 비자 그 중 하나가 잽싸게 앉는다. 마침 건너편에도 하나가 났다. 서 있던 아가씨 하나가 대뜸 내게 말을 던진다.

"아줌마, 자리 좀 바꿔 줄래요?"

---

27) 다음은 이런 주장들의 예다.

- 조연현 : 수필은 여러 문학 양식 중에서도 가장 그 형식이 자유로운 문학 양식의 하나로서 다른 모든 명칭의 문학 양식을 다 가질 수 있다. 즉 수필은 서정시적 정서나 감흥은 물론, 서사시(소설)적 구성이나 희곡적인 대화, 그리고 비평적인 판단작용까지도 다 자유로이 이용될 수 있는 양식이다. -〈산문문학(散文文學)의 영역(領域)〉, 조연현 ≪문학개론(文學槪論≫ 고려출판사, 1953.
- 백 철 : 수필은 우선 문학 형식으로 보아, 소설이나 시나 희곡과 대조해서 어떤 것인가 하면, 다른 것의 명확한 형식과 비하여 수필은 그 형식이 일정하지 않고 자유스러운 것이라는 점이다. 예를 들면 수상록, 서간, 자서전, 서사(書辭), 사설(社說)같은 형식의 것이 모다 수필류에 속하는 것인데 말하자면 그것이 어떤 대상에 대한 자기 견해, 인상, 관찰, 신념, 편견, 공상 등을 자유롭게 표시한 것이다. -〈수필(隨筆)의 본령(本領)〉, 백철 ≪문학개론(文學槪論)≫ 신구문화사, 1955.

나는 못 알아들은 척 뭉그적거렸고 그러는 사이에 건너편 자리는 딴 사람차지가 되어 버렸다. 속으로 쾌재를 불렀다. 수분 사이에 일어난 변덕-.

- ≪휴먼메신저≫ 2008년 겨울호

B. 권일주/이별(전문)

13년 동안 나의 다리가 되어 준 자동차를 카센터에 넘기고 돌아왔다.

미안하고 헛헛하다. 이별이 서러운 건 사람과의 관계에서만 딱히 그런 것은 아닌 게 확실하다. 충분히 예측하고 있던 일이지만 막상 열쇠를 건네고 돌아오니 무슨 심보인지 이유 없이 서럽고 맥이 없다. 충실한 하인처럼 늘 편안하고 만만했었는데, 저도 나이가 많아지니 어쩌겠는가. 카센터 아저씨는 그저 고철 값이라고 했다. 서류에 마지막 도장을 찍고는 차마 돌아보지도 못하고 돌아왔다.

그런데 이상하다.

내가 떠나보낸 것이 아니라 자동차가 나를 떠나버린 것만 같다. 지랑 나랑 똑같이 나이를 먹었는데 저 혼자만 저만치 가버리고 나만 여기에 혼자 남겨진 느낌이다.

누가 누구를 버린 것일까.

- 권일주, ≪혼자 놀기≫

우선 글A. 이 글은 전동차 안에서 일어난 사건이다. 글 속 아줌마의 변덕이 참 밉지 않다. 글이 퍽 유머러스하다. 글B는 이별의 정을 말한 것이다. 사람 아닌 자동차와의 이별-. 맞아, 무쇠 한 덩이도 정 들면 사람과 다를 게 없을 것이다.

우리가 수필이라고 할 때 흔히 위와 같은 글을 떠올리는 것은 이런 글이 눈에 가장 많이 익어서 그럴 것이다. 우리는 이런 글의 형식을 수필의 기본형식이라고 부르자. 이제 우리가 이야기하려는 것은, 수필은 이 기본형식과 다른 여러 형식을 자유롭게 선택할 수 있다는 데 관한 것이다. 우선 다음을 보자.

A. 배정인/풀물(전문)

사랑은 명주 올에 든 풀물.

들여다보면 찌르레미 소리 들리고 귀 기울이면 잠자리 날개 같은 것. 화려할 것도 뽐낼 것도 없는, 나는 한 방울 풀물 같은 것. 색깔은 알아볼 수 없지만 삶아 빨아도 빠지지 않는, 눈빛은 언제나 꿈꾸는 슬픔.

해 뜨면 시나브로 이슬에 젖어.

프르스름한 풀물.

행복은 명주 올에 든 외로운 풀물.

- 배정인, ≪픽셀 Q의 지문≫

B. 박경주/염(廉)씨

염(廉)씨와 결혼하지 못한 것은 그의 외모가 별로 마음에 들지 않아서였다. 첫선, 삐쩍 마른 외모에 비해 깜냥은 제법이라던 그 사람, 식구들은 이구동성으로 내 혼처로는 염씨가 딱이랬다. 엄마가 매일 밤 나를 설득했다.

“궁합이 그만이드라.”

“그까짓 궁합이 뭔 소용이다요. 사람이 좋아야제.”

“아, 의사면 됐제. 공부도 잘했다는디.”

“매너가 꽝이었어. 밥 먹고 나서 물로 훌렁훌렁 입 헹구고, 택시 잡드니 지가 먼저 타드랑게.”

“아따 촌에서 살아서 그러제. 낫살 들면 괜찬해야.”

그러다 그와의 혼담은 없는 듯 잊혀졌다. 후일담에 의하면 그는 내과의사로 성공해 돈을 매일 한 가마니씩 번다고 했다. 엄마는 결혼 후 내가 형편이 어려워 돈을 빌리러 갈 때마다

“내 말 듣고 그 염씨한테 갔으면 얼마나 좋았겄냐. 나도 좋고 너도 좋고….”

했다.

“뭔 근다고 좋아요.”

“염씨가 돈 벌어서 살도 찌고 좋은 일도 많이 헌다드라. 나가 혈압도 높은디 사우가 의사면 얼마나 좋았으까. 치료비도 안 들었으꺼

인다."

"피이, 그까짓 치료비 땜시로?"

입은 삐죽했지만, 돈이 한 가마니면 도대체 얼마나 된다는 거야. 나는 마른 입술을 빨았다.

-박경주, ≪여우와 포도밭≫

C. 정진권/분침(分針)과 시침(時針)

어느 날 분침과 시침이 말다툼을 했습니다.

분 침: "얘, 시침아, 넌 왜 그렇게 게으르니?"

시 침: "내가 왜 게으르니?"

분 침: "나는 한 시간에 한 바퀴나 도는데 넌 겨우 한 발밖엔 못 가지 않니?"

시 침: "얘, 이 가엾은 분침아, 자기가 일 못 하는 것은 모르고 누굴 게으르다는 거니?"

분 침: "뭐라고, 내가 일을 못 한다고?"

시 침: "자, 봐라. 난 한 발만 떼어놓아도 한 시간이라는 일을 한단 말이다. 그런데 너는 시계를 한 바퀴씩이나 돌아야 겨우 내 한 걸음의 일밖에 더 하니?"

그것 참, 누구 말이 옳은지, 원.

-정진권, ≪중전(中殿)과 시녀(侍女)≫

글A는 시형식이다. 나는 한 방울 풀물 같다는 시적자아(詩的自我, 시 속에서 말하는 사람)의 목소리, 명주 올에 물든 풀물(사랑, 행복)의 푸른 빛깔, 어째 이런 심상들이 공연히 안쓰럽다. 글B는 소설형식이다. 모녀의 대화(좀 거창하게 말하면 두 인물의 인생관의 차이)가 재미있다. 엄마의 현실주의도 미소를 머금게 한다. 글C는 희곡형식이다. 관점(觀點)의 차이는 참 무서운 것.

물론 시, 소설, 희곡 같은 전통적인 문학 장르만이 아니다.

A. 이향아/그대 보소서

사랑하는 이여.

나는 날마다 당신에게 편지를 씁니다. 그것은 당신을 향하여 읊조리는 내 생명의 찬송가입니다. 그러나 그곳까지 전달되지는 않을 것입니다. 내가 전달하지 않으려고 애쓰기 때문이지요. 표출하지 않으면서도 당신이 알아주기를 나는 바랍니다.

하나님, 내가 느끼는 것을 그도 느끼게 해 주세요. 그러나 그의 마음이 나처럼 아프지는 않게 하세요.

나는 기도합니다. 내가 느끼는 것을 당신도 느끼기 바라는 것은 야박한 타산일까요? 너무 조건적인 욕심일까요? 그럴지도 몰라요.

그래서 나는 그냥 허술한 인간일 뿐이라는 것을 절감하게 되는 것입니다.

내가 지닌 것은 인간의 사랑이며 지극히 평범한 한 여자의 사랑입니다.

- 이향아, ≪영산홍≫

B. 이난호/칸토스-사후라

한 시간쯤 걸었을까, 뒤에서 자동차 불빛이 번쩍 하더니 급히 나를 스쳐갔다. 자동차를 보니 마음이 좀 놓였다. 20리는 걸었을 것이다. 오늘이야말로 다른 카미노와 엇비슷한 시간에 알베르게에 들 수 있을 것 같다. 어둠이 조금씩 흐려졌다. 오른쪽으로 뻗어간 샛길 안쪽에 인가가 한 채 보였고 좀 전에 나를 스쳐간 자동차가 그쪽에서 되돌아 나왔다. 차가 내 곁에서 멈춘다.

"어디로 갑니까?"

"산티아고로!"

"잘못 왔어요. 이 길은 세비야로 가는 길입니다."

자동차 문을 열어주며 타라고 한다. 7분쯤 달려 동네입구 출발점에 내렸다. 꼭 한 시간 삼십 분의 헛걸음, 내 신체리듬이 최상으로 치솟는 새벽의 한 시간 삼십 분이면 10킬로미터, 25리쯤 걸었을 것이다.

- 이난호, ≪카미노 데 산티아고≫

글A는 편지형식이다. 그의 마음이 나처럼 아프지 않게 해달라는 그 기도가 마음을 짠하게 한다. 글B는 기행문형식이다. 낯선 길, 낯선 사람, 헛걸음, 함께 여행하는 것처럼 눈에 환하다. 이 밖에도 일기형식, 전기형식 등 더 찾아볼 수 있을 것이다.

나는 지금까지 형식 선택의 자유로움에 관해서 이야기해 왔다. 그러나 우리는, 물론 이런 여러 형식을 실험해 보는 것은 좋지만 아직은 위에 보인 기본형식에 더 충실하기로 하자.

(3) 내용－정서

우리는 앞에서 수필의 형식적 특질을 살펴보았다. 그것은 자유로움(다양함)이었다. 이제 우리는 수필의 내용적 특질을 살펴볼 차례다. 수필의 형식적 특질이 자유로운 데 있다면 그 내용적 특질은 정서적(情緖的)인 데 있다고 할 것이다. 이것은 결코 수필의 사상성(思想性) 또는 논리적(論理的)인 면을 무시하자는 뜻이 아니다. 사상(논리)이 아무리 훌륭해도 정서를 배제하면 그것은 논설문이 된다는 것이 내 경험이다.

자, 다음 네 편의 글을 읽고 논의를 계속하자.

◎ A. 하병주/봄의 소리

아, 저기, 장끼가 운다. 우렁차다. 힘이 마구 넘친다. 춘치자명(春雉自鳴)이란 말이 있다. 봄 꿩이 스스로 울어 제 위치를 드러낸다는 뜻이다. 위험천만한 짓이다. 담비가 엿보는데, 매가 노리는데, 그들은 무서운 천적이다. 그러나 장끼는 그런 데 개의치 않고 운다. 울어서 까투리를 부른다. 그 열정, 그 집념이 참으로 놀랍다.

얼어붙었던 개울이 녹는다. 응달에 쌓인 눈이 녹아내린다. 녹아내린 물이 개울로 흘러든다. 졸졸졸 물소리가 맑다. 목마른 사슴이 금방이라도 달려올 것만 같다. 어쩌면 토끼가 먼저 올지도 모른다. 어디서 멧새가 찌르릉 운다. 바람은 귓가에 살랑거리고. 물소리, 새 소리, 바

람 소리, 자연의 소리 소리들의 하모니가 아름답다.

나는 좀 더 귀를 기울이기로 한다. 겨우내 얼어붙었던 생강나무 노란 꽃망울 터지는 소리, 햇볕으로 윤 흐르는 물푸레나무에 물오르는 소리, 땅속 꽃씨들 다투어 싹틔우는 소리, 그 수런거리는 소리들로 온 산이 소란스럽다. 고사리 취나물도 어딘가에서 그냥 있지는 않을 것이다. 나는 그 소리를 들으면서 정상을 향한다.

-하병주, ≪새웃골 솔밭 그늘에≫

B. 구양근/고바야시 군

*나(구양근)는 일본 어느 술집에서 아르바이트를 한 일이 있다. 술집에서는 내가 한국인이요, 그들이 그토록 동경하는 토다이(東京大學) 학생이라는 것도 잘 알고 있었다. 주인은, 일본말 잘 모르는 외국인이 오면 나에게 도움을 청했다. 그때 함께 일하는 청년으로 고바야시와 스스키가 있었다. 그들은 거의 나를 존경하다시피 했다. 그런데 고바야시가 갑자기 그만두었다. 그러던 어느 날 고바야시의 둘도 없는 친구인 스스키가 나에게 고바야시 이야기를 했다. 다음은 그 대강이다.

고바야시 군은 실은 한국인이었다. 그는 자기가 일본인 줄 알고 자랐지만 시간이 흐름에 따라 일부 주위에서 조센징[28]이라고 놀려댔다. 그래서 그는 어려서부터 자기가 한국인이라는 것을 숨기기 시작했고 누군가가 알까봐 가슴 조이곤 했다. ∥

(그런데) 고바야시 군은 (그 술집에서) 처음으로 조센징(구양근)한테 일본인들이 오히려 비굴성을 보이고 도움을 청하는 모습을 보게 된 것이다. 그는 뜨거운 동포의식을 느꼈고 자신이 자랑스러워 환호를 지르고 싶었다. 그러나 그 점방에도 일본인이라 속이고 들어왔고, 지금까지 자기 주위의 사람들이 모두 일본인으로 아는데 지금에 와서 갑자기 탈바꿈하기란 쉽지 않았다. 그래서 내 앞에 얼굴을 들 수 없었고, 그 점방을 그만두기로 결심하기에 이르렀다. 마지막 그만두는 날은 나에게 모든 것을 털어놓으려고 용기를 내보기도 했으나 끝내 실천에는 옮기지 못했다고 한다.

---

28) 조선인(朝鮮人)의 일본 발음, 얕잡아보는 뜻을 함축.

‖자신도 모르는 사이에 한 청년에게 그처럼 심한 갈등을 안겨주었구나 하는 것을. 생각하니 마음이 아팠다. ‖지금쯤 고바야시 군은 40세가 다 될 나이인데 이제는 어디서 무엇을 하고 있을까?

-구양근, ≪곰의 집≫

C. 강철수/사람대접 좀 받고 싶다

정형외과 진료실.

"오른 팔이 저리고 아프시다구요?"

풍채 좋은 50대 중반의 의사, 환자인 나는 쳐다보지도 않고 차트만 바라보며 묻는다.

"네, 그게-."

"목 디스크 같은데 사진을 찍어 보면 금방 압니다."

밤에 잠을 설칠 정도로 몹시 저리고 아프다는 이야기를 하려고 하는데 의사가 느닷없이 싹둑 무 자르듯 내 말을 자른다. 무춤한 느낌, 부아가 치민다. ‖

X레이 나온 후의 두 번째 진료.

"경추 5번과 6번 사이가 좁아져서-. ‖"

건조한 목소리로 사진 설명을 끝낸 의사, 내게는 아무 말도 하지 않고 출입문 쪽만 바라본다. 다음 환자가 벌써 출입문 안으로 들어서고 있다. 이건 바로 등 떠밀려 쫓겨나는 모양새가 아닌가. ‖

환자들의 말을 곰살궂게 들어주는 그런 멋진 병원이 있다면 천릿길도 마다않고 달려가‖사람대접 좀 받고 싶다.

-강철수, ≪내 마음 속의 해와 달≫

D. 정진권/근대수필

이제는 근대다. 근대는 갑오경장(고종31, 1894)으로부터 해방 전후(1940-1950년대)까지를 가리키기로 한다. 근대를 어떻게 특징지을까 하는 것은 한마디로 말하기 어렵지만 그 핵심에 놓인 하나는 자각(自覺), 요컨대 지금의 나(또는 우리)는 누구인가, 나는 어찌해야 하는가 하는 자각이 아닐까 한다. 신분제도의 철폐, 외래문물의 수용, 일제(日帝)에 대한 항거, 지지(紙誌)의 발행, 이 모든 것이 다 자각의 소산 아

닌 것이 없다. 해방 후의 그 극심한 혼란과 전쟁의 화난을 극복할 수 있었던 것도 자유민주주의의 수호에 대한 국민적 자각이 있음으로써 가능했던 게 아닌가 한다.

- 정진권, ≪한국수필문학사≫p.161

우선 글A. 이 글은 봄의 소리를 그린 것이다. 장끼 우렁차게 우는 소리, 눈 녹아 물 졸졸졸 흐르는 소리, 멧새 찌르릉 우는 소리(이들은 실제로 듣는 소리), 생강나무 꽃망울 터지는 소리, 물푸레나무 물오르는 소리, 땅속 꽃씨들 싹틔우는 소리(이들은 상상으로 듣는 소리), 다 봄의 소리다. 하나같이 정서적이다. 그 소리들에 대한 지은이의 반응도 다 정서적이다.

다음은 글B. 이 글은 고바야시라는 한 조센징을 회상한 것이다. 그러니까 글A가 자연을 그린 것이라면 이 글은 사람을 그린 것이라고 할 수 있다. 이 글을 읽노라면 고바야시라는 한 조센징의 모습이 짠하게 다가온다. 독자가 짠하게 느낀다는 것은 그 대상(고바야시의 생각과 행동)이 정서적으로 다가선다는 뜻이다. 고바야시에 대한 1인칭주인공(지은이, 나)의 마음아파함도 정서적 영역에 속한다.

글C는 어느 병원에서 겪은 일을 말한 것이다. 지은이가 이 글을 통해서 말하고자 한 것은 "병원(의사)은 환자의 말을 잘 들어주어야 한다."는 것이다. 그러나 이렇게 말하면 이 글은 논설문이 되기 쉽다. 해서 이 논리적인 문장을 "환자들의 말을 곰살궂게 들어주는 그런 멋진 병원이 있다면 천릿길도 마다않고 달려가 ‖ 사람대접 좀 받고 싶다."와 같은 정서적인 문장으로 바꾼 것이다. 수필은 논설문이 아니다.

끝으로 글D. 이 글은 우리 수필문학사의 근대(갑오경장~해방 전후)를 말한 것이다. 그 한 특징으로 자각(自覺)을 들고 그 소산으로 신분제도의 철폐, 외래문물의 수용, 일제에 대한 항거, 지지(紙誌)의 발행, 이런 것들을 예시한 것이 다 논리적이다. 정서가 개입될 틈이 없다. 이 글은 논문이다. 수필이 아니다.

역시 수필의 내용적 특징은 정서적이라는 것이다. 정서적인 요소가 배제되면 그것은 다른 글이 될 수밖에 없다.

(4) 독자－정서적 만족의 수여

이제 우리는 수필과 독자와의 관계를 살펴볼 차례다. 자, 질문 하나, 독자는 왜 수필을 읽을까? 물론 무엇인가를 주니까-. 무엇을? 그것은 한마디로 말하기 어렵다. 수필마다 다 다를 테니까. 우선 다음을 읽고 이야기를 계속하자.

A. 박장원/만남-부모

*군대생활을 할 때였다. 토요일이었지만 사단 전투력 측정의 하나인 사격이 있었다. M16 소총에 탄알 6발을 장전하고 이동하면서 하는 격동사격이었다. 처음 두 발을 명중, 다시 세 발 째 사격을 하려고 방아쇠를 당기는데 노리쇠가 작동을 안 하는 것이다. 그래 응급조치를 취하고 두 발을 겨우 시간 안에 사격했다. 다시 두 발을 사격하려 했지만 끝내 정해진 시간에 하지 못하고 나머지 실탄을 반납해야 했다. 원인은 총기상태 불량이었다.

솔직히 말해서 시간이 없어 총기를 관리하지 못했다. 사단 전투력 측정은 정말 바쁜 시간의 연속이었다. 그 사건 직후 중대원 전원의 총기를 살펴보았는데 상당수가 녹슬어 있었다. 공교롭게도 그날은 내 생일이었다. 후미진 곳으로 끌려가서는 한 장교에게 모욕적인 말을 들으며 한참의 의식을 치렀다. 귀대하는 초가을의 자갈길은 고즈넉하기만 했다.

그런데 대대 정문에 이르렀을 때 일은 일어나고 말았다. 대열 뒤에서 고개를 푹 숙이고 걸음을 옮기고 있는데 정문 옆 땅바닥에 옹기종기 놓여 있는 낯익은 보따리들이 눈에 확 들어오는 것이다. 순간 당황하여 얼굴을 들어 보니 언제 오셨는지 모르지만 자식 생일이라고 그

먼 길을 기차 타고 오신 부모님이 두리번거리면서 대열 가운데 있는 나를 찾고 계시는 것이었다.

- 박장원, ≪양수리≫

B. 이명지/중년으로 살아가기

* 오늘은 동네 오락실에 새 펌프 프로그램이 업그레이드되는 날이라며 딸아이는 아침부터 기분이 방방 떠 있다. DDR이라고 불리는 댄스 오락기에 새로운 음악을 깐다고 오락실 유리문에 며칠 전부터 써 붙여 놓았는데 그 날이 오늘이란다. ‖ 댄스 오락기 하나에도 저토록 열광하는 중1짜리 딸아이, 나는 그녀의 생기발랄함이 못내 부럽다.

중년으로 산다는 것, 그것은 살아가는 것이 아니라 살아내야 하는 것일 때가 더 많다. 더욱이 열광하며 신명날 일도, 가슴 뜨거울 일도 없는 나이다. 자녀들이 연예인이나 다른 것에 눈 돌릴 때가 되면 중년은 슬슬 외로움을 키워가는 나이가 된다. 허망함이나 고독이란 단어가 입가에 맴돈다. 도착했음으로 하여 다시 시작하지 않으면 안 되는 책임과 의무의 항목만이 빼곡한 후반기 인생 설계표를 새로 짜야 한다.

- 이명지, ≪중년으로 살아내기≫

C. 김진악/안사람 이야기

* 나(김진악)도 남들처럼 어느 화사한 봄날 아내와 함께 명동으로 나들이를 가, 여기저기 눈요기(아이쇼핑)도 하고 짜장면도 사 먹고 리어카 목판에서 구슬가방도 하나 골라 사고 커피도 사 마셨다. 오래간만에 상경한 와룡(臥龍) 선생처럼. 그런데-.

사건은 버스정류장에서 벌어졌다. 어쩌다가 보는 옛 친구와 만났다. 서로 가벼운 악수를 나누었다. 예까지도 별일은 없었으나 호사다마라, 그 친구 내 안사람을 보더니 한다는 소리가 뚱딴지였다.

"자네는 효잘세. 자당님을 모시고 명동에 나왔군!"

초로에 빨리 노망한 친구와 헤어진 뒤에 나는 아내를 위로할 일이 큰 걱정이었다. 그런데 안사람은 한번 작게 웃고 그만이었다. 바깥양반은 안절부절못하는데 알다가도 모를 노릇이었다. 마음 쓰기로 말할

작시면 남편은 남산이요 아내는 북악산이었다.

*내가 내 아내를 왕비라고 불렀더니 이 미풍양속이 널리 퍼져 앞뒷집이 다 그 아내를 왕비, 왕후, 중전마마라고 부른다. 그런데 명동사건 이후 이십여 년이 지난 어제 또 내 아내를 서운케 할 일이 일어났다.

우리 궁전의 중전마마를 알아보지 못한 자는 동사무소 서기였다. 내가 주리 틀고 있는 서재로 새어 들어오는 말소리를 듣자니, 무슨 용무로 왔다거니 도장이 있어야 한다거니 옥신각신하더니 사나이 목소리가 높아졌다.

"주인 좀 보자고 해요."

몇 마디 말이 오가고 진정되는 기미가 보이는 듯하였다. 동사무소 나리가 간 뒤 중전은 상감의 방에 대고 아뢰었다.

"날 파출부로 알았나 봐."

남편은 동서기 멱살을 잡고 싶은데 아내는 무사태평이었다. 생불(生佛)이 따로 없다. 역시 바깥양반이 한강이라면 안사람은 황해바다였다.

-운디네, ≪춤추는 수필≫

우선 글A. 후미진 곳으로 끌려가 한참의 의식을 치렀다는 것은 그 후미진 곳에서 심하게 구타를 당했다는 뜻이다. 하필 생일에. 나는 이 글을 읽으며 가슴이 짠했다. 다음은 내 독후감.

아들은 실의에 빠져 고개를 푹 숙이고 대열 뒤를 걷고 있는데 그걸 모르는 아버지와 어머니는 대열 가운데를 두리번거리고 있다. 생일날 떡 한 조각이라도 먹이려고 멀리 찾아왔을 분들, 그분들에게 걱정을 끼칠까 봐 장교에게 맞아 볼이 부었을 아들은 그 후미진 곳에서 일어난 사실을 숨기려고 또 무슨 거짓말을 했을까?

다음은 글B. 사소한 것 하나에도 열광하는 딸아이를 바라보며 중년의 한 여인은 지금 그 중년이라는 것을 생각한다. 나는 이 글을 읽으면서 연신 고개를 끄덕였다. 다음은 내 독후감.

> 지금 중년을 사는 사람들의 대부분은 이 글이 지금의 자기 이야기려니, 이미 중년을 산 사람들의 대부분은 이 글이 지난날의 자기 이야기려니, 이렇게 생각할 것 같다. "중년으로 산다는 것, 그것은 살아가는 것이 아니라 살아내야 하는 것일 때가 더 많다.", 이 한 마디보다 더 절실하게 내 중년살이를 나타낸 말이 또 있을까 하는 생각을 잠시 했다.

끝으로 글C. 이 글은 한 나이 든 남편의 그 마나님 이야기다. 이 글을 읽으면서 히죽히죽 혼자 웃는 나를 누가 보았으면 그는 내가 실성이라도 한 줄 알았을 게다. 다음은 내 독후감.

> 내가 왜 그렇게 히죽히죽 혼자 웃었을까? 우선 문체 때문이다. 그 표현이 그냥 재미있다. 다음은 나이 든 남편과 그 마나님의 참 촌스러운(국문학자요 대학교수인 김진악이 일부러 능청떠는) 행각, 와룡(臥龍) 선생 저리 가라다.
>
> 그러나 절정은, 나(남편)는 남산이요 한강에 불과한데 내 안사람은 북악이요 황해라는 그 엄청난 비유, 세상에 마누라 자랑도 유분수지, ㅎㅎ. 독자가 이렇게 생각할까봐 그랬나, 김진악은 "팔불출이 되어도 좋다. 나는 요로코롬 사는 아내를 입술에 침을 바르고 사랑한다."라는 말로 맺는다. 웃음 속에 훈훈함이 있다.

글A는 나에게 감동을 주었다. 글B는 공감을 불러일으키고, 글C는 미소를 짓게 했다. 이 밖에 분노와 연민, 기쁨과 슬픔, 행복감 같은 것들을 느끼게 하는 글도 많을 것이다. 수필은 독자에게 무엇을 주는가, 내 경험에 따르면 그것은 역시 이런 정서적 만족이

라고 할 수 있을 것 같다.[29)]

확인하기

자, 글 한 편(다음 페이지) 읽고 이 장을 마치기로 한다. 여러분은 이 글을 읽으면서 지금까지 우리가 이야기해 온 내용들(수필의 특질에 관한)을 다시 확인하기 바란다.

29) 수필을 읽고 지적(논리적)인 만족을 느낄 때가 있다. 그러나 내 경험에 따르면 그것은 정서적 만족에 비하여 늘 부수적이었다.
독자 - 정서적 만족의 수여, 이 이야기를 하다 보니 문득 문학을 이해하는 몇 가지 관점이 떠올라 여기 소개한다. 이는 에이브람즈(Meyer H. Abrams)의 ≪거울과 등불(Thr mirror and The lamp)≫에 근거한 것이다.
- 김시태, ≪문학의 이해≫참조.

첫째, 문학은 외계(外界, universe)의 모방(模倣)이라는 관점. 그러니까 ≪홍길동전≫은 조선시대의 한 서얼(庶孼, 홍길동)의 일생을 모방(또는 재현)한 것이라는 것이다. 이런 관점을 모방론(模倣論, mimetic theory)이라고 한다.
둘째, 문학은 작가의 내면(사상, 정서 등)의 표현(表現)이라는 관점. 그러니까 ≪홍길동전≫은 적서차별(嫡庶差別)에 반대하는 작가(許筠)의 내면의 표현이라는 것이다. 이런 관점을 표현론(表現論, expressive theory)라고 한다.
셋째, 문학작품(work)은 독자(audience)에게 어떤 효과(效果)를 미친다는 관점. 그러니까 ≪홍길동전≫은 독자로 하여금 연민과 통쾌, 감동과 행복을 느끼게 한다는 것이다. 이런 관점을 효과론(效果論, effective theory), 또는 효용론(效用論, pragmatic theory)라고 한다. 우리는 앞에서 그 효과로 정서적 만족을 말한 바 있다.
끝으로 하나는, 위 세 관점처럼 무엇(외계, 작가, 독자)과 관련짓는 게 아니고 문학작품을 작품 자체, 즉 언어의 한 구조물(構造物)로 바라보는 관점이다. 그러니까 ≪홍길동전≫은 그 자체로서 잘 짜여진 하나의 언어 구조물이라는 것이다. 이런 관점을 객관론(客觀論, objective theory)이라고 한다.
- 졸저 ≪韓國隨筆文學史≫ p.18에서 재인

◎ 정희승/사과-탑

집 부근 사거리에서 50대 초반쯤으로 보이는 아저씨가 매일 좌판을 벌여놓고 과일을 판다. 가을이 되면 사과로 탑을 쌓아 전 위에 줄지어 벌여놓고 낡은 목재 스툴에 앉아 흘러가는 사람들을 무심히 바라본다. 탑이라고 해야 고작 3층을 넘지 않지만. ‖

아저씨는 사과를 탑째로 파는 것을 선호한다. 물론 손님이 요구하면 낱개로도 내어준다. 요즈음 시세로 한 기당 오천 원 정도면 살 수 있다. 인심 좋은 아저씨는 탑을 축조할 때 소요되는 인건비는 가격에 포함시키지 않는다. 오로지 재료비만 받는다.

아저씨는 유난히 선한 눈매를 지녔다. 나는 평소 왜 모든 과일장수들이 과일로 탑을 만들어 파는지 그것이 궁금했다. 오늘 사과탑 한 봉지를 봉지에 넣어 오는데 문득 이상한 생각이 들었다. 결국 누군가가 그것을 먹게 될 터이니, 사람들의 내면에 향기로운 탑을 안치하려는 것은 아닐까?

그렇다면 아저씨야말로 화엄세계를 꿈꾸는 거리의 성자다.

- 정희승, ≪꿈꾸는 사물들≫

이 글의 표현수단은 산문이다.

이 글은 수필의 기본형식을 따르고 있다.

이 글에 등장하는 과일장수 아저씨(인심 좋고 눈매 선한), 사과로 쌓은 탑, 모두 정서적이다. 그 아저씨를 화엄세계를 꿈꾸는 거리의 성자라고 한 것도 우리의 논리적 수긍과 함께 정서적 공감을 불러일으키기기에 족하다.

4 좋은 수필의 요건

이제 우리는 좋은 수필의 요건을 살펴볼 차례다. 여기서 좋은 수필이란 우리가 앞에서 이해한 대로 독자에게 정서적 만족(감동, 공감, 미소 같은)을 수여하는 그런 수필을 말한다. 그렇다면 어떤 요건을 갖추어야 그런 수필이 될 수 있을까?

이것은 관점에 따라 서로 달리 말할 수도 있고, 또 몇 가지로 한정해서 말하기 어려운 점도 있다. 해서 여기서는 언어, 짜임. 화자의 목소리, 그리고 소재 등, 가장 기본적인 몇 가지를 염두에 두고 말해 볼까 한다.

첫째는 언어. 그 언어는 정확하고 정서적이며, 때로는 함축적인, 그리고 쉽고(적어도 난삽하지는 않고) 산뜻해야 한다. 다음을 보자.

허창옥/옛날이야기

멀건 갱죽을 휘휘 저어 풋나물 건더기를 내 그릇에 넣어주며 시어머니께서 말씀하셨다. 오늘 월산댁네 밭 매러 가자. 어제부터 환도뼈가 시큰거리는 게 산기가 아닌가 싶은데 이 무슨 야속한 말씀인가? 뜨악해서 어머니를 바라보니 짐짓 모른 체 머릿수건을 두르며 문지방을 나서셨다.

만삭의 배를 감싸 안고 어기적어기적 어머니 뒤를 따라가는데 눈물이 핑 돌았다. 햇살은 금싸라기처럼 눈부시지만 휘감겨 오는 바람은 시린 봄날이었다. 논두렁 밭두렁을 위태롭게 걸어서 보리밭에 이르니 며칠 봄비에 어린 보리가 한 뼘이나 자랐다. 야들야들한 보리 빛깔이 참으로 고왔다. ‖ 나는 ‖ 친정 오라버니가 만들어 주던 보리피리 생각을 하고 있었다.

- 허창옥, ≪세월≫

산일이 다 된 며느리가 있다. 시어머니는 그런 며느리에게 남의 집 밭 매러 가자고 한다. 얼마나 야속했을까, 어기적거리며 따라가는 며느리는 눈물이 핑 돈다. 드디어 보리밭이다. 며느리는 오라버니가 만들어 주던 보리피리를 생각한다.[30]

---

30) 이 글의 나(며느리)는 지은이 허창옥이 아니고 그의 맏동서다. 그러니까 이

이 글은 우선 쉽다. 단어와 문장도 정확하다. 그리고 야속함(시어머니), 그리움(친정 오라버니)의 정, 퍽도 정서적이다. 멀건 갱죽은 가난하다는 뜻을, 보리피리는 그리움(또는 어린 시절) 같은 뜻을 함축한다. 햇살은 금싸라기처럼, 야들야들한 보리 빛깔, 이런 말들은 퍽 산뜻하다.

글에 부정확한(또는 부적당한) 단어나 호응이 깨진 문장이 섞이면 읽는 이가 사고(思考)에 파탄을 일으킨다. 논리 일변도로 흐르거나 지시적(사전적) 의미 외에 아무 다른 뜻도 첨가할 수 없는 말들만 쏟아내면 거긴 모래 씹는 맛밖에 없다. 난해하거나 충충하고 아둔한 말에서 어떤 정서적 만족을 느낄 사람은 물론 없을 것이다.

둘째는 그 짜임(구성)이 겉으로는 크게 표 나지 않으면서 속으로는 질서정연한 것이어야 한다. 다음은 피천득의 〈인연(因緣)〉이라는 수필에서 두 인물(아사꼬와 나)이 만났다가 헤어지는 장면을 초록한 것이다. 그들은 세 번 만나고 세 번 헤어진다.

> ① 첫 번째(수십 년 전) : 내가 간 이튿날 아침, 아사꼬는 스위트피를 따다가 화병에 담아 내가 쓰게 된 책상에 놓아 주었다. 스위트피는 아사꼬같이 어리고 귀여운 꽃이라고 생각하였다. 내가 동경을 떠나던 날 아침, 아사꼬는 내 목을 안고 내 뺨에 입을 맞추고, 제가 쓰던 손수건과 제가 끼던 반지를 이별의 선물로 주었다.
>
> ② 두 번째(그 십여 년 후) : 아사꼬는 어느덧 청순하고 세련되어 보이는 영양(令孃)이 되어 있었다. 그 집 마당에 피어 있는 목련꽃과도 같이. 아사꼬와 나는 밤늦게까지 문학 이야기를 하다가 가벼운 악수를 하고 헤어졌다.
>
> ③ 세 번째(또 십여 년 후) : 그 집에 들어서자 마주친 것은 백합같

글은 허창옥이 그 동서가 되어서 쓴 것이다. 이 글의 끝부분에 이런 사실이 나타나 있다.

이 시들어 가는 아사꼬의 얼굴이었다. 아사꼬와 나는 절을 몇 번씩 하고 악수도 없이 헤어졌다.

④ 아사꼬와 나는 세 번 만났다. 세 번째는 아니 만났어야 좋았을 것이다.

\- 피천득, ≪금아문선(琴兒文選)≫

이 글은 자신의 지난날의 체험을 그저 붓 가는 대로 담담하게 진술한 것처럼도 보인다. 그러나 조금만 더 주의 깊게 살펴보면 치밀하게 짜여 있다는 사실을 발견하게 된다.

우선 아사꼬에 대한 나(화자, 수필적 자아)의 인상의 변화를 보자. 그것은 만날 때마다 각각 한 번씩 꽃으로 비유된다. 처음은 어리고 귀여운 스위트피, 다음은 청순하고 세련된 목련, 그 다음은 시들어가는 백합-. 여기서, 스위트피에서 목련으로의 변화가 여성으로서의 아름다운 성숙을 의미한다면, 시드는 백합으로의 변화는 가령 여성으로서의 행복이나 안정 같은 데 대한 좌절을 의미한다고 할 수 있다. 이것은 곧 아사꼬의 불행을 말한다. "세 번째는 아니 만났어야 좋았을 것이다."라는 결론적 감상은 여기서 도출된 것이다.

다음은 두 사람의 공간적(신체적) 거리의 변화를 보자. 그것은 멀어지는 구조다. 첫 번째는 아사꼬가 내 목을 안고 내 뺨에 입을 맞춘다. →두 번째는 둘이 가벼운 악수를 나눈다. →마지막엔 악수도 없이 절만 하고 헤어진다. 그들은 이렇게 멀어진다. 이것은 결합할 수 없는 두 사람의 운명을 말하는 것이다.

참으로 치밀한 짜임이다. 짜임이 산만하면 필자가 하고자 한 말이 온전하게 전달되지 못한다. 독자의 입장에서 보면 글이 안개 속 같다. 그런 데서 정서적 만족을 느낀다는 것은 있을 수 없는 일이다. 그러므로 설령 치밀하진 못하더라도 최소한 산만해서는 안 된다.

셋째는 화자(話者, 수필적 자아)의 목소리가 오만하게 군림하거나(독자에게) 치열하게 증오(또는 몰인정)하거나(특정 대상에게) 이 밖에 잔인 또는 비열하거나(필자의 태도가) 그런 것이어서는 안 된다. 나는 그 중에서도 사람 미워하는(특수한 사례든 일반적인 사례든) 소리가 제일 싫다. 다음을 보자.

김열규/처마 끝에 켜진 전등불 한 알

우리 앞집, 홀로 사는 할머니는 무엇에서나 혼자다.

돌담 하나 건너 양철지붕 집 할머니는 언제나 혼자다.

울 하나 너머 독채 집 할머니는 어디서나 혼자다.

할머니는 인기척이 마른 울안에서 마치 빈 밭 가운데 외로 선 섶이듯이 살아가고 있다. 바람이 일면 설렌다. 그늘이 지면 웅숭크린다.

사립이 엉성하니 열려 있는 마당은 늘 비어만 있다. 그 너머로 반쯤 들여다보이는 마루에는 헛기침이 하루 한두 번 울릴 뿐 그저 고요만이 자욱하다. ‖

외딴 둥지 속에서 할머니는 그렇게 매양 언제나 혼자다.

바깥에 나섰다고 해서, 밭 가운데 쭈그리고 들어섰다고 해서 그 허허로운 그림자 곁에 나란히 끼칠 또 다른 그림자는 없다. ‖

굽어질 대로 굽어지고 꺾일 대로 꺾여서는 마침내 길바닥과 평행선을 긋게 된 등으로는 걷기보다는 무엇엔가 엎눌리고 또 떠밀리듯이 어기적거리는 것이지만 그 힘겨운 움직임을 위한, 도울 손이 없다.

한데 요즈음 들어서는 유모차가 효자 노릇을 하게 되었다. 누구에게서 그 희한한 꾀를 빌려 왔는지 모르지만, 애기들 태워서 다니게 마련인 이 작은 손수레가 할머니의 또 다른 발 노릇을 하게 되다니!

밭일을 가거나 구멍가게를 갈 적에, 또는 드물게 마을 다닐 적에 할머니는 유모차를 길동무 삼는다. 두 손으로 손잡이를 잡고 밀면 바퀴가 또르르 잰걸음을 친다. 구부정한 허리가 그나마 반은 곧추서고는 노인은 뜻밖에 아장걸음을 뗀다.

수레의 빈자리에서 이젠 까마득해진 그 시절 젖먹이 손자의 환영이 까르르거리는 걸까, 더러더러 할머니가 머금는 벙긋 웃음이 얼굴 주름에 고운 수를 놓는다.

-≪에세이문학≫ 2007년 겨울호

여기 무엇에서나 혼자인, 언제나 혼자인, 그리고 어디서나 혼자인 세 할머니가 있다. 그러나 이 세 할머니는, 실은 혼자인 한 할머니다.31) 우선 그 혼자라는 말이 마음을 짠하게 한다. 늘 비어만 있는 이 할머니의 마당(또는 마루)은 "그저 고요만이 자욱하다.", 이 대목을 읽으면 더 짠해진다. 할머니의 "그 허허로운 그림자 곁에 나란히 끼칠 또 다른 그림자는 없다."에 이르면 더더 짠해진다. 영감님은 먼저 가셨나, 아들딸도 곁에 없다. 할머니는 어쩌다 사람 아닌 유모차를 벗하게 된다. 사람 아닌 것, 그것이 또 마음을 짠하게 한다. 할머니는 이 유모차에서 까르르거리는 젖먹이 손자의 환영을 보는 걸까, 벙긋 웃음을 머금는다. 얼마나 그 지난날이 그리울까? 짠함을 넘어 마음이 아프다. 짠함의 점층법-.

이 글은 그 어조가 잔잔하다. 외치는 목소리가 아니라 도란거리는 목소리다. 그냥 한번 해보는 소리가 아니라 진지한 목소리다. 그 배면에 흐르는 것은 연민, 할머니의 혼자임과 그 외로움에 대한 끊임없는 연민이다. 그 연민의 목소리가 우리로 하여금 짠함의 점층법을 체험케 하는 것이다.

자, 하나 더

◎ 유혜자/소박한 부추꽃처럼

베어내도 끝없이 돋아나는 부추처럼 음악적 영감이 샘솟았던 드보르작(Dvorak Antonin, 1841-1904)은 긍정적인 성격으로 밝은 음악을 작곡해서 세계인들에게 기쁨과 활력도 주고 향수도 안겨준다. 문화 혜

31) 이 한 할머니는 어느 마을 어느 집에 사는 아무(특수한) 할머니가 아니고 혼자 외롭게 사는 모든 할머니의 전형(典型)으로서의 할머니다.

택을 받을 수 없었던 보헤미아의 시골 뮐하우젠에서 정육점 아들로 태어난 그의 음악에서는 들꽃 같은 향기가 물씬하다. 그의 향토적이고 소박한 멜로디는 생명의 힘이 전달되는 듯하여 전 유럽뿐만 아니라 세계에 전파되어 환영을 받았다.

- ≪에세이문학≫ 2007년 겨울호

김열규의 앞글이 한 묘사라면 이 글은 설명이다. 앞글이 일상적인 내용이라면 이 글은 다소 전문적(음악이라고 하는)인 내용이다. 전문적인 내용을 설명하는 글은 흔히 메마르고 현학적이기 쉽다. 그러나 이 글은 전혀 그렇지 않다. 아니, 돋아나는 부추처럼, 물씬한 들꽃 향기처럼 그렇게 읽힌다.

우리가 수필을 읽다 보면, 근엄한 목소리, 열띤 목소리를 만날 때가 있다. 희귀하지만 냉소적인 목소리, 야유조의 목소리를 만날 때도 있다. 근엄한 목소리로 독자 위에 군림한다든지 열띤 목소리로 독자를 다그칠 때, 그것은 오히려 독자의 빈축이나 살 것이다. 냉소적인 목소리나 야유조의 목소리는 혹 잠시의 재미는 느끼게 할지 모르지만 그것은 싸움 구경에서 느끼는 것 같은 것이어서 별로 고급스러운 것이 못 된다. 별로 고급스럽지 못한 데서 만족을 느끼게 해서야 되겠는가?

넷째는 그 소재가 우리들 평범한 독자에게 친근한(가까이서 흔히 보고 듣고 겪는) 것이어야 한다. 보통 사람들의 보통의 삶에서 선택한 그런 소재-.[32]

---

32) 그렇다고 가령 학문이나 예술 같은 전문 분야에서 선택한 소재가 나쁘다는 것은 아니다. 그럴 경우라도 다 일상적인 소재처럼 친근감을 주도록 배려해야 한다는 뜻이다. 그러나 그것은 쉬운 일이 아니므로 수필쓰기를 좀더 공부한 다음에 시험해 보도록 하자.

◎ 한계주/전동차 소묘-참말로

아침 일찍 전동차를 탔다. 출근하고 등교하는 사람들로 해서 발 디딜 틈이 없었다. 거기 끼어들다 보니 본의 아니게 남을 밀치게 되었다. "왜 미느냐?"며 한 젊은이가 버럭 고함을 쳤다. 차가 덜컹거리며 움직이자 이번에는 고함을 지른 젊은이가 그 육중한 몸을 내게 실었다. "당신도 별수 없지 않느냐?"는 말이 목까지 올라왔으나 참기로 했다. 서로 밀고 밀리며 사는 것이 인생이니까.

앞의 경로석에는 노인을 가운데로 하고 두 젊은이가 앉았는데 모두 고개를 무릎에 박고 있었다. 그 중 한 사람은 머리를 노랗게 물들이고 무스로 빳빳하게 세운 것이 내 눈에는 곱게 보이지 않았다. 이 봐, 젊은이, 당신은 목발을 짚은 장애인도, 허리가 굽은 노인도, 그렇다고 배가 남사만 한 임신부도 아니잖아. 나는 노약자석에 그려진 그림 하나하나를 눈으로 짚으며 젊은이에게 묻고 있었다.

-한계주, ≪모천으로 돌아가다≫

이 글은 전동차에서 겪은 이야기다. 서로 밀고 밀리는, 우리가 늘 체험하는 일이다. 노약자석에 앉은 젊은이를 보고 속으로 분개하는 것도 우리가 늘 체험하는 일이다. 이 글이 그리 유쾌한 내용이 아닌데도 생동감을 주는 것은 그 전동차 안이 우리들 보통 사람들의 삶의 현장이어서 그럴 것이다.

우리는 위에서 언어, 짜임, 화자의 목소리, 그리고 소재라는 화제를 가지고 좋은 수필의 요건을 이야기했다. 그러나 이것은 최소한의 것이다. 여러분은, 수필쓰기를 공부하면서 좋은 글을 찾아 읽다 보면 더 많은 요건들을 스스로 깨치게 될 것이다.

확인하기

자, 글 한 편 읽으면서 위에 말한 사실들을 한번 확인해 보자.

피천득/수필

수필은 청자연적이다. 수필은 난(蘭)이요 학(鶴)이요, 청초하고 몸맵시 날렵한 여인이다. 수필은 그 여인이 걸어가는 숲 속으로 난 평탄하고 고요한 길이다. 수필은 가로수 늘어진 페이브먼트가 될 수도 있다. 그러나 그 길은 깨끗하고 사람이 적게 다니는 주택가에 있다.

수필은 청춘의 글은 아니요, 서른여섯 살 중년 고개를 넘어선 사람의 글이며, 정열이나 심오한 지성을 내포한 문학이 아니요, 그저 수필가가 쓴 단순한 글이다.

수필은 흥미는 주지마는 읽는 사람을 흥분시키지는 아니한다. 수필은 마음의 산책이다. 그 속에는 인생의 향취와 여운이 숨어 있는 것이다. ॥

수필은 한가하면서도 나태하지 아니하고, 속박을 벗어나고서도 산만(散漫)하지 않고 우아(優雅)하며, 날카롭지 않으나 산뜻한 문학이다.

- 피천득, ≪금아문선(琴兒文選≫

이 글은 수필이라는 문학의 어떤 특질을 이야기한다.

어찌 보면 전문적인 글인데도 퍽 쉽게 읽힌다. 단어와 문장도 다 정확하다. 토씨 하나, 어미 하나 잘못 쓴 게 없다. 이 글의 언어는 퍽 정서적이다. 가령 "그 길은 깨끗하고 사람이 적게 다니는 주택가에 있다." 같은 말은 정결하고 한가롭고 아늑한 정서를 느끼게 할 것이다. 이 글에는 함축적인 언어가 많다. 예컨대 수필은 청자연적이다.라는 말에는 고아하고 품위 있다는 뜻을, 서른여섯 살 중년의 고개를 넘어섰다는 것은 인생을 좀 아는 나이, 마음의 산책은 한가와 여유, 그런 뜻을 함축한 말일 것이다. 몸맵시 날렵한 여인은 또 얼마나 산뜻한가?[33]

이 글의 짜임은 한 군데도 산만한 데가 없다. 비약도 물론 없다.

이 글은 수필이라는 문학의 어떤 특질을 이야기하지만, 그러나 그것에 대하여 도란도란 이야기할 뿐 수필은 이래야 한다고 주장하거나 설득하려 하지 않는다. 즉, 독자 위에 군림하는 목소리가 아닌 것이다.

이 글의 중심소재는 수필이다. 수필 한 편 안 읽는 사람도 수필이라는 이름 자체는 낯설지 않다. 이 밖에 청자연적, 난, 학, 주택가, 서른여섯 살, 다 친근한 소재들이다.

한 편의 글이 이런 요건들을 다 갖출 수는 물론 없다. 그러나 갖출 수 있도록 노력은 해야 할 것이다.

---

33) 가령 "수필은 ‖ 청초하고 몸맵시 날렵한 여인이다. 수필은 그 여인이 걸어가는 숲 속으로 난 평탄하고 고요한 길이다." 같은 경우도 그렇다.

Ⅱ 수필쓰기를 위한 산문의 이해

수필은 산문에 속한다. 따라서 좋은 수필을 쓰기 위해서는 이 산문에 대한 얼마간의 이해가 필요하다. 여기서는 수필을 쓰는 데 특히 유용하다고 생각되는 몇 가지 사실들, 즉 산문의 두 갈래, 시점(視點, point of view), 심상(心象, image), 그리고 그 표현(表現, expression)과 문체(文體, style)에 관해서 말해 보기로 한다.

1 산문의 두 갈래

산문을 두 갈래로 나누어 보는 것은 산문 자체를 이해하기 위한 것이기도 하지만 수필에 쓰이는 산문이 어떤 것인가를 좀더 구체적으로 알아보기 위한 것이다. 물론 갈래를 나눈다는 것이 언제나 칼로 두부 자르듯 그렇게 명쾌한 것은 아니다.

(1) 과학적 산문과 문학적 산문

무엇을 둘 이상의 갈래로 나누려면 그 나누는 기준(구분, 또는 분류 기준)이 있어야 한다. 산문을 두 갈래로 나누는 기준은 그 내용이 어떤가, 즉 지적(知的, 論理的)인가 정적(情的, 情緖的)인가 하는 것이다. 다음을 보자.

A. 박경현/지도자의 말

현대사회의 지도자는 구성원의 의사를 충분히 수용하여 상호 이해와 공감대를 형성할 수 있는 능력을 갖추어야 한다. 단지 업무적인 수완만 가지고는 지도자의 구실을 제대로 하기 어렵다. 지도자의 성장 잠재력을 결정하는 가장 중요한 요소는 화법 능력이다. ‖

말은 발성기관을 움직이는 작은 운동에 지나지 않지만, 그 영향과 반응은 우리의 의식, 사고, 행동, 더 나가서 조직과 사회와 국가의 움직임을 좌우하는 무서운 힘을 가지고 있다. 단순히 말 때문에 개인과 개인, 조직과 조직 또는 국가와 국가 사이의 관계가 원만해질 수도 있고 불화와 오해의 늪에 빠질 수도 있다.

- 박경현, ≪지도자의 화법≫

B. 오차숙/마음의 산책

눈 뭉치를 굴리고 놀던 아들아이도 목욕을 같이 간다고 따라나섰다. 발자국을 남기며 뛰어가는 아이의 뒷모습은 세월을 앞당기며 나를 젊음으로 끌고 들어갔다. 마음이 우울할 때, 삶이 지루해질 때, 움츠려드는 정신을 채찍질해 주며 윤활유 역할을 행하고 있으니 보배 아닌가.

늦게 낳은 자식이라 젊은 엄마처럼 보이려고 바동대니 후줄근하게 땀이 고인다.

- 오차숙, ≪감성에 말을 걸다≫

글A는 그 내용이 지적(논리적)이다. 우리는 이런 산문을 가령 과학 교과서나 학자들의 논문 같은 데서 볼 수 있다. 이런 산문은 독자의 논리에 호소하고 독자로 하여금 지적(논리적)으로 반응하게 한다. 가령 이해(理解)나 찬반(贊反) 같은 그런 반응이다. 나는 이 글을 읽고, 지도자의 성장 잠재력을 결정하는 가장 중요한 요소로서 화법 능력을 제시한 데 대하여 속으로 찬의(贊意)를 표한 바 있다.

글B는 그 내용이 정적(정서적)이다. 우리는 이런 산문을 가령 보통의 기행문이나 소설 같은 데서 볼 수 있다. 당연히 이런 산문은 독자의 정서에 호소하고 독자로 하여금 정적(정서적)으로 반응하게 한다. 가령 감동(感動)이나 공감(共感) 같은 그런 반응이다. 나는 이 글을 읽고 "늦게 낳은 자식이라 젊은 엄마처럼 보이려고 바동대니 후줄근하게 땀이 고인다."는 말에 짠한 연민(감동)을 느낀 바 있다.

우리는 글A와 같은 산문을 과학적(논리적) 산문, 글B와 같은 산문을 문학적(정서적) 산문이라 부르기로 하자. 그런데 문학적 산문은 그 범위를 조금 더 넓혀서 이해하는 것이 좋을 것 같다. 다음을 보자.

김명수/항생제(抗生劑)님과 나

① 1928년 플레밍이 항생제 페니실린을 발명한 이후 페니실린을 이기는 세균이 나오고 또 그 세균에 강한 또 다른 항생제를 만들어내는 창과 방패의 싸움이 계속되면서 어언 100년 가까운 세월이 흘렀다. 이제는 항생제 남용으로 어느 항생제에도 죽지 않는 슈퍼 박테리아까지 출현한 상태다.

② 그런데 내가 33년을 동고동락한 남편은 항생제의 내성(耐性)을 연구하는 학자다. 논문을 쓸 때면 각종 세균과 항생제의 이름이 서재 하나 가득이다. 항생제가 없으면 당신 직업도 없겠네, 하는 농담이 자연스럽게 나오는 게 이 때문이다. 항생제 덕분에 엄마의 결핵이 치료되어 내가 태어날 수 있었고 또 남편이 항생제를 연구하면서 받는 월급으로 내가 살아 가고 있으니 나는 항생제님에게 절을 여러 번 하고 공덕비(功德碑)도 하나 세워 드려야 마땅하지 않나 싶다.

- 신촌에세이포럼, ≪火요일, 그 싱그러운 오전 10시≫

이 글의 ①은 과학적(논리적) 산문이다. 우리의 논리에 호소한다. ②는 문학적(정서적) 산문이다. 우리의 정서에 호소한다. 이처럼 과학적 산문과 문학적 산문이 어우러진 산문, 이런 산문도 우리는 문학적 산문에 포함시키기로 하자.[1)]

(2) 수필에 쓰이는 산문

우리는 위에서 산문을 두 갈래로 나누어 보았다. 그리고 나는, 수필에 쓰이는 산문은 문학적 산문이라는 점을 암시해 왔다. 수필은 문학적 산문으로 쓴다. 옛날에도 그랬고 지금도 그렇다. 다음을 보자.

A. 이첨(李詹)[2)]/야계당명(野桂堂銘)

야계당(野桂堂)은 지난날 해도원수(海都元帥) 육공(陸公)의 사저(私邸)였는데 그 섬돌 아래 계수나무가 한 그루 서 있다. 나는 일찍이 이 나무가 회초리만 할 때 본 일이 있다. 그 후 육공의 사저는 헐리고 그 자리에 새 집이 들어섰다.

갑술년(甲戌年)에 내가 합포(合浦)로 귀양 와서 여기 이르니 나무는 이미 커서 소 한 마리를 가릴 만했다. 때가 바야흐로 초여름이어서 녹음은 땅을 덮고 그 서늘함이 사람의 피부에 끼쳐 왔다. 비 오면 나무는 솨아 솨아 비 맞는 소리를 내고 바람 불면 우수수 바람 맞는 소리를 냈다. 멧새도 들새도 이 나무 위에서 지저귀었다. 가히 금석사죽(金石絲竹)[3)]의 풍악을 대신할 만했다.

- 서거정(徐居正), ≪동문선(東文選)≫

---

1) 실제로 수필은 이런 산문으로 쓰는 경우가 많다.

2) 이첨(1345-1405) : 고려말 조선초의 문신, 문장가. 호는 쌍매당(雙梅堂). 문장과 글씨에 뛰어났다. 저서로 ≪쌍매당집(雙梅堂集)≫, 가전체(假傳體) 작품으로 〈저생전(楮生傳)〉.

3) 악기(樂器)를 총칭하는 말. 금석(金石)은 종(鐘)이나 경(磬) 같은 악기, 사(絲)는 현악기, 죽(竹)은 관악기.

B. 김우현/선물2제-둘째 글

내가 속한 직장의 도쿄(東京) 지사에 근무할 때의 일이다.

옆집에 기타무라(北村)라는 성씨의 젊은 내외가 살고 있었다. 자기네는 김치를 좋아한다면서 간혹 그 부인이 우리 집엘 와 깍두기나 배추김치를 얻어가곤 했다. 그럴 때마다 그녀는 한국 여인네들의 김치 담그는 솜씨를 침이 마르도록 칭찬했다.

복중(伏中) 어느 날 그녀가 상자 하나를 들고 왔다. 카스텔라라고 했다. 고마웠다. 국적이야 다르지만 이웃끼리 정을 나누며 산다는 것은 참으로 좋은 일이라는 생각이 들었다. 우리 내외도 이런저런 궁리 끝에 찹쌀떡 한 상자를 사다가 그 댁에 주었다. 그리고 우리가 받은 선물상자의 예쁜 매듭을 풀어 보았다. 한 꺼풀 벗기고 보니 또 싸였는데 그 위에 '기타무라님'이라는 받을 쪽의 이름과 간단한 여름 문안인사가 적힌 하얀 종이 한 장이 놓여 있었다.

참으로 서운했다. 남에게 받은 선물을, 마치 우리를 위해서 특별히 준비한 것처럼 생색을 내며 돌리다니. ‖ 나는 그 상자를 마루 한 구석에 밀쳐 두었다. 그리고 그것이 다 상해서 버릴 때까지 손도 안 댔던 기억이 있다.

- 김우현, ≪골목에도 햇살이≫

C. 박정옥/그 소나무 아래서

오월의 열사흘달이 은가루처럼 나뭇가지에 내려앉고 나는 더 이상 물러설 수 없어서 늙은 소나무 등줄기에 기대어 눈을 감고 말았다. 불같이 뜨거운면서도 쌉쌀한 어떤 부드러움이 잠깐 내 입 속에 머물렀다. 내 몸은 사시나무 떨리듯이 바들바들 떨렸다. 아무 생각도 할 수가 없었다.

처음이었다. 얼마나 지났을까? 짧은 순간이 아주 길게 느껴졌다. 살며시 눈을 떠 보니 나뭇가지 사이로 쏟아지는 달빛이 그를 감싸고 있었다.

- 신촌에세이포럼, ≪火요일, 그 싱그러운 오전 10시≫

글A는 고전수필이다. 야계당에 계수나무 한 그루가 서 있다. 어느새 자라서 소 한 마리를 가릴 만하다. 넉넉한 품이다. 그 나무에 비 오는 소리, 바람 부는 소리, 새 우는 소리가 금석사죽(金石絲竹)의 풍악이다. 자연의 아름다운 소리, 전문이 정서적이다. 즉, 문학적 산문이다.

글B, C는 현대수필이다. 그 중 글A는 선물을 받고 기뻐했다가 풀어 보고 실망, 서운해하는 정서다. 글B는 첫 키스의 떨림, 황홀경에 빠지는 정서다. 둘 다 문학적 산문이다.

이처럼 수필은 문학적 산문으로 쓴다. 그런데 이와 다른 주장도 있다. 우리도 과학적(논리적) 산문으로 지적인 수필을 써보자고 한다. 문학적 산문으로 쓰는 우리 수필엔 이렇다 할 메시지가 없다는 것이다. 그 동안 우리 수필은 어떤 국가적인 문제(정치, 경제, 사회, 문화 등)에 대하여 거의 발언한 것이 없다고도 한다.

그러나 나로서는 여기 선뜻 동의하기가 어렵다. 첫째, 과학적 산문으로 쓰는 지적인 수필이라는 것이 구체적으로 어떤 글인가? 그것은 대체로 시사평론 내지 그 비슷한 글일 것이다. 물론 그런 글이 나쁘다는 것이 아니다. 그러나 그것은 논설문으로 분류되어야 할 성질의 것이다. 둘째, 우리가 지금까지 메시지 있는 수필을 못 쓴 것이 문학적 산문 때문인가 하는 것도 한번 생각해 보자. 그것은 수필가의 문제이지 문체(文體)의 문제는 아닌 것이다. 나는 이런 문제에 부딪힐 때마다 늘 생각나는 수필 한 편이 있다.

김교신/조와(弔蛙)

작년 늦가을 이래로 새로운 기도터가 생겼다. 층암이 병풍처럼 둘러싸고 가느다란 폭포 밑에 작은 담(潭)을 형성한 곳에 평탄한 반석 하나가 담 속에 솟아나서 한 사람이 꿇어앉아서 기도하기에는 천성(天成)의 성전(聖殿)이다.

이 반석에서 혹은 가늘게 혹은 크게 기구하며 또한 찬송하고 보면, 전후좌우로 엉금엉금 기어오는 것은 담 속에서 암색(岩色)에 적응하여 보호색을 이룬 개구리들이다. 산중에 대변사(大變事)나 생겼다는 표정으로 신래(新來)의 객(客)에 접근하는 친구 와군(蛙君)들, 때로는 오륙 마리, 때로는 칠팔 마리.

늦은 가을도 지나서 담상(潭上)에 엷은 얼음이 붙기 시작함에 따라서 와군들의 거동이 일부일(日復日) 완만하여지다가, 나중에 두꺼운 얼음이 투명을 가린 후로는 기도와 찬송의 음파가 저들의 이막(耳膜)에 닿는지 안 닿는지 알 길이 없었다. 이렇게 격조하기 수개월여!

봄비 쏟아지던 날 새벽, 이 바위들의 빙괴(氷塊)도 드디어 풀리는 날이 왔다. 오래간 만에 친구 와군들의 안부를 살피고자 담 속을 구부려 찾았더니 개구리 시체 두세 마리 담 꼬리에 부유(浮游)하고 있지 않은가!

짐작컨대 지난 겨울의 비상한 혹한에 작은 담수의 밑바닥까지 얼어서 이 참사가 생긴 모양이다. 예년에는 얼지 않았던 데까지 얼어붙은 까닭인 듯. 동사한 개구리 시체를 모아 매장하여 주고 보니 담저(潭底)에 아직 두어 마리가 기어 다닌다. 아, 전멸은 면했나 보다.

- ≪성서조선≫, 1942. 3

이 글은 문학적 산문으로 된 수필이다. 언뜻 보면 별 메시지도 없는 것처럼 보인다. 그러나 이 글의 시대적 배경 또는 지은이의 전기적 사실에 조금만 유의한다면, 여기 등장하는 겨울 개구리들이 일제 치하에 있는 우리 민족의 비유라는 사실, 그리하여 어떤 가혹한 시련이 있어도 우리 민족은 결코 멸망하지 않는다는 대단히 강력한 메시지를 읽어낼 수 있을 것이다. 문학적 산문이라고 해서 메시지를 전달할 수 없는 것이 아니다.

확인하기

자, 수필 한 편 읽고 마치자.

◎ 이정림/문 안에 있는 자와 문 밖에 있는 자

*이 글의 문은 대학의 교문, 그 문을 가운데 두고 그 안의 학생과 그 밖의 전경(戰警)이 대치하고 있다. 돌팔매가 날고 최루탄이 터진다. 키와 나이, 볼그레한 빰까지도 비슷한 두 아이들이다. 문 안의 아이는 문 밖의 아이를 걱정하고 문 밖의 아이는 문 안의 아이를 걱정하지만, 그리고 꿈속에서는 만나기도 하지만, 그러나 이윽고-.

문 안의 아이가 문 밖의 아이를 부르듯이 비명을 지른다. 목은 터져 각혈이 되고 그것은 드디어 몸에 파란 불꽃을 당긴다. 문 안의 아이는 이제 붉게 타오르는 하나의 꽃이 되었다. 젊기 때문에 그 꽃은 아름다웠고 젊기 때문에 그 꽃은 통곡이었다.

그 꽃 앞에 문 밖의 아이는 무릎 꿇어 우정의 눈물을 바친다. 지금 그가 흘리는 눈물에는 어떤 의미가 있는가. 지금 그가 흘리는 눈물 속에도 이질적인 요소가 있을 수 있는 것일까.

꽃은 영원히 아름다워야 하고 눈물은 영원히 순수해야 한다.

아, 꽃이여, 눈물이여, 시대여.

- 이정림, ≪민들레 씨앗≫

이 글은 문학적 산문이다. 결코 싸워서는 안 될 두 아이, 그러나 마침내 문 안의 아이는 분신(焚身)으로써 항거하고 문 밖의 아이는 그 앞에 눈물을 흘린다. 1980년대 우리나라의 암울한 역사의 현장을 그린 것이다. 이런 비극이 있어서는 결코 안 된다는 강한 메시지를 함축하고 있다. 문학적 산문이라고 해서 메시지 없는 글, 뼈대 없는 글이라고 생각해서는 안 된다.

2 시점(視點, point of view)

시점은 달리 관점(觀點)이라고도 하는데, 이 말 자체는 사물을 바라보는 각도(또는 위치)라는 뜻이다. 그러나 글의 실제에 있어서는 누가 이야기를 이끄는가(이야기는 물론 다 작가가 이끌어가는 것이지만 그 진술형식으로 볼 때), 그 주체의 눈을 가리킨다. 이 시점은 1인칭시점과 3인칭시점으로 나뉜다.

(1) 1인칭시점

1인칭시점은 글 속의 나(또는 우리, 즉 1인칭 등장인물)가 그 글(이야기)의 주어(主語 또는 主體)가 되어 이야기를 이끄는 시점을 말한다. 이 시점은 다시 1인칭주인공(主人公)시점과 1인칭관찰자(觀察者)시점으로 나뉜다.

1) 1인칭주인공시점

1인칭주인공시점은 글 속의 나가 그 글의 주인공이 되어 이야기하는 시점을 말한다. 그러니까 내가 내 이야기를 하는 시점이다. 자기 이야기를 하는 시점이니만치 자신의 외면(말이나 행동 같은)이든 내면(생각이나 감정 같은)이든 모두 다 진술할 수 있다. 다음을 보자.

인경석/과연 신(神)은 있는가

*내 아내 될 사람이 가톨릭 신자여서 나도 따라 그 신자가 되었다. 그리고 열심히 교회엘 나갔다. 그런데 어느 사이 이런저런 핑계로 교회와 멀어졌다. 이것이 냉담(冷淡)이다. 이런 냉담이 10년 넘게 계속되었다. 그러다가 다시 교회엘 나가게 되었다. 다음은 그 계기-.

내가 40대 초반, 국방대학원엘 다닐 때다. 저녁이면 군 장교들과 회식(당연히 음주)을 하는 일이 많았다. 그런데 회식 후 그들은 아무 일 없다는 듯이 차를 몰고 갔다. 나도 그걸 보고 따라하게 되었다. 그러다보니 음주운전이 일상화되었다. 결국 교통사고를 냈다.

찌는 듯이 무더운 어느 여름날 밤, 친구와 함께 양주 한 병을 나눠 먹고 차를 몰고 귀가하다가 집 근처에 다 와서 네거리 교통신호 대기 중 졸아 버린 것이다. "탕!" 하고 부딪히는 소리에 눈을 번쩍 떠 보니 차가 중앙선을 넘어 네거리 한가운데 멈춰 서 있었다. 그 순간 이마에서는 붉은 피가 뚝뚝 떨어지고Ⅱ. 황급히 병원으로 옮겨 정밀검사를 해 보니 다행히 머리에는 큰 이상은 없고 상대방도 큰 상처는 입지 않았다.

나는 이 사고를 당하고 나서, 누군가 보이지 않는 손이 나를 살려줬구나, 하는 생각이 들었다. 중앙선을 침범하여 반대편 차도로 넘어 들어갔으니 순간 달려오는 차에 받혀 죽을 수도 있었던 것이다. 그때 어렴풋이나마 신(神)의 손길을 느낄 수 있었다.

- 인경석, ≪후리질 인생≫

이 글은 글 속의 나(1인칭주인공)가 자기 이야기를 하는 시점으로, 앞 문단은 음주운전을 하다가 교통사고를 당했다는 것, 그러니까 지은이의 외면을 말한 것이고, 뒤 문단은 차에 받혀 죽을 수도 있는 순간 신의 손길을 느꼈다는 것, 그러니까 지은이의 내면을 말한 것이다. 현대수필의 거의 대부분이 이런 1인칭주인공시점이 아닌가 한다.

2) 1인칭관찰자시점

1인칭관찰자시점은 글 속의 나가 자기 아닌 남을 관찰하는 시점, 그러니까 내가 남의 이야기를 하는 시점을 말한다. 물론 이 시점은 남의 외면밖에 관찰할 수 없지만, 그러나 그 남의 말과 행동, 또는 작가의 말을 통해서 그의 내면도 짐작케 한다.

그런데 남의 이야기를 하는 시점이라고 해서 꼭 남의 이야기만 하는(자기 이야기는 한마디도 없는) 예는 찾아보기 어렵다. 글의 어

느 부분인가에 남을 관찰한 자신의 이야기(감상이나 행동)를 드러내는 것이 일반적이다. 다음은 그 한 예-.

◎ 이종숙/짝돌이

"오메, 서울 양반 오셨능게라우?"

오랜만에 내려간 시골 친정집에 짝돌이가 인사를 왔다.

"어서 들어오소. 오랜만이네. 그 동안 어멈이랑 잘 지내셨는가?"

"그러문요. 염려해 주신 덕분에 지들은 잘 살지라우, 허허허."

내가 친정엘 가면 그는 언제나 제일 먼저 달려와 그 허허거리는 웃음소리로 온 마당을 떠들썩하게 했다. <u>나는 으레 그 사람이 거기 있어야 할 것으로 생각해 왔다.</u>

- ≪수필과 비평≫ 2006년 9·10월호

이 글은 글 속의 <u>나</u>가 짝돌이라는 <u>남</u>의 외면만을 관찰한 것이다. 그러나 그의 말과 행동을 통하여 그의 내면(그가 나에게 대단한 호감을 가지고 있다는)도 짐작케 한다. 이 글은 <u>나</u>의 감상(밑줄 친 부분)도 드러나 있다.

그런데 1인칭관찰자시점은 그 관찰의 대상이 위 <u>짝돌이</u>처럼 꼭 사람에게만 한하는 것은 아니다. 다음을 보자.

◎ 박재식/대장닭

우리 집의 대장닭은 휘하에 수탉 두 마리와 암탉 열 마리를 거느리고 있다. 훤칠한 목줄기에 떡 벌어진 가슴팍과 태깔이 번지르르한 붉은 깃털에 검은색 멋진 꼬리를 지닌, 내가 보기에도 반할 만큼 탐스럽게 잘 생긴 수탉이다. ‖

총중에서 무엇보다도 불쌍한 존재는 두 마리의 수탉이다. 그들은 언제나 대장닭의 눈치를 슬슬 살피면서 겉돌아야 한다. 한데 어울려서 모이를 줍거나 뜨락을 거닐다가 무엇을 잘못했는지 느닷없이 대장닭에게 뒤통수를 쪼여 비명을 지르기가 일쑤다. ‖ 그러니 수컷 구실을 한

답시고 암탉을 넘보기란 더더욱 어림없는 노릇이다. ‖

하기야 대장닭 그도 한때는 그런 수모와 핍박 속에서 성장한 쓰라린 과거의 소유자이기도 하다. 우리 집 울타리 안에서의 계보로 따져 그는 3대째의 대장닭이다. 그는 할아버지 닭의 권좌를 찬탈하여 대장닭이 된 아비 닭의 시하에서 한동안 죽어지내다가 어느 날 처절한 격투 끝에 아비 닭을 물리치고 마침내 오늘의 대권을 거머쥐게 된 것이다.

-박재식, ≪세월의 바람 속에≫

이 글은 사람 아닌 짐승(닭)을 관찰한 것이다.

자, 수탉 한 마리가 있다. 아비 대장닭 시하에 온갖 수모를 다 당하며 죽어지낸다. 드디어 성장, 힘이 솟구친다. 어느 날 처절한 격투 끝에 아비 대장닭을 물리치고 대권을 장악한다. 이제 천하가 온통 그의 것이다. 닭을 안 길러 본 사람도 어디서(사람 사는 세상에서) 많이 본 이야기 같지 않은가?

이 글은 짐승 이야기지만 실은 사람 이야기다. 나무나 바위 같은 것으로도 얼마든지 사람 이야기를 할 수 있을 것이다. 이솝우화의 토끼와 거북이, 바람과 해 이야기도 다 사람 이야기다.

3) 1인칭시점의 특수한 경우

우리는 흔히 글 속의 나는 곧 그 지은이 자신이요, 내가 관찰한 그는 다 나 아닌 남이라고 생각한다. 대개 그러니까. 그러나 그렇지 않은 경우도 있다. 다음을 보자.

A. 서숙/고모(姑母)는 섬처럼

*나는 동해바닷가에서 태어났습니다. 망망대해를 바라보며 수평선 너머에 있는 푸른 섬을 꿈꾸었습니다. 그 후 서울로 올라왔습니다. 서울은 힘든 곳이었습니다. 바다가 없어서 더 외로웠습니다. 그때 그를 만났습니다. 까마득히 높은 직장 상사-. 그가 보여준 관심에 나는 많이 들떴습니다.

그러나 그 즈음, 견딜 수 없는 것이 너무 많았습니다. 무미건조한 일상,

남루한 생활, 마음 둘 곳 없는 외로움-. 스치듯 찾아온 한 가닥 사랑에의 기대가 나를 더욱 절망케 했는지도 모릅니다. 그런데 이런 무기력감에 빠져들수록 내 마음 속의 섬이 나를 불렀습니다. 인천에서 배를 탔습니다. 배에 오르기 전 친구와 오빠에게 각각 편지 한 통씩을 부쳤습니다. 그에게는 아무것도 남기지 않았습니다.

이곳은 바다가 내려다보이는 양지바른 잔디 언덕, 소주 두 병에다 수면제 한 병을 다 비웠습니다. 나의 부재를 슬퍼해 줄 몇 사람의 얼굴이 희미하게 떠올랐다가 이내 사라집니다. 죽어 가면서도 몹시 쓸쓸하군요. 반면 이다지도 변변치 못한 나의 생을 이쯤에서 접기로 한 이번 결정이 다행스럽기도 하구요.

나는 이제 외딴섬에서 홀로 죽어 가고, 나를 아는 이는 아무도 나를 찾지 못할 것이니, 그들이 나 때문에 번거로울 일은 없을 것입니다. 나의 시신을 수습해 줄 이 섬 주민 누군가를 위하여 내가 가진 시계와 얼마간의 현금을 내 옆에 둡니다.

죽음은 영원한 잠입니다.

이 감미로운 잠에 빠지는 것이 행복합니다.

부디 안녕히.

-서숙, ≪일부러 길을 잃다≫

B. 정진권/엄처시하(嚴妻侍下)

이 글의 주인공인 김 선생은 작년에 정년으로 학교를 물러난 전직 교수님이다. 현재 마나님을 모시고 큰아드님네와 함께 산다. ‖ 나는 이제 이 김 선생의 근황을 그 가정과 한 시장을 배경으로 해서 잠시 말해 볼까 한다.

김 선생 댁에서 승용차로 15분 거리에 큰 시장이 하나 있다. 과일이나 채소는 물론 육류와 생선 같은 것도 늘 풍성하고 신선하다. 값도 여느 시장보다 싸다. 김 선생은 한 주일에 한 번꼴로 이 시장엘 간다. 물론 마나님과 함께 간다. 그러나 함께 간다고 해서 장보기에 있어서의 두 분의 권리와 의무가 동등하리라고 생각해서는 안 된다. 모시고 산다는 말을 다시 상기해 주기 바란다.

김 선생은 언제든 마나님이 갑시다 하면 차를 몰아야 한다. 마나님이 물건을 고르면 그걸 카트에 싣고 뒤따라야 한다. 마나님이 계산을 마치면 그 산 물건들을 하나하나 챙겨 차에 싣고 또 운전을 해야 한다. 김 선생에게는 다만 이런 의무만 있고 달걀 한 알 마음대로 고를 권리가 없다. 굳이 있다면 소주 한 병 집어 담는 것인데 이 하찮은 권리마저도 마나님의 대단히 못마땅해 하는 시선을 의식해야 하는 것이어서 권리를 행사하는 기쁨 같은 것은 아예 없다. 그러나 김 선생은 불평 한 마디 하지 않는다. 마나님으로부터 어떤 반격이 있으리라는 것을 잘 알기 때문이다.

"뭘 행사하는 기쁨? 그 막중한 권리, 어서 도로 가져가세요."

-정진권, ≪내 아내는 잘라 팔 머리가 없다≫

우선 글A부터. 이 글 속의 나는 지은이 서숙이 아니고 그의 죽은 고모다. 즉, 서숙이 그의 고모가 되어 쓴 글이다. 고모의 삶과 죽음이 마치 고모 자신이 쓴 것처럼 애절하게 드러나 있다. 다른 방식으로는 좀 어려운 일이 아닐까 한다.

다음은 글B. 이 글 속의 김 선생은 바로 지은이(정진권) 자신이다. 그러니까 이 글은 자기 이야기를 마치 남의 이야기를 하듯 한 것이다. 자신의 이야기를 이런 시점으로 쓴 것은 글에 변화도 주고 자신의 모습을 좀더 객관적으로, 가감 없이 솔직하게 표현할 수 있지 않을까 싶어 시험해 본 것이다(내 엄처시하에 사는 모습을 1인칭주인공시점으로 쓰기는 좀 그렇지 않은가?). 우리는 자신의 이야기지만 내 이야기로 쓰기에는 좀 뭣할 때가 있다. 그럴 때 자신을 남으로 놓고 이야기를 하면 그 거북함을 적잖이 완화시킬 수 있을 것이다.

물론 이런 방식들은 아직은 일반적이진 않다. 어쩌면 괴팍한 짓이라는 비난이 일지도 모른다. 그러나 우리 수필문학의 지평을 확장한다는 점에서 우리 수필가들이 실험해 볼 만한 충분한 가치가 있다고 나는 믿는다.

자, 1인칭시점의 옛글 한 편 읽고 지나가자.

◎ **서거정(徐居正)[4]/편복부(蝙蝠賦)[5]**

내 일찍이 적막한 몸으로 외로이 살아 밤이 되어도 근심으로 잠 못 이룰 때, 귀뚜라미 슬피 울면 나도 슬프고 개구리 시끄럽게 울면 나도 성난 듯했으나, 오히려 품은 생각은 밝아져 귀가 시끄러워도 듣기 싫지 않았는데, 네(박쥐—저자) 소리는 잠깐만 들어도 노한 머리카락이 곤두선다. ‖

그러나 끝없는 이 땅 위의 온갖 형체 있는 것들이 혹은 꿈틀거리고 혹은 얽히고 혹은 분분하고 혹은 번다하여, 이(虱)는 잠방이 속에 숨어 살고 초료(鷦鷯)는 속눈썹에 깃들이며, 파리는 흰 것을 더럽히고 달팽이는 뿔끼리 싸우니, 이것이 모두 타고난 자연이라, 대소(大小)와 형질(形質)로써 차별할 수 없는 것이다. 이제 붓을 잡고 이 부(賦)를 지음에, 박쥐야, 내 어이 너를 책망하랴.

-서거정, ≪동문선(東文選)≫

이 글은, 온갖 형체 있는 것들을, 그 대소(大小)와 형질(形質)로써 차별할 수 없다고 한다. 그래서 박쥐도 책망하지 않는다. 민주주의 원론을 읽는 것 같다.

(2) 3인칭시점

3인칭시점은 작가가 글 밖에서 글 속의 그(그들, 아무개, 3인칭)로 하여금 이야기를 이끌어가게 하는 시점을 말한다. 이 시점은 다시 전지적작가(全知的作家)시점과 작가관찰자(作家觀察者)시점으로 나뉜다.

---

4) 서거정(1420-1488) : 조선 성종 때의 문신, 학자, 문인. 호는 사가정(四佳亭). 시문이 뛰어나고 성리학(性理學), 천문지리(天文地理) 등 다방면에 통달했다. 저서로 ≪동인시화(東人詩話)≫, ≪필원잡기(筆苑雜記)≫등. 편저로 ≪동문선(東文選)≫.

5) 박쥐를 읊음(이야기함).

1) 전지적작가시점

전지적작가시점은 작가가 글 밖에서 글 속 그(아무개)의 모든 면을 마치 전지전능하신 하느님처럼 환히 다 알고 이야기하는 시점을 말한다. 그러니만치 그의 외면이든 내면이든 다 진술할 수 있다. 다음을 보자.

◎ 박세경/실명제 때문

은행에 다녀온 영감님이 계속 싱글벙글 하는 걸 보니 기분이 아주 좋은 모양이다. 무심히 점심상을 보는데

"여보, 점심 차리는 거야? 우리 나가서 모리소바 먹지. 당신 소바 좋아하잖아?"

했다. 마나님은 매끼 식사 차리기도 꾀가 나고 입맛도 별로이던 참에 귀가 솔깃했다.

잠시 후 노부부는 아파트 상가에 있는 일식우동집에서 다정하고 맛있게 점심을 먹었다. 마나님은, 행복이 별건가, 이런 것이 행복이지, 하며 흡족해했다.

그런데 뜻밖에도 영감님은 점심값을 마나님 보고 내란다. 순간 마나님은 기분이 묘해 영감님을 쳐다보았다.

"당신 부자잖아? 평생 머슴 산 남편한테 그 정도 서비스는 해야지. 내가 요 앞에 맛있는 전통찻집을 알아두었으니까 빨리 계산하구 나가자구."

그때 쿵 하고 마나님 몸속에서는 간 떨어지는 소리가 났다. 지갑에서 돈을 꺼내는 손이 마구 떨리고 말도 나오지 않았다. 눈까지 흐려왔다.

"전통차 좋아하시네. 은행에 간다더니 영감태기가 엉큼하게 무슨 짓을 하고 온 게야?"

* 영감님이 은행엘 갔다가 금융실명제에 관한 제반사항과 함께 마나님의 통장 내역까지 알게 되었던 모양이다.

- 박세경, ≪대각선 1.5m의 시각등지≫

이 글은 작가(박세경)가 글 밖에서 글 속 남(노부부)의 외면, 마나님의 내면을 환히 다 알고 이야기한다. 따라서 우리들 독자는 두 영감마나님이 일으킨 사건(외면)은 물론 마나님의 생각, 느낌(내면)까지 환히 다 알 수 있다.

2) 작가관찰자시점

작가관찰자시점은 작가가 글 밖에서 글 속의 그(또는 그들)를 관찰하는 시점을 말한다. 물론 이 시점은 그의 외면밖에 관찰할 수 없다. 그러나 그의 말이나 행동, 또는 작가의 말을 통해서 그 내면도 짐작케 할 수 있다. 다음을 보자.

◎ 이여원/도립병원 가는 길

* 신랑은 고등보통학교(지금의 고등학교) 학생이었다. 신부는 분이, 소학교도 채 다 못 마쳤다. 신랑은 그런 분이가 마음에 들 리 없다. 종갓집 종손이라 집안의 강권으로 하는 수 없이 혼례는 치렀지만 전혀 신부 방엘 들려 하질 않았다. 그러다 우여곡절 끝에 하룻밤, 분이가 아기를 가졌다. 그리고 순산, 신랑의 마음이 돌아왔다.

날이 가고 달이 갔다. 추위가 왔다. 분이가 갑자기 젖몸살을 앓았다. 비누떡을 해 붙여라, 먼지떡을 해 붙여라, 엄나무 가시로 따서 고름을 빼고 조고약을 사다 붙여라, 주위의 의견이 분분했다. 시아버지는 읍내 공의(公醫)한테 가라고 했다. 그러나 신랑은 도립병원에 가야 한다며 분이를 데리고 집을 나섰다. 날도 채 밝지 않은 새벽이었다. 도립병원엘 가려면 읍내까지 걷고 거기서 또 버스를 타야 한다.

발밑에 서리 부서지는 소리가 바삭바삭 났다. 앞서 가던 신랑이 갑자기 돌아서더니 자기 윗도리를 벗어 분이 어깨를 덮어 주었다.

"춥지?"

"아니, 괜찮아요. 당신은 어떡하구?"

신랑은 말없이 분이의 앞섶을 꼭꼭 여며주었다. 분이는 그러는 신랑을 물끄러미 바라보다가 그만 신랑의 가슴에 얼굴을 파묻고 흑흑

흐느끼기 시작했다.

-≪좋은 수필≫ 2011년 겨울호

이 글은 지은이(이여원)가 글 밖에서 글 속 남(분이와 그 신랑)의 외면만을 관찰한 것이다. 도립병원에 가야겠다며 새벽에 분이를 데리고 나서는, 그리고 자기 윗도리를 벗어 분이의 어깨를 덮어주는 신랑, 그런 신랑의 가슴에 얼굴을 파묻고 흐느끼는 분이, 이 모습들은 다 그들의 외면이다. 그러나 우리들 독자는 그 두 인물의 말과 행동을 통하여 그들의 내면(신랑은 분이가 염려스럽고 분이는 신랑이 고맙고, 그런) 내면도 짐작할 수 있다.

나는 이 1인칭관찰자시점을 말할 때 그 관찰의 대상이 꼭 사람에 한하는 것은 아니라고 한 바 있다(p. 74, 박재식 〈대장닭〉). 작가관찰자시점도 그럴 것이다. 그러나 우리 수필가들에겐 아직 관심밖의 일인 듯하다. 다음은 동수필로 나의 한 실험.

소나무와 진달래(전문)

소나무가 진달래에게 말했습니다.

"너는, 꽃은 그냥 괜찮지만, 가을이 되면 앙상하게 가지만 남으니 그거 어디 볼품이 있니?"

진달래가 코방귀를 킁 뀌며 말했습니다.

"너는, 사철 푸르기는 하지만, 봄에 피우는 그 꽃이라는 것이 어디 눈에 띄기나 하니?"

소나무는 가분이 나빴습니다. 그래 이런저런 생각에 잠도 제대로 자지 못했습니다.

이튿날입니다. 소나무가 진달래에게 말했습니다.

"네가 봄에 피우는 그 연분홍 꽃은 그렇게 아름다울 수가 없어."

진달래가 웃으며 말했습니다.

"아름답긴 뭘. 눈서리에도 지지 않는 너의 그 푸른 잎이야말로 그렇게 미더울 수가 없지."

소나무는 기분이 좋았습니다. 어제는 왜 그렇게 기분이 나빴는지, 오늘은 왜 이렇게 기분이 좋은지, 소나무는 잘 알게 되었습니다.

- 정진권, ≪한 수필가의 짧은 이야기≫

이 글은 작가가 글 밖에서 글 속의 남(사람 아닌 소나무와 진달래)를 관찰한 것이다. 가는 말이 고와야 오는 말이 곱다, 내가 이 글을 쓴 것은 우리 어린이들에게 이런 뜻(말의 예절)을 가르치자는 뜻이었다. 여러분의 실험을 바란다.

3) 3인칭시점의 특수한 경우

우리는 앞에서 1인칭시점의 특수한 경우를 본 바 있다. 3인칭시점의 경우도 그런 특수한 예가 더러 있다. 다음은 그 한 예-.

◎ 민명자/네 탓이야

* 남들 다 여덟 살에 들어가는 초등학교를 일곱 살에 들어간 아이가 있었다. 그 아이의 엄마는, 넌 똑똑해서 충분히 따라갈 수 있다, 나이가 어리면 중학교 갈 때 유리하다 했고 아이는 그 말을 굳게 믿었다. 드디어 입학, 그 아이의 짝이 된 옥진이는 별로 말이 없었다. 아니, 풀이 죽어 있었다. 그래 아이는 그런 옥진이를 얕잡아봤는지 모른다.

유월 어느 날 쉬는 시간이었다. 일은 화장실에서 일어났다. 바지가 흘러내릴까봐 엄마가 꼭꼭 동여매준 허리띠가 화근이 될 줄은 몰랐다. ‖ 아무리 풀려고 해도 풀 수가 없었다. 그때 마침 옥진이가 화장실엘 들어왔다.

"너 이것 좀 풀어봐."

마치 주인이 하인에게 마땅히 해야 할 일을 시키듯 아이는 당당하게 배를 내밀었다. 그러나 옥진이도 끝내 그 끈을 풀지 못했다. 아이는 기어이 바지에 오줌을 줄줄 흘리고 말았다. 큰일이다. 선생님이 아시면 안 된다. 더구나 친구들에게 놀림을 당한다는 것은 상상하기조차 싫다. ‖ 옥진이의 입단속을 해야 했다.

"너, 선생님이나 애들한테 이 얘기 하면 가만 안 놔둘 거야. 니가 허리끈을 못 풀어서 그런 거잖아. 니 탓이야."

아이는 앙큼하게도 제 탓을 옥진이에게 돌렸다.

- 민명자, ≪새벽 한 조작≫

이 글은 박세경의 〈실명제 때문에〉와는 퍽 다르다. 즉, 이야기의 주인공(3인칭)인 아이가 바로 지은이 자신(민명자)인 것이다(이 글의 아이는 글 끝 부분에 가서 1인칭주인공인 나로 환원된다.). 지은이가 왜 이런 시점으로 자신의 일을 이야기했는지는 잘 모르겠다. 역시 글에 변화를 주기 위해서였을까, 아니면 자신의 모습을 좀더 객관적으로, 가감 없이 솔직하게 이야기하고 싶어서 그랬을까? 우리는 자신의 이야기이면서도 내 이야기로 말하기 거북한 경우가 종종 있다. 그럴 때도 자신을 3인칭으로 이야기하면 그 거북함을 적잖이 완화시킬 수 있을 것이다(p. 77. 글 B에 관한 설명 참조).

물론 이런 방식 역시 아직은 일반적이지 않다. 그러나 1인칭시점의 특수한 경우처럼 우리 수필문학의 지평을 확장한다는 점에서 충분히 시험할 가치가 있다고 나는 믿는다.

다음은 옛글로 그런 예-.

최해(崔瀣)[6]/예산은자전(猊山隱者傳)[7]

은자(隱者)의 이름은 하계(夏屆)인데 혹은 하체(下逮)라고도 부른다. 창괴(蒼槐)[8]는 그 성씨이니 대대로 용백국(龍伯國) 사람이다. ‖

---

6) 최해(1287-1345) : 고려 충숙왕 때의 학자, 문인. 호는 졸옹(拙翁), 예산농은(猊山農隱). 성품이 강직하고 당대에 문명을 떨쳤다. 말년에 퍽 빈한했다. 저서로 ≪농은집(農隱集)≫.

7) 예산은자의 전기. 즉, 최해 자신의 전기.

8) 두 글자로 된 이 이름이나 성에서 각각 첫 글자에서는 첫 소리(初聲)을, 둘째 글자에서는 가운데 소리(中聲)를 취해 보라.

• 하계(夏屆)는 ㅎ+ㅖ → 혜

은자는 어려서 이미 천리(天理)를 아는 듯했으나 취학(就學)을 해서는 한 구석에 집착하지 않고 겨우 그 뜻이나 알았으니 하나도 졸업한 것이 없다. 이는 널리 볼 뿐 깊이 탐구하지 않은 까닭이다.

차차 커가면서는 개연(慨然)히 공명(功名)에 뜻을 세웠으나 세상이 허락하지 않았다. 이는 그 성미가 윗사람에게 문후(問候)할 줄을 모르고, 술을 즐기되 두어 잔이면 남의 선악(善惡)을 말하기 좋아하며, 무릇 귀에 들어온 것을 입이 지키지 못함으로써 사람들이 애중(愛重)하는 바가 되지 못한 까닭이다. 번번이 벼슬에 오르려다가 내침을 받으니, 친한 벗들이 애석하게 여겨 이를 고쳐 보려고 혹은 권(勸)하고 혹은 책(責)하였으나 받아들이지 못했다.

중년에 이르러서는 자못 후회해 마지않았다. 그러나 사람들은 이미 그가 우리(牢)와 새장(籠)에 갇힐 수 없다는 것을 알았기 때문에 그는 결국 등용될 수 없었다. 그도 또한 이 세상에 더는 뜻을 두지 않았다.

- 서거정(徐居正), ≪동문선(東文選)≫

이 글의 은자는 곧 지은이 자신이다. 나는 이 글처럼 자신을 발가벗겨 놓은 예를 일찍이 본 일이 없다. 3인칭시점이 아니면(1인칭주인공시점으로는) 어려울 것이다.

(3) 시점의 배합

우리는 앞에서 1인칭시점 따로, 3인칭시점 따로, 서로 따로따로 이해했다. 그런데 한 작품 속에 이 두 시점을 배합한 경우가 더러 있다. 다음을 보자.

- 하체(下逮)는 ㅎ+ㅔ(당시 음은 ㅖ) → 혜.
  부채(부추)해(薤)의 당시 음이 혜였다. - ≪훈몽자회(訓蒙字會)≫
- 창괴(蒼槐)는 ㅊ+ㅚ → 최.

* 그러므로 夏屆, 下逮는 濭, 蒼槐는 崔인 것.

◎ 은옥진/말복(末伏)의 홍초(紅草)

* 말복이다. 여덟 살 난 계집아이가 닭곰(백숙)을 해달라고 어머니를 조른다. 철없는 아이, 복날에는 복달임으로 닭곰을 해먹어야 한다며 떼를 쓴다. 재봉틀을 돌리고 있던 어머니는 물끄러미 아이를 바라보더니 고개를 돌려 마당으로 눈길을 떨어뜨린다.

다음 날 해질녘이었다. 어머니는 둥그런 쟁반을 툇마루에 놓고 부채질을 하고 있었다. 멀찌감치 소꿉놀이를 하고 있던 아이는 어머니 음성을 듣고 쏜살같이 내달았다. 뜨거운 김이 모락모락 피어오르는 대접에는 약병아리 반쪽이 담겨 있었다. 수저를 들다말고 어머니를 올려다봤다.

"닭 고는 냄새가 바람 타고 옆집으로 가잖것냐? 그 댁 할머니 쬐금 드렸어야. 어서 먹어라, 어서." ‖

초복이 가고 중복도 지나 내일모레가 말복이라는 말을 들을 때면 어김없이 가슴이 싸해진다. 그리고는 그 여름날에 있었던 아린 기억을 가슴에서 꺼내본다. 어찌 마련해서 닭곰을 해주셨는지 물어 본 일 없이 어머니는 세상을 뜨셨다. ‖

곱살할 수 없는 딸내미, 성가시게 굴어도 한마디 나무람 없이 돌돌돌 미싱만 돌리시더니…. 그러다가 바느질감을 놓은 채 한참씩 마당가에 붉게 핀 홍초 무더기만 하염없이 내려다보시던 그 눈길. ‖ 해주고 싶어도 해줄 수 없는 어머니 마음을 헤아리게 된 것은 내가 어미 된 뒤였다.

- 은옥진, ≪나는 글자를 모은다≫

나는 이 글을 읽고 다음과 같이 쓴 바 있다.

이 글을 읽노라면 말복이라며 닭곰 해달라고 조르는, 참 철없는 계집아이가 보인다. 그런 아이를 물끄러미 바라보다 고개를 돌려 마당으로 시선을 떨어뜨리는, 참 슬픈 어머니도 보인다. 이제 그 아이는 어른이 되었고 그 어머니는 세상에 안 계시다. 어른이 된 그 아이, 아니 어미 된 그 아이는 말복이라는 말을 들을 때면 어김없이 가슴이 싸해

진다. 닭 한 마리 마음대로 고아 먹일 수 없는 어머니는 얼마나 가슴이 아팠을까?

이 글의 앞부분은 3인칭시점(작가관찰자)으로 되어 있다. 글에 변화도 주고, 철없는 계집아이와 슬픈 어머니의 이야기를 좀더 극적으로 전개하기 위해서 그러지 않았나 싶다. 이 글의 뒷부분은 1인칭시점(주인공)으로 되어 있다. 자신의 내면(말복이라는 말을 들을 때면 가슴이 싸해지는)을 직접 말하기 위해서 그랬을 것이다.

- ≪수필과 비평≫ 2009년 9·10월호

한 편의 짧은 글 속에 이 시점 저 시점 마구 뒤섞는 것은 독자를 혼란에 빠뜨리기 쉽지만 알맞게 배합하면 오히려 산뜻하게 보일 수도 있다. 이 글 같은 경우다.

확인하기

우리는 위에서 시점의 네 갈래를 살펴보았다. 정리해 보자.

- 1인칭시점
  - 1인칭주인공시점 : 나가 나를 이야기하는 시점
  - 1인칭관찰자시점 : 나가 그를 이야기하는 시점
- 3인칭시점
  - 전지적작가시점 : 작가가 그의 모든 것을 다 알고 말하는 시점
  - 작가관찰자시점 : 작가가 그의 외면만을 보고 이야기하는 시점

자, 이만 글 한두 편 더 읽고 시점에 관한 이야기를 마치기로 하자. 앞에서 논의한 것들도 한 번 더 상기 또는 확인하면서-.

A. 조정은/그것을 타라

이렇게 삭신이 쑤시다 못해 굳어 가는데도 돈을 아끼려고 택시를 보내 버린 것은 난생 처음 일어난 일이었다. 거리에서 대책 없이 이런 고통을 견디는 것도 처음 겪는 일이었다.

나를 이 거리로 내몬 자가 도대체 누구냐? 남편인가? 그래, 그가 부도만 내지 않았어도 나는 여기 서 있지 않을 거야. ‖ 그렇지만 나는 알고 있다. 그로서도 최선을 다했고 마지막 순간까지 모든 노력을 아끼지 않았다는 것을 누구보다 잘 알고 있다.

그럼 누구야, 나를 여기 세운 자가? 운명인가? 그래, 운명의 신, 야비하고 더러운 위선자, 당신은 내게 오늘보다는 더 나은 내일의 환상을 쉬지 않고 보여 줬지. 그렇게 해서 당신은 나를 여기로 데려온 거야. 이 춥고 어둡고 고통스런 거리가 당신이 어제 화려하게 펼쳐보였던 나의 내일이었어? 거짓말쟁이, 왜 당신은 쉬지 않고 나를 유혹했지?

- 조정은, ≪그것을 타라≫

B. 권민정/못생긴 아이

① 못생긴 아이가 있다. 눈은 단추 구멍만 하고 코는 펑퍼짐하게 퍼진데다 입까지 튀어나왔다. 웬만하면 예쁘다고 해주겠는데 그 말이 나오지 않는다.

그래도 아기 엄마 아빠는 예뻐 어쩔 줄을 모른다. 가지가지 장식의 머리띠를 해주고 하얀 레이스가 달린 옷을 입혀 공주같이 꾸민다. 아기를 바라보는 눈에 자랑과 기쁨이 넘친다. 친한 이웃 사람을 만나면

"우리 아기 정말 예쁘죠!"

하며 행복해한다. 할머니 할아버지는 한술 더 뜬다. 어느 날 아기를 데리고 백화점에 갔다가 몇 시간 만에 돌아온 두 분, 웃지도 않고 말한다.

"오늘 백화점에서 많은 애들을 보았는데 우리 아기같이 이쁜 애는 못 봤어."

그 말을 전해들은 이웃 사람들, 놀라서 서로 얼굴을 바라보다 돌아서서 폭소를 터뜨렸다.

② 요즈음 내가 그런 식이다.

몇 날, 때로는 몇 달씩 고심해서 한 편의 글을 완성한다. 느낌이 좋다. 처음부터 끝까지 막힘없이 한숨에 술술 잘 읽힌다. 그 글을 들여다보는 나는 행복하다.

첫째 독자인 딸에게 자랑스럽게 내놓는다. ‖

"이번에는 엄마가 봐도 잘 쓴 것 같아. 재미있으니까 읽어 봐."

그러나 딸은 ‖ 끝까지 다 읽지도 않고 슬그머니 밀어놓는다. 얼굴에, 도저히 재미없어 못 읽겠어요, 라고 쓰여 있다. 나는 당황하기 시작한다. 글을 다시 읽어 본다. 정말 재미가 없다. 자꾸 걸려 다음 문장으로 넘어가지도 않는다.

"얘, 그래도 이 표현은 좀 좋지 않니?"

한 마디 칭찬이라도 들어 보려고 나는 비굴해진다. ‖

- 권민정, ≪은하수를 보러 와요≫

글A는 1인칭주인공 한 시점, 즉 작가가 글 속의 나가 되어 이야기를 이끌어가는 시점이다. 이 글엔 조정은의 외면은 물론 내면까지 아주 리얼하게 드러나 있다.

다음은 글B. 이 글은 두 시점, 즉 ①부분은 작가가 글 밖에서 글 속의 그들의 외면만 관찰하는 작가관찰자시점, ②부분은 글A와 같은 1인칭주인공시점이다. 우리는 작가관찰자시점으로 된 ①에서는 권민정이 관찰한 글 속 남(아기 엄마아빠, 할머니, 할아버지)의 외면은 물론 그 말과 행동을 통하여 그들의 내면(우리 아기를 누구보다 예쁘다고 자랑스러워하는)을 짐작할 수 있고, 1인칭주인공시점으로 된 ②에서는 한마디 칭찬이라도 들어 보려고 비굴해지는 권민정의 솔직한 고백도 들을 수 있다. 이 글은 "엄마가 자기 아기를 사랑하듯 나도 내 글을 사랑할 수밖에 없다."라는 말로 끝난다.

* 권민정이 이 글의 앞부분에서, 못생긴 아기를 예쁘다고 자랑하는 아기 엄마와 아빠, 할머니와 할아버지 이야기를 한 것은 못쓴 글이어도 나는 내

글을 사랑한다는 말을 하기 위한 것이다. 시점 문제와 관계없이 배워둘 만한 기법이다.

3 심상(心象, image)

심상은 감각적(感覺的) 경험이 재생(再生)된 것을 의미한다. 여기서는 우선 그 말뜻과 갈래를 살펴보고 수필과 심상 문제를 이야기하기로 한다.

(1) 심상의 말뜻과 그 갈래

우리는 과거에 무엇인가를 보고 듣고 맛보고 냄새 맡고 감촉해 본 경험이 있다. 여기서

- 무엇을 본 경험을 그 무엇(빛깔, 모양 등)에 대한 시각적 경험
- 들은 경험을 그 무엇(소리)에 대한 청각적 경험
- 맛본 경험을 그 무엇(맛)에 대한 미각적 경험
- 냄새 맡은 경험을 그 무엇(냄새)에 대한 후각적 경험
- 감촉한 경험을 그 무엇(감촉)에 대한 촉각적 경험
- 이를 통틀어서 감각적 경험

이라고 한다.

그런데 우리 내면 어딘가에 깊숙이 저장된 이런 감각적 경험들은 어떤 자극을 받으면 되살아난다(재생된다). 그것은 과거에 경험한 그 무엇인가의 모양이나 빛깔일 수도 있고(시각), 소리일수 도 있고(청각), 맛일 수도 있고(미각), 냄새일 수도 있고(후각), 촉감일 수도 있다(촉각). 이렇게 머릿속에 되살아난(떠오른, 재생된) 모양이나 빛깔, 소리, 맛, 냄새, 촉감 같은 것을 심상이라고 한다. 다음

밑줄 친 부분을 보자.

이우영/동승(童僧)

손목에 염주 걸고
볼 붉히며 합장하고
오백나한(五百羅漢) 두른 앞에
서툰 미소 한 번 짓고.

- 이우영, ≪하나씩 지우면서≫

우리는 우선 이 시의 제목을 보고, 자기가 언젠가 본 어느 아기스님의 모습을 떠올리게 될 것이다. 물론 그것은 아직 선명한(이 시의 동승과 같은) 모습은 아니다. 그러나 이 시의 밑줄 친 부분을 읽으면, 손목에 염주 걸고 볼 붉히며 합장을 한 아기스님의 앳된 모습이 선명하게 떠오른다. 이것이 이 시가 보여주려는(독자의 머릿속에 떠오르게 하려는, 재생시키려는) 어느 동승의 심상이다.

그렇다면 무엇이 독자의 머릿속에 이런 아기스님의 심상을 떠올리도록 자극하는 것일까? 그것은 손목에 염주 걸고/볼 붉히며 합장하고 라는 말(言語)이다. 문학작품에 있어서 심상을 떠올리는 자극제는 곧 말인 것이다. 그런데 가만히 생각해 보면, 그 자극하는 말과 그것으로 해서 떠오른 심상은 결국 같은 것이다. 그래서 심상을 떠올리는 말 자체도 심상이라고 한다. 위에 보인 4행의 시는 모두 어느 동승의 심상(시각적)으로 되어 있다.

이런 심상은 그것이 감각적 경험의 재생이라는 점을 고려하여 시각적 심상, 청각적 심상, 미각적 심상, 후각적 심상, 촉각적 심상의 다섯 갈래로 나누어 볼 수 있다. 다음은 시에서 찾아본 그 예문들이다. 밑줄 친 부분-.

◎ 김종한/고원(故園)의 시(詩)-시각적 심상

밤은 마을을 삼켜 버렸는데
개구리 울음소리는 밤을 삼켜 버렸는데
하나, 둘…, 등불은 개구리 울음소리 속에 달린다. ‖
이윽고 주정뱅이 보름달이 빠져나와
은(銀)으로 칠한 풍경(風景)을 토(吐)한다.

* 개구리 울음소리는 청각적 심상

- 일조각, ≪한국시선(韓國詩選)≫

◎ 김소월/엄마야 누나야-청각적 심상

엄마야, 누나야, 강변 살자./뜰에는 반짝이는 금모래 빛,
뒷문 밖에는 갈잎의 노래./엄마야, 누나야, 강변 살자.

* 뜰에는 반짝이는 금모래 빛은 시각적 심상

- 김소월, ≪진달래꽃≫

◎ 정지용/고향(故鄕)-미각적 심상

고향에 고향에 돌아와도/그리던 고향은 아니러뇨. ‖
어린 시절에 불던 풀피리 소리 아니 나고
메마른 입술에 쓰디쓰다.

* 풀피리 소리는 청각적 심상

- 정지용, ≪정지용전집≫ 1. 시

◎ 김동환/산너머 남촌에는-후각적 심상

산 너머 남촌에는 누가 살길래/해마다 봄바람이 남으로 오네.
꽃 피는 사월이면 진달래 형기,/밀 익는 오월이면 보리 내음새.

- ≪삼천리(三千里)≫ 1935년 3월호

◎ 이상화/빼앗긴 들에도 봄은 오는가-촉각적 심상

지금은 남의 땅-, 빼앗긴 들에도 봄은 오는가? ‖
내 손에 호미를 쥐어 다오.
살찐 젖가슴과 같은 부드러운 이 흙을
발목이 시도록 밟아도 보고/좋은 땀조차 흘리고 싶다.

- 일조각, ≪한국시선≫

그런데 이 다섯 가지 심상과 좀 다른 것이 있다. 어떤 감각적 심상이 다른 감각적 심상과 결합해서 만들어 내는 심상이 곧 그것이다. 다음을 보자.

◎ A. 서정주/문둥이

해와 하늘빛이/문둥이는 서러워/보리밭에 달뜨면/애기
하나 먹고/꽃처럼 붉은 울음을 밤새 울었다.

- 서정주, ≪화사집(花蛇集)≫

◎ B. 김광균/오후(午後)의 구도(構圖)

천정(天井)에 걸린 시계는 새로 두시
하이얀 기적(汽笛) 소리를 남기고

- 김광균, ≪와사등(瓦斯燈)≫

글A는 울음이라는 청각적 심상이 붉은이라는 시각적 심상과, 그B는 기적 소리라는 청각적 심상이 하이얀이라는 시각적 심상과 결합된 것이다. 이렇게 해서 만들어내는 심상을 공감각적(共感覺的) 심상이라고 한다. 공감각적 심상은 우리 수필에서는 거의 볼 수 없다.[9]

---

9) 다음에 보이는 것은, 김이녹의 경우(p. 94)와 함께 퍽 희귀한 예다.
• 허세욱/이삭줍기
파란 들, 파란 논두렁을 훨훨 나부끼다가 종소리의 물결인 양 서녘으로 사

(2) 수필과 심상

우리 수필가들은 심상에 대한 관심이 그리 큰 것 같지 않다. 나는 이것이 좀 불만스럽다. 심상은 자신의 감각적 경험을 독자의 머릿속에 가장 선명하게 각인시키는 것인데-. 다음을 보자.

A. 박명순/지심도의 동백꽃

*통영에서 하루를 보낸 후 지심도로 가기 위해 거제 장승포 선착장으로 왔다. 부둣가에는 많은 사람들이 배가 들어오기를 기다리고 있었다. 선착장은 어선과 여행객들로 퍽 혼잡했다. 이윽고 배가 왔다.

바다가 햇빛에 빛나며 부옇게 보인다. 선주가 인원을 점검하며 줄을 세우고 있다. 나는 사람들 속에 섞여 갑판 위에 올랐다. 푸른 바다가 물결을 일으키며 뱃머리에 부딪치자 배가 크게 출렁이며 기우뚱했다. 배는 원을 그리며 바다로 나갔다. ‖ 물결이 햇빛에 반사되어 넓은 바다에 비늘이 가득 널려 있는 듯했다.

아직은 바닷바람이 차다. 몇 사람이 갑판 위로 올라가기에 나도 그들 일행에 섞여 선박 위로 올라갔다. 차가운 바람이 온몸으로 밀어닥친다. 배가 파도 위로 달려 나가며 튀어 오르는 물방울들이 덮쳐와 몸이 경직되며 떨려온다. 모자를 눌러쓰고 목도리로 꽁꽁 감쌌지만 여전히 춥기만 하다.

-박명순, ≪바람이 들려주는 이야기≫

라져 버리는 청학이라면 어떨까?

-본문은 이 책 p. 29

• 이태동/밤비 오는 소리

갑자기 지붕 위와 뜨락에 쏟아지는 빗소리는 사원(寺院)의 종탑에서 쏟아지는 은빛 종소리만큼이나 순수해서 두려움과 경이감마저 느끼게 된다.

-이태동, ≪밤비 오는 소리≫

B. 오병훈/새벽을 여는 소리들

"이오팔공, 이오팔공!"[10)]

금방 잠에서 깬 듯한 쉰 목소리가 곤히 잠든 사람을 깨운다. 골목에 세워 둔 자동차를 치워 달라는 모양이다. ‖

새벽에 듣는 소리 가운데 제일 반가운 소리는 신문 떨어지는 소리다. 처음에는 바쁜 발자국 소리가 가까이 오고, 이어서 탁, 하고 현관 바닥에서 나던 둔탁한 소리가 곧 이어 스르르 미끄러지는 소리로 변한다. 현관문을 열고 신문을 집어 든다. <u>잉크 향기가 신선하다.</u> ‖

신문 첫째 면에서 둘째, 셋째 면을 넘기면서 기사를 고를 때면 이번에는 딸랑 딸랑하는 두부장수 할아버지의 손종 소리가 들린다. ‖ 장마로 여러 날 할아버지의 손종 소리를 듣지 못할 때는 하루의 일정 가운데서 뭔가 빠져 버린 듯한 그런 기분이 들곤 했다. ‖

8월에는 새벽 다섯시 15분쯤이면 첫 매미의 울음소리를 들을 수 있다. 처음에는 한 마리로 시작하지만 맴, 맴, 맴, 매애-, 자지러질 듯 울어제끼는 매미들의 합창 소리는 곤히 잠든 사람들의 새벽잠을 깨운다. 동네 사람들이 플라스틱 물통을 들고 약수터를 향해 현관문을 나서는 것도 이때쯤이다. 미화원 쓰레기 치우는 소리가 바스락거리고 멀리서 야호를 외치는 소리가 싱그럽다.

- ≪에세이문학≫ 1997년 여름호

C. 김옥희/내 고향 그 시절

가을밤에는 사촌올케가 호박죽을 끓여놓고 나와 사촌언니들을 불러들였다. <u>뜨끈하고</u> <u>달콤한</u> 호박죽에 <u>시원한</u> 동치미를 곁들여 먹으며 수다 떠느라 밤 가는 줄도 몰랐다.

- 신촌에세이포럼, ≪火요일, 그 싱그러운 오전 10시≫

10) 자동차 넘버 2580.

D. 김이녹/은행나무 아래서

은행나무 아래를 지나가는데 소리가 푸르다. 버드나무처럼 늘어진 은행잎이 어깨에 닿을 때마다 맑은 소리가 잎 사이사이로 길을 낸다. 소리가 멀어지고 나는 잠에서 깼다.‖바람이 불어온다. 장독대 위에 놓아둔 꽃잎이 바람에 날려간다.‖

그때 엄마 나이보다 훨씬 더 된 나는 엄마와 마주앉았다.‖그날 바람에 날려간 꽃잎이 엄마 손등에 앉았나 보다. 꽃물이 들어 더 고왔던 엄마 손은 주름지고 가시가실하다. 바짝 깎으신 손톱은 아버지를 먼저 보내고 사신 10년을 뭉툭 도려낸 것 같아 마음이 아프다.

꿈에서 본 은행나무를 엄마와 나 사이에 심어놓고 가끔 그 아래 앉아‖내가 꿈에서 들었던 그 차랑차랑한 푸른 소리를 엄마한테 들려주고 싶다.

-≪좋은수필≫ 2015년 10월호

우선 글A. 이 글의 첫 문단은 시각적 심상들로 되어 있다. 햇빛에 빛나는 바다, 물결을 일으키는 푸른 바다, 비늘 가득이 널려 있는 듯 물결이 햇빛에 반사되는 바다, 바다의 빛깔과 모양이 선명하다. 이 글의 둘째 문단은 촉각적 심상으로 되어 있다. 바람의 차가움에 몸이 오싹해질 것 같다.

다음은 글B. 이 글은 거의 청각적 심상으로 되어 있다. 차 넘버를 외치는 소리, 신문 떨어지는 소리, 할아버지의 손종(요령) 소리, 매미 우는 소리, 미화원의 청소하는 소리, 야호 외치는 소리, 금방 귀에 들려오는 것 같다. 밑줄 친 부분은 후각적 심상이다. 잉크 향기가 코끝에 풍겨올 것만 같다.

다음은 글C. 이 글의 뜨끈하고, 시원한은 촉각적 심상, 달콤한은 물론 미각적 심상이다.

글D는 주로 시각적 심상으로 되어 있지만 소리가 푸르다와 차랑차랑한 푸른 소리는 공감각적 심상, 가실가실하다는 촉각적 심

상이다.

우리는 심상에 좀더 깊은 관심을 가지도록 하자. 위에서 말한 대로 그것은 자신의 감각적 경험을 보다 선명하게 전달할 수 있는 것이다.

확인하기

자, 글 한 편 읽고 심상의 갈래를 점검해 보자.

피천득/나의 사랑하는 생활

나는 아름다운 빛을 사랑한다. 골짜기마다 단풍이 찬란한 만폭동, 앞을 바라보면 걸음이 급하여지고 뒤를 돌아다보면 더 좋은 단풍을 두고 가는 것 같아서 어쩔 줄 모르고 서 있었다. ‖ 나는 우리나라 가을 하늘을 사랑한다. ‖ 나는 오래된 가구의 마호가니 빛을 좋아한다. 늙어 가는 학자의 희끗희끗한 머리칼을 좋아한다.

나는 이른 아침 종달새 소리를 좋아하며, 꾀꼬리 소리를 반가워하며, 봄 시냇물 흐르는 소리를 즐긴다. 갈대에 부는 바람 소리를 좋아하며, 바다의 파도 소리를 들으면 아직도 가슴이 뛴다. 나는 골목을 지나갈 때에 발을 멈추고 한참이나 서 있게 하는 피아노 소리를 좋아한다. 나는 젊은 웃음소리를 좋아한다.

나는 비 오시는 날 저녁때 뒷골목 선술집에서 풍기는 불고기 냄새를 좋아한다. 새로운 양서(洋書) 냄새, 털옷 냄새를 좋아한다. 커피 끓이는 냄새, 라일락 짙은 냄새, 국화, 수선화, 소나무의 향기를 좋아한다. 봄 흙냄새를 좋아한다.

- 피천득, ≪금아문선(琴兒文選)≫

이 글의 첫째 문단은 시각적 심상, 둘째 문단은 청각적 심상, 셋째 문단은 후각적 심상들로 되어 있다.

4 표현(表現, expression)

같은 내용이라도 그 표현하는 방법(표현법)에 따라 글의 효과가 달라진다는 것은 우리가 늘 경험하는 사실이다. 그렇다면 그 표현하는 방법에 대한 이해가 있지 않으면 안 된다. 그것은 크게 다음과 같은 세 갈래로 나뉜다.

- 비유하는 방법-비유법(譬喩法)
- 표현에 변화를 주는 방법-변화법(變化法)
- 나타내려는 뜻을 강조하는 방법-강조법(强調法)

(1) 비유법

어떤 내용 a를 보다 효과적으로 표현하기 위하여 그것을 그와 유사성(類似性)이 있는 다른 사물 b에 비겨 보이는 일이 있다. 여기서 b를 a의 비유라 하고, 이렇게 표현하는 방법을 비유법이라고 한다. 다음을 보자.

◎ 박목월/나그네

강나루 건너서/밀밭 길을 ‖
구름에 달 가듯이/가는 나그네.

- 일조각, ≪한국시선≫

이 시의 밑줄 친 부분은 밀밭 길을 가는 나그네의 모습을 구름에 가는 달에 비겨 보인 것, 그러니까 구름에 가는 달(b)이 밀밭 길 가는 나그네(a)의 비유다. 깊은 밤 구름 사이를 거침없이, 그러나 조금은 외롭게 가는(나그네와 달의 유사성) 달을 본 사람이라면 이 비유를 통하여 밀밭 길을 그렇게 가는 나그네의 모습을 선명하

게 그려볼 수 있을 것이다.[11]

이런 비유법에는 여러 가지가 있다. 그러나 그것들을 다 살펴보는 것은 지루한 일이므로 여기서는 수필을 쓰는 데 유용하다고 생각되는 몇 가지, 즉 직유법(直喩法)과 은유법(隱喩法), 의인법(擬人法), 그리고 의성법(擬聲法)과 의태법(擬態法), 이렇게만 이야기해 보기로 한다.

1) 직유법과 은유법

비유법에는 그 표현하려는 내용 a를 나타내기 위하여 그와 유사성 있는 다른 사물 b를, -같다, -같이, -처럼, -듯이, -듯하다와 같은, 유사성을 나타내는 말로 결합해 주는 방법과, 이런 매개어 없이 직접 결합해 주는 방법이 있다. 앞엣것을 직유법, 뒤엣것을 은유법이라고 한다. 다음을 보자.

A. 우희정/뻐국새 울다

뻐국새가 한나절을 피를 토하듯 운다. 뻐꾹 뻑뻐꾹 뻐꾹, 그 소리가 온 산을 채우고도 남아 메아리를 만든다.

"이리 오너라. 네 어미가 여기 있다."

간절함이 뼈에 사무친다. 어쩔 수 없이 남의 손에 키운 자식이지만 어미 품으로 찾아오라고 애달피 운다.

- 우희정, ≪부챗살 나들이≫

B. 성기조/신명을 예술로 승화하자

전 세계를 깜짝 놀라게 만들었던 월드컵 축제도 끝났다. 우리는 6월 한 달 동안 신들린 사람처럼 시청 앞에서 광화문에서 여의도 둔치

---

11) 이 시에서 시인이 우리들 독자에게 보여주려고 하는 것은, ① 구름에 달 가듯이 ② 그렇게 거침없이, 그러나 조금은 외롭게 가는 나그네의 시각적 심상이다. 여기서 ②를 밀밭 길 가는 나그네의 원관념(原觀念), ①을 그 나그네의 보조관념(補助觀念)이라고 한다.

에서 하나 된 마음으로 신명나게 응원했다. 응원에 동원된 군중이 7백만 명이나 된다고 한다. 군중들이 일제히 붉은 셔츠를 입고 대~한민국을 외쳤고, 오~ 필승 코리아를 외쳤다.

우리뿐 아니라 외국인들까지 한국 응원문화의 신명에 빠져, 아 대~한민국 짝짝 짝 짝 짝, 손뼉을 치면서 우리는 하나라고 덩달아 신명나게 신풀이를 했다.

- 성기조, ≪삶과 예술적 희망≫

C. 류창희/매실의 초례청

춘설 분분한 가운데 ① 연분홍빛 소녀의 얼굴로 은은한 향을 풍기던 매화. 어느덧 매실이 되어 우리 집에 오게 되었다. 매실을 다듬는데, 오래 전 ② 초례청에 들어서던 동갑내기 우리 부부를 보는 듯 마음이 설렌다.

- 류창희, ≪매실의 초례청≫

우선 글A의 밑줄 친 부분, 이것은 뻐국새 울음의 직유다. 속뜻(원관념)은 한스러움, 처절함. 글B의 밑줄 친 부분은 응원의 은유다. 속뜻은 신명남(이 글 첫째 문단의 신들린 사람처럼은 응원하는 사람의 직유). 글C는 직유와 은유를 섞어 쓴 예다. ①은 매화의 은유로 속뜻은 수줍음, ②는 매실을 대하는 내 마음의 직유로 속뜻은 설렘.

직유법과 은유법은 우리 수필에서 가장 많이 쓰인다. 표현의 효과를 높이는 데 가장 손쉬운 표현법이어서 그럴 것이다. 그러나 직유의 경우, -같이, -처럼 같은 말을 너무 자주 반복하면 글이 생동감을 잃기 쉽다.

2) 의인법

비유법 중에는 사람 아닌 사물을 마치 사람인 것처럼 표현하는 것이 있다. 그러니까 그것은 사람이 아니면서 사람처럼 생각하고

말하고 행동한다. 여기서 사람 아닌 것을 사람으로 만드는 것, 이것을 의인화(擬人化), 그렇게 표현하는 비유법을 의인법이라고 한다.[12] 다음은 그 한 예.

◎ 박영덕/꿈꾸는 의자

나는 의자입니다. 내가 이렇게 자신 있게 말하면 사람들은 혹여 고급 융단으로 치장을 하고 몸을 360도로 회전하며 멋진 폼을 잡는 그런 의자를 떠올릴지 모릅니다. 그러나 어디 그런 의자만 의자인가요 변두리 구멍가게 앞에서 밤이슬을 맞아가며 노숙을 하는 저 같은 의자도 의자인 걸요. 아니, 가끔씩은 오히려 내가 더 의자다운 의자라는 생각이 듭니다. 왜냐구요? 특정된 사람만 앉도록 지정된 그런 거북스런 의자보다는 지친 사람이면 누구나 맘 편히 앉아 쉬어 가는 나 같은 의자가 오히려 더 의자로서의 소임을 다하고 있는 게 아닐까요?

나도 한때는 그런 화려한 변신을 꿈꾸던 시절이 없진 않았어요. 내 고향인 밤섬 바람받이 언덕에 서 있었을 때의 일입니다. 내가 밑동을 잘리는 아픔을 참아낸 것도, 제재소에서 온몸이 얇게 저며지는 고통을 참을 수 있었던 것도 새로이 전개될 미래에 대한 벅찬 꿈이 있었기 때문이었지요.

- 대표에세이문학회, ≪교과서에 싣고 싶은 나의 수필≫

이 글은 의자를 의인화한 것이다. 이런 비유법이 곧 의인법이다. 여기서 의자를 의인화했다는 것은 의자의 입을 통해 사람(지

---

12) 의인법과 유사한 것으로 활유법이 있다. 활유법은 무생물을 생물(사람을 제외한)인 것처럼 표현하는 비유법이다. 우리 수필에서는 흔치 않지만 혹 유용할 듯도 해서 여기 예문 하나를 들어둔다. 이것은 내가 학생들을 가르치기 위해서 만든 것이다.

어디선지 먹구름이 모여들고 바람이 불었다. 잔잔하던 바다에 파도가 일었다. 비가 쏟아졌다. 파도는 바람을 보자 성이 났다. 성난 파도는 비바람을 물리치려고 흰 이빨을 드러냈다. 그러나 비바람은 물러나지 않았다. 파도는 길길이 뛰면서 으르렁거렸다. 바다가 쪼개지는 듯했다.

- 정진권, ≪고등학교 작문 교사용지도서≫ p.112

은이)의 생각과 말과 행동을 표현했다는 뜻이다. 이 글의 의자는 어떤 사람, 가령 특정한 사람만이 아니고 지친 모든 사람에게 위안이 되어야 한다, 이렇게 생각하는 사람의 한 은유이기도 하다.

이런 의인법의 전통은 퍽 오래인 것 같다.

A. 임제(林悌)[13]/전동군서(餞東君序)

동군(東君, 봄)은 위의(威儀)를 갖추고서도 화사(華奢)를 좋아하여 천하(天下)를 문수(紋繡)로 꾸미고 산하(山河)를 금수(錦繡)로 덮었다. 세 층 화계(花階)의 백의낭관(白衣郎官, 흰 나비)은 향기로운 바람에 춤을 추고, 천리 버들 숲의 금의공자(金衣公子, 노란 꾀꼬리)는 태평연월을 노래했다. 하늘과 땅 사이에 번화한 물색(物色)이 빛나 참으로 볼 만한 것이 이때처럼 성한 때가 없었다.

- 임제, ≪임백호집(林白湖集)≫

B. 이양하/나무

나무는 주어진 분수에 만족할 줄을 안다. 나무로 태어난 것을 탓하지 아니하고, 왜 여기 놓이고 저기 놓이지 않았는가를 말하지 아니한다. 등성이에 서면 햇살이 따사로울까, 골짜기에 내려서면 물이 좋을까 하여 새로운 자리를 엿보는 일도 없다. ‖

이웃 친구의 처지에 눈떠보는 일도 없다. 소나무는 진달래를 내려다보되 깔보는 일이 없고, 진달래는 소나무를 우러러보되 부러워하는 일이 없다. 소나무는 소나무대로 스스로 족하고 진달래는 진달래대로 스스로 족하다.

- 이양하, ≪이양하수필선(李敭河隨筆選)≫

---

13) 임제(1549-1587) : 조선 선조 때의 문인. 호는 백호(白湖). 시문이 뛰어나고 성격이 호방했다. 저서로 ≪임백호집(林白湖集)≫, 시조로, 〈청초 우거진 골에(黃眞伊)〉, 〈북천이 맑다커늘(寒雨)〉 등.

글A는 봄을 의인화한 수필이다. 참으로 봄이 화사하다. 지은이는 조선 선조 때 사람이다. 아니, 우리는 이달충(李達衷)의 〈초부(礎賦)〉, 기둥과 주춧돌을 의인화한 그의 글을 이미 읽은 바 있다(p. 33). 그는 고려 공민왕 때 사람이다. 글B는 나무를 의인화한 수필이다. 이양하는 우리 현대수필의 제1세대다.

이런 의인법은 동시, 동화, 우화 같은 데서는 많이 보이지만 우리 수필에서는 그리 흔치 않다. 나는 위와 같은 전통이 있느니만치 우리 수필에서도 많이 활용했으면 한다. 나의 〈열쇠와 자물쇠〉는 그 한 예다(이 책 p. 21).

3) 의성법과 의태법

비유법 중에는 소리를 본뜨거나(묘사하거나) 모양(모습)을 본뜨는 것이 있다. 소리를 본뜬 말을 의성어(擬聲語), 모양을 본뜬 말을 의태어(擬態語), 소리를 본뜨는(의성어를 사용하는) 비유법을 의성법, 모양을 본뜨는(의태어를 사용하는) 비유법을 의태법이라고 한다. 다음을 보자.

A. 구활/안짱다리 암탉

* 집에서 기르는 암탉이 알 몇 개를 낳아 품었다. 그런데 어느 날 밤, 알을 품고 있던 그 암탉이 하늘이 찢어질 듯 비명을 질러댔다. 어머니가 나가 보라고 하셨다. 그래 나가 보았더니 쥐 한 마리가 놀라 달아났다. 암탉이 그 쥐한테 가슴팍 살점을 뜯어 먹히다가 더는 못 참아 비명을 지른 것이었다.

사고를 당한 후 암탉은 걸음걸이가 부자유스러웠다. 병아리들에게 모이를 찾아주는 일이 힘에 겨운 듯했다. 그때마다 어머니는 싸라기가 섞인 등겨를 뿌려 주면서 "우째 니 신세나 내 신세나 똑 같노." 혼잣말로 중얼거리시곤 했다. ‖

주일 날 어머니가 교회에서 늦게 돌아오면 암탉은 마치 기다리고 있었다는 듯 무어라 소리를 지르면 "그래 알았다. 새끼들이 굶었다는 말이구나." 하시며 싸라기를 듬뿍 흩쳐 주셨다. 그때 어머니의 눈에는 암탉 주위에서 삐악삐악 하고 돌아다니는 병아리가 단순한 병아리로 보이지 않았을 것이다. 그것은 자신이 청상으로서 부양책임을 지고 있는 다섯 남매….

- 김종완 편 ≪독자들이 뽑은 한국 명수필≫

B. 임억규/된장의 오덕(五德)

날을 받고 금줄을 치는 정성으로 장을 담근다.

콩을 삶아 메주를 만들어 서너 달 동안 잘 띄운 뒤 소금물에 담갔다가 장물(간장)이 우러나면 간장과 된장으로 나누어 맛을 들인다. 온 식구가 ① 오순도순 둘러앉은 밥상에 놓이는 ② 보글보글 끓는 된장, 된장 뚝배기 안에서는 어머니의 정성이 끓고 사랑이 끓고 맛이 끓고 전통이 끓는다. 여기에 우리의 이야기가 있고 추억이 있다.

- 임억규, ≪고향 냄새≫

글A의 밑줄 친 부분은 의성법으로 병아리의 귀여운 소리를, 글B의 ①, ②는 의태법으로 ①은 식구들의 정다운 모습을, ②는 맛있게 된장 끓는 모양을 묘사한 것이다. 의성법은 청각적 심상을, 의태법은 시각적 심상을 선명히 하는 데 기여한다.

(2) 변화법

글이 단조로우면 참신한 느낌을 주지 못한다. 그래서 사람들은 글에 변화를 주려고 한다. 그럴 때 사용되는 표현법이 곧 변화법이다. 변화법에도 물론 여러 가지가 있지만, 역시 수필을 쓰는 데 유용하다고 생각되는 몇 가지만 말해 보기로 한다. 인용법(引用法), 대구법(對句法), 반어법(反語法), 그리고 문답법(問答法), 대화법(對話法).

1) 인용법

글을 참신하게 하기 위해서 속담이나 시, 이야기, 남의 말이나 글 등 자기 것 아닌 것을 인용하는 일이 있다. 이런 변화법을 인용법이라고 한다. 인용법 중에는 글을 참신하게 하기 위해서가 아니고 자기의 주장이 타당하다는 것을 증명하기 위한 것도 있지만 여기서는 고려하지 않기로 한다.[14]

A. 윤숙경/수련을 만나고 온 아침에

요즈음 나는 '종착역은 시발역'이라는 문구가, 인생의 종착역을 향해 달리고 있는 나로서는 예사로운 말로 들리지 않는다. 나에게 또 다른 새벽이 온다면 나는 새로운 인생을 달릴 수 있을 것 같기 때문이다.

간다 간다 하지만 본래 그 자리요,
이르렀다 이르렀다 하지만/떠난 그 자리네.

行行本處,
至至發處.

수련을 만나고 온 아침 내내 자연의 이치, 자연의 조화, 삶과 죽음, 이런 것들이 마치 화두처럼 떠올라 머리에서 사라지지 않았다.

- 윤숙경, ≪꿈길 따라 찾아온 사람≫

B-1. 최숙희/망구전(傳)

* 망구는 할망구의 준말, 곧 나(최숙희)의 올케(오빠의 아내)의 별칭으로 오빠가 그를 부르는 말이다. 평생 오빠와 살면서 얼굴 한 번 붉힌 일이 없다. 다섯 자녀를 두었다.

14) p. 192 소견논거 참조

한 동네 혼사를 하려면 3대를 덕을 쌓으라는 말이 있다. 그만큼 속속들이 잘 아는 사람과는 혼인이 성사되기 어렵다는 말일 터인데, 다섯 조카 중 셋이 한동네에서 짝을 만났고, 모두 일가를 이루어 동기간 의초로이 잘 살고 있으니 그 덕은 망구에게 돌려야 한다. 성정이 서분서분하고 살가워 생면부지의 사람이라도 망구를 몇 번 만나면 속마음을 털어놓게 되고, 가까이 있을 때는 물론 멀리 떨어지더라도 가까이 있는 듯 지낸다.

- ≪에세이문학≫ 2011년 봄호

B-2. 류동림/걷기

이 수목원에서의 걷기는 뒤에도 많은 사람들이 빨리 쫓아오고 있기 때문에 앞으로만 부지런히 내디딜 뿐 멈출 수 없고 뒤돌아볼 수도 없다. ‖

"빨리 가려면 혼자 가고 멀리 가려면 둘이 가라."는 아프리카 속담에 공감이 간다. 이곳에도 가족, 연인, 친구들과 같이 걷는 이들이 많다. 걷는 데 열중하느라 대화는 없어도 옆에서 같이 걷고 있다는 것만으로도 위안이 되고 힘이 되나 보다.

- ≪에세이21≫ 2015년 가을호

C. 이상보/가장 소중한 사람

옛날 중국 위(衛) 땅 사람으로 오기(吳起)란 사람이 있었다. ‖

그가 일찍이 증자(曾子)에게 글을 배우고 있었는데 그의 어머니가 죽었으나 돌아가 장사를 지내지 않았으므로 인정이 없는 사람이라 하여 인연을 끊고 돌아보지도 않았다.

그는 노(魯)나라에서 벼슬살이를 하고 있었다. 노왕은 오기를 장수로 삼아 제(齊)를 치게 하려 했으나 오기가 제나라 여자를 아내로 삼고 있었기 때문에 혹시 그가 두 마음을 품고 배반할 것을 의심했다. 그러자 오기가 자기 아내를 죽이고 스스로 장수가 되어 제나라의 군대를 쳐부수고 큰 공을 세웠다. ‖

오늘날 우리가 살고 있는 사회는 복잡하고 다양한 기구(機構)를 형성하고 있으며, 그런 거대한 기구 속에서 사람들은 자기 자신을 적응

시키며 살아간다. 이런 산업사회에서 뜻을 세우고 그 뜻을 성취시켜 가려면 자칫 냉혈인간이 되어 눈물도 없이 사업실적을 올리는 데만 혈안이 되기 쉽다. ‖

사람이 살아가면서 가장 소중한 것은 역시 사람이다. 그 사람은 바로 나요, 내 이웃이다.

- 이상보, ≪아름다운 이야기≫

글A는 시를 인용한 예다. 시가 오도(悟道)의 경지에 이른 것 같다. 글B-1은 우리나라 속담을 간접 인용한 예다. 5대 덕은 쌓았음직한 망구의 삶이 눈에 보이는 듯하다. 글B-2는 외국 속담을 직접 인용한 예다. 가족, 연인, 친구들과 어울려 오래 걷는 사람들의 건강한 모습이 보이는 듯하다. 글D는 이야기(역사)를 인용한 예다. 출세를 위해서라면 제 아내도 죽이는 오기를 앞세워 현대 산업사회의 몰인정을 나무라는 목소리가 나직이 들린다.

적절한 인용은 글을 참신하게 만든다. 그러나 인용이 너무 잦으면, 혹은 난해한 말을 인용하면 현학적(衒學的)이라는 빈축을 사기 쉽다.

2) 대구법

구조가 같은 구(句)나 절(節), 또는 문장을 나란히 놓음으로써 글의 변화를 도모하는 일이 있다. 이때 그 나란히 놓인 구나 절, 또는 문장을 서로 대구(對句)라 하고, 대구로 표현하는 방법을 대구법이라고 한다.

우리는 앞에서 이양하의 〈나무〉 일부를 읽은 일이 있다(p. 101). 다음에 보이는 것은 그 글에서 뽑아 본 대구의 예다.

등성이에 서면 햇살이 따사로울까,
골짜기에 내려서면 물이 좋을까.

소나무는 진달래를 내려다보되 깔보는 일이 없고,
진달래는 소나무를 우러러보되 부러워하는 일이 없다.

소나무는 소나무대로 스스로 족하고,
진달래는 진달래대로 스스로 족하다.

나란히 놓인 두 줄의 구조가 같다. 다 좋은 짝이다. 나무, 그리고 소나무와 진달래의 성품이 잘 드러나 있다. 모두 안분지족(安分知足)의 현인(賢人)이다.

그런데 희귀한 예이기는 하지만 두 문단 이상의 그 문단 주제문이 대구(또는 그 비슷한)를 이루는 경우가 있다.

A. 피천득/나의 사랑하는 생활

나는 아름다운 얼굴을 좋아한다. 웃는 아름다운 얼굴을 더 좋아한다. 그러나 수수한 얼굴이 웃는 것도 좋아한다. 서영이 엄마가 자기 아이를 바라보고 웃는 얼굴도 좋아한다. 나 아는 여인들이 인사 대신으로 웃는 웃음을 나는 좋아한다.

나는 아름다운 빛을 사랑한다. 골짜기마다 단풍이 찬란한 만폭동, 앞을 바라보면 걸음이 급하여지고 ∥

- 피천득, ≪금아문선≫

B. 정순진/사람 거울

가방끈 긴 사람이 하기 쉬운 실수는 자신이 아는 게 확실히 맞다는 자신감에서 비롯된다. 이런 자신감은 자신은 옳고 상대방은 틀렸다는 생각으로 이어진다. 확연하게 틀린 것을 자신이 고쳐 좋지 않으면 세상은 점점 더 엉망이 될 거라는 확신도 한 몫 거든다. 한평생 가르치는 일을 한 사람은 아무 때나, 누구나 가르치려 드는 고질적인 습관이

있다.

나이든 사람이 하기 쉬운 실수는 젊은 사람이 하는 일이 무조건 미숙해 보여 미더워하지 않는 데서 시작한다. 젊은이에게는 실패도 큰 스승이거늘 그 기회를 빼앗으려 들기 쉽다. 스스로 조급해 기다리지 못한다. 나도 다 해봐서 아는데, 하면서 사사건건 목소리를 키운다.

- ≪에세이21≫ 2015년 가을호

글A는 정서적인 문장이다. 나는 무엇을 좋아하는가 하는 것(아름다운 얼굴 : 아름다운 빛)이 서로 대(對)를 이루고 있다. 글B는 논리적인(논리적 경향의) 문장이다. 공부 많이 한 사람과 나이 든 사람이 하기 쉬운 실수는 어디서 비롯되는가(자기에 대한 확신 : 젊은이에 대한 불신) 하는 것이 대를 이루고 있다. 글A, B는 다 같이 이런 대를 이룸으로써 글을 참신하게 할 뿐만 아니라 글의 균형감을 느끼게 한다.

대구법 역시 글을 참신하게 하는 데 기여한다. 그러나 잘 맞지 않는 짝(구조면에서든 내용면에서든)을 나란히 놓으면 글이 오히려 균형을 잃는다.

3) 반어법

글을 보다 참신하게 하기 위해서, 그 나타내려는 생각(내용)을 그와 반대되는 뜻의 말로 나타내는 일이 있다. 가령 뚱뚱한 사람을 보고 "날씬하군!" 하는 표현 같은 경우다. 이런 변화법을 반어법이라고 한다. 다음은 그 한 예-.

◎ 정진권/농담조시험설(弄談調試驗說)

내가 열등생에서 일약 우등생이 되었을 때의 일이다. 어느 수학시험을 치른 다음 날 나는 교무실로 불려가는 영광을 입었다. 까닭인즉 나의 해법이 곁에 앉은 우등생 아무개 군과 같다는 것이다. 존경하는

선생님께서는
"바른대로 말해라. 실수란 누구에게도 있을 수 있다"
하고 말씀하셨다. 나는 울고 싶었지만 꾹 참고 다른 문제로 재시험 보기를 청했다. 그리고 그 자리에서 거침없이 풀었다(선생님께서는 모르셨겠지만 그때 나는 혼자 수학 공부에 열중하고 있었다.). 비로소 선생님께서는 나를 우등생으로 인가하시고
"허, 고놈!"
을 연발하셨다.

- ≪현대문학≫ 1967년 11월호

밑줄 친 부분을 보자. 의심을 받고 교무실로 불려가는 것이 정말 영광일까? 존경하는 선생님도 실은 원망스러운 선생님일 것이다.

반어법 역시 글을 참신하게 하는 데 기여한다. 그러나 반어법을 쓴답시고 비꼬거나 빈정거리는 말로 가령 신체적으로 장애를 가진 사람, 실직한 사람, 가난한 사람, 공부한 게 없는 사람 같은 힘없는 대상에게 상처를 주는 일이 있어서는 안 된다.

4) 문답법

글의 흐름이 늘어질 우려가 있을 때 거기 탄력(변화)을 주기 위해서 묻고 대답하는 형식을 취하는 일이 있다. 이런 변화법을 문답법이라고 한다. 다음은 그 한 예-.

김종완/깨어 있지 않으리

① 왜 난 행복하지 않았을까? ② 뭔가 내가 할 일이 있는데 그것을 하지 못하고 있다는 강박에 시달리고 있었기 때문이다. ③ 내가 할 일이라는 것은 물론 문학이었다. 함께 문학을 했던 친구들이 이 시대에 나름의 역할을 하고 있을 때 나만 낙오되어 있다는 사실은 참을 수 없는 열패감을 안겨 주었다.

- 여울문학, ≪한국 명수필≫

이 한 문단의 글은 세 부분으로 짜여 있자. ①이 묻는 말, ②가 대답하는 말, ③은 ②를 구체화(부연)한 말이니까 대답하는 말에 포함된다. 문답이 적절해서 글의 흐름에 탄력이 있다.

문답법 역시 글을 참신하게 하는 데 기여한다. 그러나 묻는 말과 별 상관없는 말로 대답을 한다든지 짧은 글에 너무 자주 쓴다든지 하면 독자가 오히려 혼란스러워하거나 염증을 느끼기 쉽다.

5) 대화법

글이 밋밋해지기 쉬울 때 거기 변화를 주기 위해서 그 쓸 내용을 대화체로 고쳐 쓰는 일이 있다. 이런 변화법을 대화법이라고 한다. 다음은 그 한 예-.

◎ 노혜숙/상만 씨의 끗발

내가 상만 씨를 알게 된 건 문화원 시 창작반에서였다. 그는 늘 허둥지둥 시간이 임박해서야 강의실에 들어왔다. 세 번째 수업이 있던 날, 강의가 끝날 무렵이었다.

"제 시 한번 들어 보시겼슈?"

상만 씨가 주머니에서 꾸깃꾸깃 접혀 있는 누런 쪽지를 꺼냈다. ‖ 선생이 시를 낭독하는 동안 그는 잔뜩 긴장된 표정으로 사람들의 반응을 살폈다. 선생이 물었다.

"무슨 생각을 하면서 이 글을 쓰셨나요?"

"엄마하고 싸우고 심정이 복잡해 끼적여 본 글유."

"나이가 몇 살인데 아직도 엄마란 호칭을 쓰슈?"

상만 씨는 머리를 긁적이며 잦아드는 목소리로 대답했다.

"올 마흔여섯유. 암만 나이를 먹었어두 새낀 새낑께유."

"파도가 치고 바람이 불고 그래서 어쨌다는 거지요?"

"엄니랑 싸운 제 심정이 그렇다는 거쥬." ‖

매번 호되게 야단을 맞으면서도 그는 제일 착실하게 숙제를 해 왔다.

- 노혜숙, ≪생생, 기적을 내다≫

어느 시 교실의 한 장면이 생생하게 다가온다. 만일 이 대화들의 내용을 지문으로 고치면 글이 어떻게 될까? 밋밋하고 지루한 글이 될지도 모른다.

대화법 역시 글을 참신하게 하는 데 기여한다. 그러나 내용 전개에 별 필요도 없는 대화를 끼워 넣으면 글이 가벼워진다.

* 참고로 한마디-. 이 글의 대화 중 상만 씨의 말은 다 심한 사투리로 되어 있다. 사투리는 그 인물이 어느 지방 사람인가, 교양은 어느 정도인가 등을 드러낸다. 따라서 인물묘사에 퍽 유용하다. 그러나 지문에는 쓰지 않아야 한다.

(3) 강조법

사람들은 글의 뜻을 강조하기 위하여 여러 가지 표현법을 사용한다. 그럴 때 사용하는 표현법을 강조법이라고 한다. 강조법도 여러 갈래가 있지만 여기서도 수필을 쓰는 데 유용할 것으로 생각되는 두 가지, 즉 열거법(列擧法)과 영탄법(咏嘆法)만 보기로 한다.[15]

---

15) 강조법 중에 점층법과 점강법이 있다. 수필을 쓰는 데 적잖이 유용할 것도 같은데 예문을 찾기가 어렵다. 해서 여기 짤막한 설명과 함께 내가 학생들에게 보이려고 만든 예문을 옮겨 두기로 한다.

• **점층법** : 어떤 내용의 비중을 차차 높여 감으로써 전달하려는 뜻을 더 인상 깊게 표현하는 강조법. 다음 예문은 날씨가 점점 더 추워져 가는 과정을 그린 것이다.

아침에는 뜰에 볕이 들어서 겨울 날씨치고는 제법 따뜻하다 싶었다. 수돗가에 괴어 있는 물도 살얼음밖에 얼지 않았었다. 열한시쯤 되자 구름이 끼면서 볕이 사라지고 찬바람이 일기 시작했다. 가게엘 다녀오면서 보니 수돗가에 괴어 있던 물이 꽁꽁 얼어 있었다.

점심을 먹고 이것저것 뜰의 잡동사니를 치우려고 밖으로 나갔다. 가죽장갑까지 꼈는데도 손이 곱아서 힘이 들었다. 일을 마치고 뒤뜰을 쓸려고 부엌에서 물을 떠다가 뿌렸다. 시멘트 바닥에 떨어진 물은 떨어지기가 무섭게 얼어붙었다. 잠시 잠잠하던 바람이 다시 일었다. 귀가 아렸다.

1) 열거법

자기가 나타내고자 하는 어떤 뜻을 강조하기 위하여 그 뜻과 관련되는 여러 가지 사물(생각이나 느낌 같은 내면적인 것도 포함하여)을 늘어놓는 일이 있다. 이런 강조법을 열거법이라고 한다.16)

A. 이옥자/탑, 바람 바람 바람

탑은 바람(願)의 어머니이다. ‖

탑은 나무람 없이 그 자리에 서 있다. 산처럼, 하늘처럼, 어머니처럼 늘 그 자리에서 인간의 바람을 접수할 뿐이다. 자식의 입신(立身)을 간구하는 여인의 모정어린 기원도, 새 생명을 기다리는 임부(姙婦)의 순결한 바람도, 지나가는 사람들의 맹목적 기도도, 세상살이에 절어버린 늙은 창부의 눈물까지도 묵묵히 듣고 있을 뿐이다.17)

- 이옥자, ≪탑, 바람 바람 바람≫

• 점강법 : 어떤 내용의 비중을 차차 낮춰 감으로써 전달하려는 뜻을 더 인상 깊게 표현하는 강조법. 다음 예문은 폭우가 내리다가 날이 차차 개어 가는 과정을 그린 것이다.

새벽이었다. 우지끈하는 소리에 놀라 밖엘 나가 보았다. 하늘은 먹구름으로 덮이고 천지를 떠내려 보내려는 듯 폭우가 퍼부었다. 손전등으로 비춰보니 감나무 큰 가지 하나가 꺾여 있었다.

아침이 되자 빗발은 좀 약해지고 바람이 간간이 일었다. 새카맣던 먹구름도 다소 희어졌다. 그러나 비가 계속 내려서 꺾어진 감나무 가지는 치우지 못했다.

점심때 밖엘 나가 보았더니, 비는 그치고 바람만 좀 불었다. 꺾어진 감나무 가지를 치우는데 구름 틈으로 문득 푸른 하늘이 보였다. 이윽고 그 틈들이 커지더니 뜰에 눈부신 햇빛이 쏟아졌다.

- 정진권, ≪고등학교 작문 교사용지도서≫ p.129

16) 열거법과 비슷한 것에 반복법이 있다. 뜻을 강조하기 위하여 같거나 비슷한 말을 반복하는 것이다. "살어리 살어리랏다, 청산에 살어리랏다."(청산별곡) 같은 경우다. 수필에서는 흔치 않은 듯하다.

17) 이 글 밑줄 친 부분의, 여인의 기원, 임부의 바람, 사람들의 기도, 창부의 눈물, 이것은 다 바람(願)을 뜻한다. 창부의 눈물도 바람(이 슬픔에서 높이게 해 달라는)의 표현이다.

B. 유석희/본양의 추억

*나(유석희)는 의사, 광주서 열리는 고혈압학회에 갔던 길에 36년 전 무의촌 파견 근무를 했던 본양을 찾아보기로 했다. 그때 나는 보건진료소 소장과 그곳 초중학교 교의(校醫), 아내는 중학교의 국어, 미술, 가정과 교사로 봉사했다. 그리운 그곳, 지금 그곳을 찾아가는 길-.

임곡으로 가는 길에서 사진을 찍는다. 저쪽으로 더 가면 왼쪽에 동네 부자 임씨 댁이 있었고 뒤로 오르면 우리가 네 잎 클로버를 땄던 무덤 앞 잔디, 그 아래 마을에는 쌀과 부식을 구하던 집이 있었고 작은 교회가 어느덧 번듯하게 바뀌었다. 왕동저수지에서 흘러나오는 개울 옆의 느티나무는 아직도 그대로 서서 나이를 먹고 있고, 그때 지금의 내 나이였던 간이우체국장이 있던 우체국은 아담하게 변했다. 보건지소 가까이 있던 술도가는 양조장으로 이름이 바뀐 채 명품 막걸리를 생산하는 최신 시설의 공장으로 되었다.

- ≪계간수필≫ 2016년 봄호

글A는 네 가지 바람(기원, 바람, 기도, 눈물)의 모습을 열거함으로써 탑은 바람을 들어주는 어머니라는 지은이의 뜻을 강조한다. 나는 이 열거된 바람들을 읽으면서 양녕대군(讓寧大君) 이제(李禔)의 〈제승축(題僧軸)〉을 떠올린 일이 있다. 머리도 식힐 겸 주석[18] 한 번 읽고 지나가자.

---

18) 양녕대군 이제(1394-1462) : 조선 제3대 임금인 태종의 장남. 임금 자리를 아우(세종)에게 물려주기 위해 일부러 미친 체했다고 한다. 시에 뛰어났지만 아버지인 태종도 그걸 몰랐다는 말도 있다. 나는 이 시를 〈기원(祈願)의 탑(塔)〉이라는 제목으로 번역한 일이 있다. 모든 것을 다 버린 양녕이지만 기원의 탑 하나는 간직하고 있었나 보다. 무슨 기원(바람)일까? 알 수 없다. 그러나 그지없이 청정(淸淨)한 것이었을 게다.

아침은 노을이나 마시고,/저녁은 달이나 보고,/외로운 암자에/
홀로 자는 밤/말없이 다가서는/탑 한 층.
山霞朝作飯, 蘿月夜爲燈. 獨宿孤庵下, 惟存塔一層.

- 정진권, ≪한국 한시선≫

글B는 아홉 개의 회상의 매체를 열거함으로써 지난날에 대한 그리움이라는 지은이의 뜻을 강조한다.

그러나 그 열거된 어느 하나라도 필자가 강조하려는 뜻(글A는 탑은 바람을 들어주는 어머니, 글B는 지난날에 대한 그리움이라는 뜻)에 어긋나거나 무관한 것이 있어서는 안 된다. 만일 글A에 한 맺힌 여인의 저주(어긋남),[19] 어느 몽상가의 분노(무관함), 이런 것이 들어간다면 글이 어찌 될까? 글B에도 당연히 수십 층 빌딩이나 달리는 지하철이 들어가서는 안 된다. 그건 그리움의 대상이 아니었으니까.

2) 영탄법

자기의 감정이 고조될 때, 그 고조된 감정을 강조하는 방법으로, 아!, 오!, -!, -이여!, -도다, -노라 같은, 감탄하는 말(감탄사, 감탄부호, 감탄조사 또는 감탄형 종결어미)을 사용하는 일이 있다. 이렇게 표현하는 강조법을 영탄법이라고 한다.

◎ 이경은/바람의 연인

이태리어로 talento란 재능이나 천재성, 수완, 성향이나 의욕 등으로 번역된다. 하지만 단테는 이 낱말을 욕망이나 강한 성욕의 의미로 사용하고 있다. "욕망에 사로잡혀 이성을 잃다!(Che la ragion sommettono al talento!)"

아, 언제나 인간의 욕망이 문제의 중심에 있다!

지나쳐도 모자라도 안 될 만큼의 욕망이라야 인간이 세상 속에서 바로 설 수 있겠지만 사람의 힘으로 그 평형을 이루기엔 그 욕망이란 이름의 불길이 늘 거세다.

- ≪계간수필≫ 2015년 봄호

---

19) 저주도 일종의 바람이랄 수 있다. 그러나 그것은 악의(惡意)의 소산이다. 이 글에 열거된 네 개의 바람은 모두 선의(善意)요, 적어도 악의는 없다.

그렇다. 모든 문제의 중심에 욕망이 있다. 그러나 인간의 힘으로는 어쩌지도 못하는 그 욕망의 불길, 이 글은 그 불길에 대한 지은이의 고조(다소 절망적으로)된 감정을 강조하기 위하여 아, !와 같은 감탄사, 감탄부호를 사용한 것이다.

영탄법은 이처럼 어떤 고조된 감정을 강조하는 데 기여한다. 또 글을 생동케 하는 효과도 있다. 그러나 별것도 아닌 내용에 감탄하는 말을 너무 자주 쓰면 독자는 조용한데 필자만 흥분하는 꼴이 된다.

우리는 지금까지 표현법의 여러 갈래 가운데 수필은 쓰는 데 유용하다고 생각되는 몇 가지를 살펴보았다. 그러나 이것이, 글에는 언제나 무슨 표현법을 사용해야 한다는 뜻으로 오해되어서는 안 된다. 다음을 보자.

김외출/세상의 인심

*장터-. 어느 가게 할머니가 장사가 안 된다며 자기네 감자 좀 사달라고 했다. 한 봉지에 3천 원, 나는 그 한 봉지를 사고 깜빡 착각, 천 원짜리 5장을 주고 왔다. 집에 돌아와 이 사실을 깨달은 나는 잠깐 고민에 빠졌다. 다시 가게로 가? 가게가 멀기도 하지만, 가서 그 노인네가 돈 더 받은 일 없다고 하면 어쩌는가? 그러다가 결국 나는 그 가게엘 갔다.

그러나 조금 전의 내 생각은 기우였다. 노인은 나를 보자 빙그레 웃으며, 감자 값이 더 와서 여러 번 불렀는데 댁이 모르고 가서 다시 올 줄 알았다며 따로 챙겨둔 2천 원을 내주는 게 아니가. 잠시 그분을 의심한 자신이 부끄러웠다. 노인의 밝은 미소와 정직한 마음씨가 음침한 시장에 환한 빛으로 다가왔다.

-≪에세이21≫ 2015년 가을호

이 글엔 무슨 표현법이라고 할 만한 것이 없다. 있다면 환한 빛 같은 한 은유가 있을 뿐이다. 그러나 감자 가게 할머니의 심성이

잘 드러나 있다. 비유법 하나라도 그것을 사용함으로써 표현의 효과를 높일 수 있을 때여야지 그렇지 않을 때 사용하는 것은 무의미한 일이다.

확인하기

자, 글 한 편 읽고 표현법의 여러 방법을 다시 확인해 보자.

김창란/그만 살고 싶은 나무

나는 이제 너무 늙었다. ‖

내가 서 있는 이곳은, ① 여름이면 매미가 소프라노로 합창을 하고 개구리가 테너와 베이스로 화음하고, 겨울이면 아이들이 얼음지치기를 하던 논밭이 있는 마을이었다. ‖ 사람들은 순박하고 땅에서 나는 것으로 만족하고 자연에 순응하던 어진 이들이었다.

저 멀리 큰 강이 내려다보이고 큰비라도 내리면 내 발치까지도 물이 넘실대어서 장관이 되곤 했었지. 둘러서 있는 아기자기한 푸른 산들도 내 마음과 눈을 쉬게 해 주었다. ‖

그러던 어느 날 ② 괴물 같은 커다란 기계들이 몰려와 땅을 파헤치고 산을 깔아뭉개고 ③ 나의 친구들을 쓰러뜨려 버렸다. 하지만 나는 손 하나 까딱할 수 없었다. 그들이 모두 어디로 실려 갔는지 알 수 없어 슬펐다. ‖ 남은 것이라고는 한길에 서 있는 늙은 이 몸뿐이다. 친구들이 그립다. 이제는 새들조차 오지 않는다.[20]

- 김창란, ≪남편과 바이올린≫

이 글은 나무를 의인화한 것이다. 나무의 입을 통하여 사람들의 자연 훼손(이른바 난개발이라는)을 고발한다. 전문이 의인법으로 되

20) 이 글은 한 편의 풍유(諷諭)로 보아도 좋겠다. 풍유법은 비유법의 한 갈래로, 보조관념만 말하고 원관념은 독자가 스스로 짐작케 하는 표현법을 말한다. 가령 이솝 우화 같은 경우다.

어 있다.

이 가운데 ①은 열거법, 전에는 사람과 자연이 함께 어울려 평화롭게 살았다는 뜻을 강조한다. ②는 직유법으로 괴물은 개발 장비의 직유, 속뜻(원관념)은 흉측하고 두렵다는 것. ③은 은유법으로 친구는 함께 서 있던 나무의 은유, 속뜻은 친하다(지금은 그립다)는 것.

5 문체(文體, style)

문체도 표현법처럼 글의 표현(전달) 효과를 높이는 데 기여한다. 여기서는 이런 사실에 유의하면서 문체의 말뜻, 문체를 결정짓는 요소(글의 외면, 작가의 내면)와 그 갈래, 기타 필요한 사실들을 살펴보기로 한다.

(1) 문체의 말뜻

같은 물이라도 유리잔에 담긴 물과 막사발에 담긴 물은 그 주는 느낌이 다르다(그래서 우리는 물맛까지 다르게 느낀다.). 글의 경우도 그렇다. 똑같은 내용이라도 그것을 표현하는 글의 양식에 따라 그 주는 느낌(표현 효과)이 달라지는 것이다.

A. 오랫동안 못 뵈었습니다.
B. 롱 타임 노 씨였어요.

이 두 문장은 다 같이 오랫동안 못 만났다는 뜻이다. 그런데 문장A가 정중한 느낌을 주는 데 대하여(친근감은 B보다 덜하지만) 문장B는 다소 경박한 느낌을 준다(친근감은 A보다 짙지만). 같은 내용이면서도 느낌이 다른 것은 그 내용을 표현한 글의 양식이 다르기

때문이다. 느낌을 다르게 하는 글의 이런 양식을 문체라고 한다.[21]

(2) 문체를 결정짓는 요소와 그 갈래

문체를 결정짓는 요소는 수없이 많다. 예를 들면

시대에 따라 고문체, 현대문체
표기수단에 따라 한글전용체, 국한혼용체
글의 형식에 따라 일기체, 서간체, 수필체, 소설체…
작가의 성격에 따라 이상(李霜)의 문체, 김유정(金裕貞)의 문체…
글의 외면에 따라 강건과 우유체, 건조와 화려체, 간결과 만연체
작가의 내면에 따라 유머러스한 문체, 진지한 문체, 경쾌한 문체…

와 같은 것이다.

그러나 이 많은 사례들을 다 검토한다는 것은 매우 힘든 일이다. 또 그게 꼭 필요한 일도 아니다. 수필쓰기를 공부하는 우리로서는 글의 외면, 작가의 내면, 그 말의 말뜻(개념)과 그에 따른 문체의 갈래를 살펴보는 것으로 족하다.

1) 글의 외면과 문체

문체를 결정짓는 요소로서의 글의 외면이란 글의 표현수단인 언어적(言語的) 사실, 좀 구체적으로 말하면 단어의 성질, 수식어의 다과(많고 적음), 문장의 길이를 말한다.

가) 단어의 성질 – 강건체와 우유체

우선 다음 두 글이 주는 문장상의 느낌의 차이를 생각해 보자.

---

21) 문체는 퍽 복잡한 개념이다. 따라서 이런 말뜻풀이로는 명확하게 설명되지 않는다. 앞으로 많은 예문들을 읽으면서 자득(自得)하기 바란다.

A-1. 김병권/바른 말과 곧은 신념

바른 말과 곧은 신념은 우리 선조들이 끝까지 지키고자 했던 정신적 지주였다. 선비는 자기를 알아주는 사람을 위해 목숨을 바친다는 말도 바로 자신이 주창하는 말과 신념을 인정받았을 때는 죽음도 가리지 않고 충성을 다한다는 뜻이다.

그러나 고금을 막론하고 궤변이 홍수처럼 범람하는 시대에는 바른 말과 곧은 신념을 지키기가 매우 어렵다. 더구나 오늘날과 같이 생존경쟁이 치열한 시대에는 말과 글의 기법도 교묘해져서 쉽사리 검은 것을 흰 것으로, 틀린 것을 바른 것으로 둔갑시키는 경우를 많이 보고 있기 때문이다. 뻔히 틀린 내용인 줄 알면서도 말과 글에 현혹되어 곧잘 설득당하는 수가 있고, 또한 말하는 사람이나 글 쓰는 사람 역시 자신의 주관이나 소신과는 상관없이 자기가 속한 집단의 이익만을 대변하는 일이 허다하다. 기(技)가 도(道)를 이기는 시대라 해도 과언이 아니다.

- 김병권, ≪걸림돌과 디딤돌≫

A-2. 이병남/풍죽(風竹)을 그리며

모닥불 사위어가는 여름밤, 댓돌 위에 부서지는 달빛 속으로 파고들던 길동이의 퉁소 소리는, 가을밤이면 어머니의 다듬이 소리와 묘한 하모니를 이루어 산촌의 정적을 깨고, 겨울밤에 부는 길동이의 퉁소 소리는 눈 내리는 밤 사랑방 창살에 비치는 그림자로 그 운치를 돋우었다.

특히 달 밝은 밤이면 어머니는 “길동아, 퉁소나 불어라.” 하셨는데, 생이별의 아픔을 어머니는 퉁소 소리로 달래려 하심을 어린 나이로도 나는 느낄 수 있었다.

- 이병남, ≪너도 사랑을 해, 사랑을≫

글A-1은 비교적 세찬 느낌을 주는 데 대하여 글A-2는 보다 부드러운 느낌을 준다. 왜 그럴까? 그것은 그 사용한 단어의 성질에 기인한다. 즉, 글A-1은 가령 신념, 주창, 생존경쟁, 치열 같은 강

한 느낌을 주는 단어를, 글A-2는 모닥불, 달빛, 퉁소 소리, 다듬이 소리 같은 여린 느낌을 주는 단어를 많이 썼기 때문이다.

이 두 글 중 글A-1과 같은 문체를 강건체, 글A-2와 같은 문체를 우유체라고 한다. 강건체는 어떤 내용을 세차게, 우유체는 그 내용을 보다 부드럽게 표현(또는 전달)하는 문체다. 우리는 글A-1에서 현실(오늘날)에 대한 김병권의 세찬 비판을, 글A-2에서는 퉁소 소리에 대한 이병남의 부드러운 감성을 읽을 수 있다.

나) 수식어의 다과 – 건조체와 화려체

그럼 다음 두 글의 문장상의 느낌의 차이는 무엇일까?

B-1. 박연구/인생의 열차에서

우리 집에는 서고(書庫)라는 것이 따로 없어서, 책이 집안 구석구석에 쌓여 있다. 집사람은 그걸 이리 치우고 저리 치우고 하느라고 귀찮다는 소리를 자주 한다. 서고 마련은 되어 있지 않더라도, 거실이 넓다거나 서재라도 따로 있어서 책을 좀 잘 정리해 둔다면 장식적인 역할이라도 해 주어 남들 보기에도 괜찮으련만, 무슨 원고라도 쓰려고 하면 방바닥에 온통 책을 흐트러 놓고 있는 만큼 아내로서는 신경질이 나지 않을 수 없으리라.

자기 혼자만 쓰는 방도 아니면서 정신이 어지러울 정도로 늘어놓고 있는 것이 더 이상 참을 수 없었던지, 고물장수라도 오면 싹 쓸어다가 주어 버리겠다고 엄포를 놓는 때도 있다.

- 박연구, ≪얘깃거리가 있는 인생을 위하여≫

B-2. 손광성/한 송이 수련 위에 부는 바람처럼

수련을 가꾼 지 여남은 해.

엄지손가락만 한 뿌리를 처음 얻어 심을 때는, 이놈이 언제 자라서 꽃을 피우나 싶어 노상 조바심이었지만, 해를 거듭할수록 자꾸 불어나서 이웃과 친지들에게 나누어 주고도 지금 내 물둠벙은 수련으로 넘친다. ‖

수련은 유월과 팔월 사이에 핀다.

맑은 수련 위에 한가롭게 떠 있는 잎사귀는 잘 닦아 놓은 구리거울처럼 윤택하다. 거기에 어우러져 피어 있는 한두 송이 희고 청초한 꽃. 보고 있으면 물의 요정이 저렇지 싶을 만큼 신비롭다. 바람도 비켜가는 듯, 은은한 향기는 멀수록 더 맑다. 선(禪)의 세계라고나 할까.

-을유문화사, ≪한국의 명수필 88선≫

글B-1은 좀 건조한 느낌을 주는 데 대하여 글B-2는 보다 윤택한(섬세한) 느낌을 준다. 왜 그럴까? 그것은 그 사용한 수식어의 다과에 기인한다. 즉, 글B-1은 이렇다 하게 수식어를 쓴 게 없기 때문에, 글B-2는 가령 맑은, 한가롭게, 희고, 청초한, 은은한 같은 수식어를 풍부하게 썼기 때문이다.

이 두 글 중 글B-1과 같은 문체를 건조체, 글B-2와 같은 문체를 화려체라고 한다. 건조체는 어떤 내용을 요점만 명료하게 표현하는(전달하는) 문체, 화려체는 그 내용을 보다 선명하게 표현하는 문체다. 우리는 글 B-1에서 그 아내가 엄포를 놓을 때까지의 과정을 최단거리로 명료하게(수식어가 많으면 이것은 불가능하다.), 글B-2에서는 물 위에 떠 있는 수련의 모습(시각적 심상)을 아주 선명하게(수식어가 없으면 이것 역시 불가능하다.) 그려볼 수 있다.

다) 문장의 길이 – 간결체와 만연체

끝으로 다음 두 글이 주는 문장상의 느낌의 차이를 살펴보자.

◎ C-1. 김선화/제비뽑기 2–꿈에 본 수묵화

텃밭에 푸성귀가 자라고 있다. 몇 안 되는 고춧대에 수확물이 실하다. 따내는 대로 쑥쑥 자라는 자 푸짐한 결실…. 그것만 다 거두어 널어도 한 집 식구 먹을 것은 되겠다. 채반에서 볕을 쬐고 있는 풍요가 이슥하다.

들일 나간 어머니가 저만치서 머릿수건을 두르고 걸어오는 모습이

보인다. 유년에 보았던 길과는 경사면이 좀 다르다. 산 아래엔 한옥 두어 채가 한가로이 눈길을 끈다. 과거 고향집 풍경이다.

- 김선화, ≪피사체 너머에는≫

C-2. 고봉진/9월이 오면

* 서른두어 살 무렵의 일이다. 갑자기 고향집엘 간 일이 있다. 스스로 해결해야 할 이런저런 힘든 일들이 쌓여 어른들에게 상의를 드리고 도움도 청할 계획이었다. 그러나 복잡한 그 사실들을 금방 말씀드리기가 어려웠다.

이튿날 아침, 아버지가 밤낚시나 가자고 했다. 학생 때 나는 아버지를 따라 자주 낚시를 다녔지만 그때의 심정으로는 낚시가 그리 대수롭지 않았다. 그러나 아버지와 말씀을 나눌 좋은 기회가 될 것 같아 그러기로 했다.

초저녁까지 사방이 맑게 보이고 하늘에도 많은 별들이 나타났다. 그러나 지대가 높은 곳이고 마침 환절기라 일교차가 심해서 그랬던지 곧 저수지 수면에서 안개가 자욱이 피어오르기 시작했다. 시간이 흐를수록 안개는 짙어져 밤이 이슥해지자 온 누리가 완전히 부드러운 회색빛 장막으로 짙게 둘러싸여 3~4 미터 앞 수면 위에 떠있는 낚시찌가 칸델라 불빛에 간신히 보일 정도가 되어 버렸다.

- 고봉진, ≪묘적암(妙寂庵)≫

글C-1은 비교적 간결한 느낌을 주는 데 대하여 글C-2는 보다 만연한 느낌을 준다. 왜 그럴까? 그것은 그 사용한 문장의 길이에 기인한다. 즉, 글C-1은 비교적 짧은 문장을, 글C-2는 보다 긴 문장을 썼기 때문이다.

이 두 글 중 글C-1과 같은 문체를 간결체, 글C-2와 같은 문체를 만연체라고 한다. 말 그대로 간결체는 어떤 내용을 간결하게(군더더기 없이), 만연체는 그 내용을 보다 유장(悠長)하게(긴 호흡으로) 표현하는 문체다. 우리는 글C-1을 읽으면서 고향(텃밭, 마을)의 모습이 깔끔하게 묘사된 것을, 글C-2를 읽으면서는 밤안개가 점층적으로 짙어지는 과정이 긴 호흡에 맞추어 묘사된 것을 볼 수 있다.

자, 잠깐, 나는 글C-2를 읽으면서 옛시 한 수를 떠올린 일이 있다. 오순(吳洵)의 저 〈강두(江頭)〉, 밤안개, 낚시, 이런 말 때문일 것이다. 좀 쉴 겸 주석[22] 한번 읽어 보기 바란다.

우리는 위에서 문체를, 단어의 성질에 따라 강건체와 우유체로, 수식어의 다과에 따라 건조체와 화려체로, 문장의 길이에 따라 간결체와 만연체로 나누어 보았다. 그러나 이런 2분법(6분법이 아님)은[23] 그리 명확한 것은 아니다. 그 중간에 드는 것도 얼마든지 있다. 다만 그 경향이 그렇다는 것일 뿐이다.

우리는 위에서 또, 몇 개의 예문을 제시하고 그 하나하나가 무슨 문체에 해당한다고 말해 왔다. 그러나 그것은 단어의 성질로 볼 때, 수식어의 다과, 문장의 길이로 볼 때 그 중 하나라는 뜻이지 그 글이 그 문체 하나로 고정되어 있다는 뜻은 아니다. 우리가 앞에서 읽은 이병남의 글(이 책 p. 119)을 다시 보자.

◎ A-2. 이병남/풍죽(風竹)을 그리며

모닥불 사위어가는 여름밤, 댓돌 위에 부서지는 달빛 속으로 파고들던 길동이의 퉁소 소리는, 가을밤이면 어머니의 다듬이 소리와 묘한

---

22) 오순 : 고려 때 사람이나 생몰연대 미상. 나는 이 시를 〈낚시를 드리우고〉라는 제목으로 번역한 일이 있다. 봄 강물처럼 세월은 흐르는데 잔고기 한 마리도 못 잡고 이런 글이나 쓰는 사람도 있다.

끝없는 봄의 강물 밤안개 속을/낚시 하나 드리우고 혼자 앉았네.
잡은 건 두어 마리 잔고기뿐/자라 낚을 헛된 꿈에 십 년이 갔네.
春江無際暝烟沈, 獨把漁竿坐夜深. 餌下纖鱗知幾箇, 十年空有釣鰲心.

\- 전진권, ≪한국 한시선≫

23) 이태준(李泰俊)은 일찍이 그의 ≪문장강화(文章講話)≫에서(p.286) "분류를 위해서는 수십 종을 들 수 있으나, 대체로는 간결(簡潔), 만연(蔓衍), 강건(剛健), 우유(優柔), 건조(乾燥), 화려(華麗) 등 6체(六體)로 나누는 것이 간명하겠다."고 했는데 여기서 6체로 나눈다는 것은 착오. 3개의 관점에 따라 각각 2체로 나눈다고 해야 맞다.

하모니를 이루어 산촌의 정적을 깨고, 겨울밤에 부는 길동이의 퉁소 소리는 눈 내리는 밤 사랑방 창살에 비치는 그림자로 그 운치를 돋우었다.

특히 달 밝은 밤이면 어머니는 "길동아, 퉁소나 불어라." 하셨는데, 생이별의 아픔을 어머니는 퉁소 소리로 달래려 하심을 어린 나이로도 나는 느낄 수 있었다.

우리는 이 글의 문체를 우유체라고 했다. 이것은 그 사용한 단어의 성질로 볼 때 그렇다는 것이다. 그러나 이 글은 수식어의 다과로 보면 화려체, 문장의 길이로 보면 만연체다.

우리는 지금까지 글의 외면, 즉 글의 표현수단으로서의 언어적 사실(단어, 수식어, 문장)이 결정짓는 문체의 갈래를 살펴보았다. 그리고 다음과 같은 사실을 알았다.

A. <u>세찬 글을 쓰려면</u> 주로 세찬 단어를,
<u>부드러운 글을 쓰려면</u> 주로 여린 단어를 쓴다.

B. <u>내용을 요점만 명료하게 표현하려면</u> 수식어를 아끼고,
<u>보다 섬세하게 표현하려면</u> 수식어를 풍부하게 쓴다.

C. <u>내용을 간결하게 표현하려면</u> 비교적 짧은 문장을,
<u>내용을 유장하게 표현하려면</u> 비교적 긴 문장을 쓴다.

<u>세차면서 간결한 글을 쓰려면</u> 세찬 단어, 짧은 문장을,
<u>부드러우면서 유장한 글을 쓰려면</u> 여린 단어, 긴 문장을 쓴다.

참고로 한마디 더-. 이 각 항목들은 다 <u>목적(그 글의)</u> + <u>수단(문체)</u>의 짜임으로 되어 있다. 즉, 밑줄 친 부분이 목적, 나머지가 수단이다. 자, 그럼 각 항목들의 이런 구조를 염두에 두고 다음으로 넘어가자.

2) 작가의 내면과 문체

문체를 결정짓는 요소로서의 작가의 내면이란 곧 그 작가의 정신세계, 좀 구체적으로 말하면 그의 사상(사고와 논리, 판단 등)과 정서(기쁨과 슬픔, 한과 분노, 연민, 기타)를 말한다.

자, 그럼 다음과 같은 생각으로 글을 쓰려는 사람이 있다고 하자.

A. 방귀소리, 허허 이걸로 독자들에게 웃음 한번 선사해야겠는데-.
B. 나는 실향민, 이 한(恨)을 어찌하면 제대로 표현할 수 있을까?

이 두 항목은 다 그들이 쓰려는 글의 목적이다. 물론 이 목적은 글의 외면(표현수단)이 아닌 작가의 내면(사상 또는 정서)이 정한 것이다. 그럼 어떤 수단(문체)을 동원해야 할까? 다음을 읽고 논의를 계속하자.

A. 정호경/이 야릇한 소리

인체의 외부나 내부를 막론하고 그 치밀한 짜임새를 보면 각각의 소임이 빈틈없고 또한 유기적이어서 창조주의 솜씨에 감탄한다. 입은 입대로 코는 코대로 제 각기 제 자리를 잡고 앉아 할 일이 따로 있고, 위장은 쏟아져 들어오는 갖가지 음식물의 소화를 제대로 못 시켜서 가끔 부글거리며 불평을 하기도 하지만, 묵묵히 맡은 바 소임을 다하고 있다.

그런 중에도 창조주는 우리 인체 가운데서 딱 한 군데 장난스럽게 만들어 놓은 부분이 있으니 다름 아닌 항문이다. 항문이란 말만 들어도 냄새를 연상하며 고개를 돌리는 사람도 있지만, 장조주의 장난기는 냄새에 있기보다 항문에서 삐어져 나오는 교묘한 소리에 있다. 남녀의 성별에 따라서 혹은 그 당시 뱃속 상황에 따라서 다르기는 하지만 가령, 화창한 봄날의 풀피리 소리라거나 또는 고막을 흔드는 박격포 소리로 사람을 웃기기도 하고 놀라게도 하니 삭막한 우리 인생을 즐겁고 살맛나게 만들어 주어 고맙기도 하다.

- 정호경, ≪오늘도 걷는다마는≫

B. 오창익/북창(北窓)

남쪽으로만 창을 내고 살겠다는 시인이 있었다. 쏟아지는 햇빛, 푸른 초원을 마음껏 바라보기 위해서다. 하지만 나는 그늘진 북쪽에다 창을 내달고 먼 하늘만 건너다보며 산다. 그렇다고 맑은 햇빛이나 푸른 초원이 싫어서가 아니다. 그것만치 아깝고 소중한 고향을 그쪽 하늘 밑에다 두고 왔기 때문이다. ‖

어디 창문뿐이랴. 피난 살림 30년이 넘도록 서울 북쪽 변두리를 단 한 번이라도 떠나 본 적이 없는 고집스런 나의 제한주거(制限住居), 그 또한 예외는 아니다. 직장이야 동서남북 어디라고 가릴 바가 아니지만, 당일 코스의 상행(山行)이나 조행(釣行)도 의례 북한산 주변이나 임진강 가의 크고 작은 저수지가 아니던가.

- 오창익, ≪북창을 향하여≫

우선 글A. 이 글의 목적은 위에 보인 바 방귀소리, 허허 이걸로 독자들에게 웃음 한번 주어야겠는데-.이다. 그럼 그 수단(문체)은 뭘까? 강건과 우유, 건조와 화려, 간결과 만연, 그건 어느 체라도 상관없다. 그러나 그것이 어느 체이든 유머러스한(해학적인) 것이 아니면 안 된다. 나는 이 글을 읽고 나도 모르게 실실 웃었다. 그러니까 이 글은 그 목적에 비추어 성공을 거둔 것이다. 우리는 이런 유머러스한 문체를 강호형의 〈오거서(五車書)〉에서 본 바 있다 (p. 26).

그런데 글의 목적이 웃음을 선사하는 데 있지 않고 큰 슬픔(가령 연평해전에 자식을 잃은 부모와 같은)을 함께 위로하자는 데 있다면 어떤 문체를 써야 할까? 물론 유머러스한 문체는 금물, 무엇보다 간곡하고도 정중한 문체가 아니면 안 될 것이다.

다음은 글B. 이 글의 목적은 위에 보인 나는 실향민, 이 한(恨)을 어찌하면 제대로 표현할 수 있을까?이다. 그럼 그 수단(문체)은 뭘까? 역시 그것이 무슨 체이든 심각, 진지한 것이 아니면 안 된다. 나는 이 글을 읽고(자신은 실향민이 아니면서도) 북쪽만을 고집하는 한 실향민(오창익)의 한에 가슴이 짠했다. 그렇다면 이 글 역시 그 목적에 비추어 성공을 거둔 것이다. 우리는 이런 심각, 진지한 문체를 엄정식의 〈은혜의 덩어리〉에서 본 바 있다(p. 27).

그런데 글의 목적이 실향민의 한에 있지 않고 큰 기쁨(가령 월드컵 4강의 위업을 달성한 우리 축구선수들을 맞을 때와 같은)을 함께 누리자는 데 있다면 어떤 문체를 써야 할까? 물론 심각, 진지한 문체는 금물, 무엇보다 경쾌한 문체여야 할 것이다.

자, 문체에 관해서 한마디 더-.

우리는 위에서 문체를 결정하는 여러 요소들을 살펴보았다. 글의 외면, 작가의 내면, 그러나 궁극적으로 그것은 작가의 개성(성격)과 관련된다. 하필 강건체인가, 하필 유머러스한 문체인가? 같은 내용이라도 작가의 개성에 따라 문체기 달리 선택되는 것이다.

김병권(p. 119)의 글에선 이병남(p. 119)의 〈풍죽을 그리며〉같은 우유체 문장을 찾아보기 어렵다. 마찬가지로 이병남의 글에선 〈바른 말과 곧은 신념〉같은 강건체 문장을 보기 어렵다. 지금 막 우리가 본 정호경은 그 문체가 대체로 유머러스한데 오창익은 흔히 진지한 편이다. 다음 두 글을 보자. 피천득의 문체는 진지, 섬세한데 양주동은 해학, 호방하다. 다 작가의 개성이 그렇기 때문이다.

피천득/장미

잠이 깨면 바라다보려고 장미 일곱 송이를 샀다.

거리에 나오니 사람들이 내 꽃을 보고 간다. 여학생들도 내 꽃을 보고 간다.

전차를 기다리고 섰다가 Y를 만났다./언제나 그는 나를 보고 웃더니 오늘은 웃지를 않는다./부인이 달포 째 앓는데 약 지으러 갈 돈도 떨어졌다고 한다./나에게도 가진 돈이 없었다. 머뭇거리다가 부인께

갖다 드리라고 장미 두 송이를 주었다.

Y와 헤어져 동대문행 전차를 탔다. 팔에 안긴 아기가 자나 하고 들여다보는 엄마와 같이 종이에 싸인 장미를 가만히 들여다보았다.

- 피천득, ≪琴兒文選≫

◎ 양주동/면학(勉學)의 서(書)

내가 16, 7세 때 일이니 거금 30여 년 전 일이다. 촌에서 영어(英語)를 독학하는데 그 즐거움이야말로 한문(漢文)만을 일과로 삼던 나에게는 칼라일의 이른바 New Heaven and Earth였다. 그런데 나는 그 독학서의 문법에 나오는 3인칭단수(三人稱單數)란 말의 뜻을 몰라 독서백편의자현(讀書百遍義自見)이란 고언(古諺)만 믿고 밥낮 며칠을그 항목만 자꾸 염독했으나 종시 의자현(義自見)이 안 되어 마침내 어느 겨울날 이른 아침 눈길 20 리를 걸어 읍내에 들어가 소학교장을 찾아 물어 보았으나 그분 역시 모르겠노라고 한다. 다행히 젊은 신임 교원에게 그 말뜻을 설명 받아 알았을 때의 기쁨이란!

나는 그날 왕복 40 리의 피곤한 몸으로 집에 돌아와 하도 기뻐서 저녁도 안 먹고 밤 깊도록 책상을 마주앉아 적어 가지고 온 그 말뜻의 메모를 '독서'하였다. 가로되 "내가 1인칭, 너는 2인칭, 너와 나 외엔 우수마발(牛溲馬勃)이 다 3인칭야(也)라."

- 양주동, ≪국학연구논고(國學硏究論攷)≫

확인하기

문체라는 말의 말뜻(개념)이 단순치 않기 때문에 문체에 관한 우리의 논의가 명료하게 끝났다고는 할 수 없다. 그러나 그런 대로 글 한 편 읽으면서 문체와 관련된 이런저런 사실들을 확인해 보기로 한다.

◎ 이태동/묘지 위의 태양

나는 몇 년 동안 불면증에 시달려 겨우 잠이 들었다가도 새벽이 되면 일어나서 어둠을 뚫고 뒷산에 올랐다. 잠자리에서 일어나기는 힘들었지만 일찍 산정(山頂)에 올라 아직도 고요히 잠자고 있는 서울의 풍경이

새벽빛에 깨어나는 모습을 보는 것은 하나의 경이(驚異)였고 신비였다.

그런데 요즘은 어두운 새벽보다는 해가 뜰 시간 가까이 산을 오른다. 이것은 내가 어느 날 뜻하지 않게 날이 밝은 후 뒷산에 올랐을 때, 산꼭대기 어느 옆자리에 묘지가 있는 것을 발견하고 마음이 끌려 그곳으로 갔다가 큰 불덩이 같은 아침 해가 멀리서 솟아오르는 것을 보았기 때문이다. 그러나 그것만이 아니었다. 그곳에서 산 아래로 눈을 돌렸을 때, 도시의 숲 속에 장승처럼 서 있는 당인리 발전소 굴뚝에서 연기가 구름처럼 피어오르는 풍경을 보았기 때문이다. ‖

나는 묘지 위에서 태양이 떠오르지 않고 장승처럼 서 있던 굴뚝에서 연기가 피어오르지 않는다면 그곳이 얼마나 쓸쓸하고 적막할까 하는 두려움 때문에 확인이라도 하듯이 전과는 달리 신새벽보다는 늦게 대문을 열고 나가서 터벅터벅 가파른 산길을 오른다. 뒷산의 가파른 길을 오르내리면서 붉게 타오르는 태양과 연기 나는 굴뚝이 있는 풍경을 바라다보는 것을 그렇게 좋아하게 된 것은 죽음보다 삶에 대한 깊은 애정 때문이 아닌가 반문해 본다.

- 이태동, ≪밤비 오는 소리≫

우선 글의 외면(언어적 사실)에 따라-.

이 글은 잠, 새벽, 고요히, 아침, 연기, 쓸쓸하고 같은, 여린(부드러운) 느낌을 주는 단어를 많이 사용하고 있다. 우리는 이런 글의 문체를 우유체라고 했다. 이 글은 또 새벽빛에 깨어나는, 해가 뜰, 큰 불덩이 같은, 장승처럼 서 있는, 구름처럼 피어오르는, 터벅터벅, 붉게 타오르는 같은, 수식어(수식구)를 많이 사용하고 있다. 우리는 이런 글의 문체를 화려체라고 했다. 이 글에 쓰인 문장은 비교적 길다. 첫 문단은 두 문장, 둘째 문단은 세 문장, 끝 문단도 두 문장밖에 안 된다. 우리는 이런 글의 문체를 만연체라고 했다.

다음은 작가의 내면(정신세계)-.

우선, 지은이는 무슨 생각으로 이 글을 썼을까(즉, 글의 목적이 무얼까)? 우리는 이 글의 핵심적인 내용을 추출해 봄으로써 지은

이의 그 생각(글의 목적)을 짐작해 볼 수 있다. 그것은 곧

- 잠자는 서울이 → 새벽빛에 깨어난다.
- 묘지 저쪽에 → 큰 불덩이 같은 아침 해가 솟는다.
- 장승처럼 서 있는 굴뚝에서 → 연기가 구름처럼 피어오른다.

의 셋이다. 이는 다 부활(다시 살아남, 다시 움직임)의 심상이다. 이 글에는 그 다시 살아남, 그 다시 움직임에 대한 지은이의 감격이 표 나지 않게 흐르고 있다. 긍정적인(죽음이 아니고 삶을 사랑하는) 인생관이다. 지은이는, 작게는 그 감격을, 크게는 그 인생관을 표현하려 했던 것임에 틀림없다. 이 글의 문체가 담담하며 고백적인 것은 바로 그래서일 것이다.

자, 좀 쉬었다가 다음으로 넘어가자.

산문(수필)의 언어 단위

한 편의 산문(수필)은 하나 이상의 문단으로 이루어지고, 하나의 문단은 하나 이상의 문장이, 하나의 문장은 대체로[1] 둘 이상의 단어(주어와 서술어의 관계로)가 모여서 이루어진다. 따라서 좋은 수필을 쓰기 위해서는 이들 언어 단위에 대한 바른 이해가 있지 않으면 안 된다. 여기서는 수필쓰기에 특히 유용하다고 생각되는 몇 가지 사실들을 살펴보기로 한다.

1 단 어

단어는 글을 이루는 가장 작은 언어 단위다. 즉, 생각의 가장 작은 단위를 나타내는 언어다.[2] 여기서는 그 갈래와 쓰임, 그 지시적 용법과 함축적 용법, 이런 사실들을 하나씩 살펴보기로 한다.

---

1) "예.", "아니오.", "무엇이?", "아!" 같은 말은 주어와 서술어의 관계가 아닌 독립어지만 편의상 문장으로 본다. 문장은 그 끝에 반드시 마침표, 물음표, 느낌표 중 하나를 찍는다.

2) 생각의 가장 작은 단위를 나타내는 말로 단어 아닌 말, 가령 덧신의 덧, 마음씨의 씨 같은 접사(接辭)도 있지만 그런 것까지는 생각지 말기로 하자.

(1) 단어의 갈래와 그 쓰임

단어는 그 의미의 넓이(개념의 위계)에 따라 일반어와 특수어, 그것이 의미하는(가리키는) 대상의 성질에 따라 구체어와 추상어, 그리고 그 기능에 따라 내용어와 구조어로 나뉜다.[3)]

1) 일반어와 특수어

단어는 그 뜻이 상대적으로 넓은 것(상위개념, 유개념)과 반대로 좁은 것(하위개념, 종개념)이 있다. 한 단어가 있을 때 그 단어보다 뜻이 넓은 단어를 그 단어의 일반어, 그 단어보다 뜻이 좁은 단어를 그 단어의 특수어라고 한다.

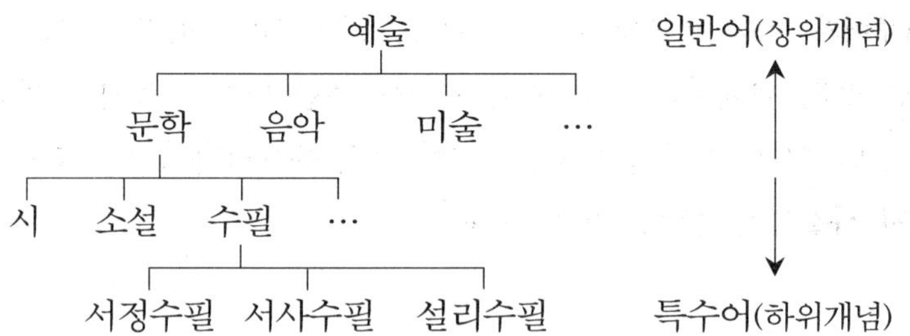

이 표에서 가령 <u>문학</u>이란 단어는 그 아래(하위)에 있는 모든 단어들(시, 소설, 수필, 서정수필, 서사수필, 설리수필)의 일반어이며 동시에 그 위(상위)에 있는 한 단어, 즉 <u>예술</u>이란 단어의 특수어다. 일반어와 특수어와의 관계는 이처럼 상대적이다.

일반어는 대체로 특수한 사례들을 앞세우고 그것들을 일반화할 때, 특수어는 일반적인 이야기를 앞세우고 그것을 예시할 때 쓴

---

3) 물론 이 밖에, 단어의 계통에 따라 고유어와 외래어, 그 쓰임의 표준에 따라 표준어와 비표준어(사투리), 공대법에 따라 경어와 평어 등 여러 가지로 갈래지을 수 있다.

다.[4] 다음 글A는 일반화의 예, 글B는 예시의 예다.[5]

A. ① 나는 푸른 하늘에 노란 감 주렁주렁 매달리는 감나무가 좋다. ② 단풍 고운 골에 볼 붉은 알 알알이 굵은 대추나무, ③ 서늘한 안산 밑에 아람 뚝뚝 떨어지는 밤나무가 좋다. ④ 나는 가을날 소담스럽게 열매를 맺는 이런 과일나무가 좋다.

B. ① 나는 가을날 소담스럽게 열매를 맺는 과일나무가 좋다. ② 푸른 하늘에 노란 감 주렁주렁 매달리는 감나무가 좋고, ③ 단풍 고운 골에 볼 붉은 알 알알이 굵은 대추나무, ④ 서늘한 안산 밑에 아람 뚝뚝 떨어지는 밤나무가 좋다.

우선 글A. 여기서 ①, ②, ③은 특수한 사례, ④는 이 특수한 사례들을 일반화한 문장이다. 다음은 글B. 여기서 ①은 일반적인 이야기, ②, ③, ④는 특수한 사례로 ①의 예시다.[6] 이 두 글에서 과일나무는 감나무, 대추나무, 밤나무의 일반어, 감나무, 대추나무, 밤나무는 과일나무의 특수어다.

그런데 수필의 실제에 있어서는 이와 좀 다른 형태로 나타나기도 한다. 즉, 특수어와 일반어의 관계가 아니면서 특수한 사례들+일반화, 일반적인 이야기+예시의 모양을 띠는 것이다. 다음을 보자.

---

4) 일반화는 특수한 사례들에서 그 공통점을 뽑아 그것으로써 그 사례 전체를 포괄하는 일을, 예시는 예를 들어 보이는 일을 말한다.

5) 특수한 사례들을 들고 그것을 일반화한다든지 일반적인 말을 앞세우고 그 예를 들어 보인다(예시한다)든지 하는 것은 정서적인 문장(수필)에선 흔치 않은 일이다. 다음 글A, B는 내가 만든 것.

6) 특수어는 일반어보다 언제든 더 구체적이다. 감나무, 대추나무, 밤나무가 과일나무보다 구체적인 것처럼.

A. 전숙희/우리가 잃어가는 것들

① 가을이면 해콩을 삶아 메주를 쑤느라 온 집안이 법석이던 일, ② 김장때면 온 가족 친지들이 모여 무채를 썰며, 마늘을 까며, 온갖 이야기 속에 손발이 시린 것도 잊고 김장을 하던 일, ③ 명절이면 철 따라 새 옷을 입고 세배를, 성묘를 다니고, ④ 대소가 모여 잔치를 벌이고…. ⑤ 삶의 냄새가 물씬 풍기는 정다운 광경들이었다.

- 전숙희, ≪우리가 잃어가는 것들≫

B. 최승범/무지개

어린 시절의 여름살이를 되돌아본다. ① 모두가 괴로운 것만은 아니었다. 더위와 모기, 빈대로 하여 시달리기도 많이 시달렸다. 그러나 다른 한편 ② 저녁때의 맑은 개울물이나 ③ 아름드리 큰 느티나무의 푸른 그늘, 그리고 ④ 모깃불 옆 멍석에 누워 바라본 밤하늘의 총총한 별들은 이제 생각해도 즐거움과 정겨움을 안겨준다.

- 최승범, ≪맵시·말씨·솜씨=?≫

글A의 ⑤ 삶의 냄새가 물씬 풍기는 정다운 광경은 ① 메주, ② 김장, ③ 세배와 성묘, ④ 잔치의 일반어가 아니다. 물론 단어도 아니거니와 논리적 위계 관계에 있지도 않다. 그럼에도 ①, ②, ③, ④는 특수한 사례, ⑤는 이를 일반화한 문장으로 받아들여진다.

글B의 ② 저녁때의 맑은 개울물, ③ 아름드리 큰 느티나무의 푸른 그늘, ④ 모깃불 옆 멍석에 누워 바라본 밤하늘의 총총한 별들은 ① 모두가 괴로운 것만은 아니었다의 특수어가 아니다. 역시 단어도 아니거니와 논리적 위계 관계에도 있지 않다. 그럼에도 ①은 일반적인 이야기, ②, ③, ④는 ①의 예시들로 받아들여진다.

우리는 지금 일반어와 특수어 이야기를 하는 자리지만, 그것이 단어든 아니든, 논리적 위계 관계에 있든 없든, 우리 글쓰기에는 특수한 사례들 → 일반화, 일반적인 이야기 → 예시의 표현구조가 있다는 사실을 기억해 두기로 하자.

2) 구체어와 추상어

단어는 그 의미하는 바가 사물의 모양이나 빛깔이나 움직임(시각), 소리(청각), 맛(미각), 냄새(후각), 촉감(촉각) 같은 것이어서 우리가 감각할 수 있는 것과 어떤 추상적인 관념 같은 것이어서 감각할 수 없는 것이 있다. 예를 들면

A. 감각할 수 있는 것 :
- 시각적인 것 - 바위, 개, 책상, 둥글다, 푸르다, 뛰다, 뒹굴다
- 청각적인 것 - 우르릉, 우지끈, 멍멍, 엉엉
- 미각적인 것 - 달다, 달콤하다, 맵다, 매콤하다, 쓰다
- 후각적인 것 - 구수하다, 구리다, 퀴퀴하다
- 촉각적인 것 - 차다, 뜨겁다, 부드럽다, 까칠까칠하다

B. 감각할 수 없는 것 : 문학, 행복, 민주주의, 슬프다, 그립다

와 같은 것이다. A를 구체어, B를 추상어라고 한다. 다음 글A와 글B의 단어의 쓰임을 대조해 보자.

A. 반숙자/당신의 봄

매운 바람이 유리창을 덜컹거리는 밤, 큰방에 불빛이 환했다. 몇 시나 되었을까? 이야기 소리가 들려왔다. 텔레비전을 켜놓고 주무시나 해서 가만히 문틈으로 들여다보니, 어머님은 장롱에서 아버님 내의며 양말을 꺼내서 만지작거리며 속삭이는 거였다.

"이보우, 영감. 추워서 어쩌지요? 얇은 명주옷 입고…. 천당에 도착했거들랑 얼른 날 데리러 오슈."

- ≪월간 에세이≫ 1988년 5월호

B. 김형진/풍경(風景)을 통한 자아탐색(自我探索)

문학의 저변을 확보하고 있는 것은 고전주의적 형식, 낭만주의적 상상, 사실주의적 진실이다. 시대에 따라 어느 하나가 강조되기도 하

고, 지역에 따라 개성을 달리하기도 하고, 시대에 따라 변신을 꾀하기도 했지만, 셋 가운데 어느 하나도 벗어던질 수는 없었다. 많은 문예사조들이 역사 속에서 명멸하는 가운데서도 이들은 끈질기게 살아 현대문학의 저류를 형성하고 있는 것 또한 부정할 수 없다.

- 김형진, ≪이어받음과 열어나감≫

글A의 매운이란 단어는 그것이 의미하는 바(맛)를 우리가 감각할 수 있다(미각). 이런 단어가 곧 구체어다. 덜커덩거리는(청각), 불빛(시각), 추워서(촉각) 같은 단어도 마찬가지다. 글B의 문학이란 단어는 그것이 의미하는 바를 우리가 감각할 수 없는(머릿속으로만 생각하는) 어떤 관념을 가리킨다. 이런 단어가 곧 추상어다. 고전주의적, 형식, 낭만주의적, 상상 같은 단어도 마찬가지다.

구체어는 독자의 감각적 경험을 되살려 주는 글(심상을 선명하게 드러내는 글), 그리하여 독자의 정서적 반응(p. 66)을 기대하는 글에 많이 사용된다. 글A는 그런 글(수필)이다. 추상어는 이와 달리 추상적 개념을 다루는 글, 그리하여 독자의 논리적 반응(p. 65)을 기대하는 글에 많이 사용된다. 글B는 그런 글(논문)이다.

수필 중엔 물론 지적인 글도 많다. 그러나 추상어 일변도로 흐르면 논설문이 되기 쉽다. 이것은 논설문이 나쁘다는 것이 아니고 수필에서 멀어진다는 뜻이다.

3) 내용어와 구조어

단어는 또 실질적인 뜻을 나타내는 것과 실질적인 뜻은 미약하지만 다른 구실(문장이 이루어지도록 돕거나 말을 잇거나 하는 등의)을 하는 것이 있다. 다음을 보자.

구름이 모여들었다. 그러더니 곧 비가 왔다.

이 두 문장에서 구름, 모여들었다, 곧, 비, 왔다는 다 실질적인 뜻이 있는 단어인데 대하여 -이, 그러더니, -가는 그렇지 못한 단어다. 그러나 -이는 구름으로 하여금 주어가 되게, -가는 비로 하여금 역시 주어가 되게 하고, 그러더니는 두 문장을 이어주는 구실을 한다. 여기서 구름, 모여들었다처럼 실질적인 뜻이 있는 단어를 내용어, -이, 그러더니처럼 실질적인 뜻은 없거나 미약하지만 다른 구실(문법적 기능)을 하는 단어를 구조어라고 한다. 내용어가 아무리 많아도 구조어가 없으면 문장은 이루어지기 어렵고, 그 이음새도 자연스럽지 못할 때가 많다.

구조어는 또 이 밖에 의미 변화에도 상당한 구실을 한다. 다음 밑줄 친 부분을 대조해 보자. 오늘 결석생이 3명이라는 사실을 전달하는 것은 다 같지만 말하는 사람의 의도는 전혀 다르다.

A. 오늘 결석생이 3명이다. - 사실만 전달
B. 오늘 결석생이 3명이나 된다. - 많다는 뜻을 함축
C. 오늘 결석생이 3명밖에[7] 안 된다. - 적다는 뜻을 함축

우리는 글을 쓸 때 내용어의 선택에는 주의를 기울이지만 구조어에 대해서는 보다 소홀히 하는 경향이 있다. 이것은 잘못이다. 구조어 하나 때문에 본의 아닌 내용을 전달하거나 논리적 파탄을 가져오는 일이 없도록 경계할 일이다.

(2) 단어의 지시적 용법과 함축적 용법

우리는 앞에서 단어를 몇 갈래로 나누고 그 쓰임을 이야기했다. 이제는 그 단어들이 글 속에서 드러내는 의미를 살펴보기로 한다. 그 의미는 크게 두 가지로 나누어 볼 수 있다. 하나는 국어사전에

7) 여기 쓰인 -밖에는 조사로서 구조어.

풀이된 의미, 즉 누구나 그렇게 믿는 객관적 의미요, 하나는 그런 의미에 덧붙인, 필자나 독자의 주관적 의미다. 다음을 보자.

정성화/못

걸었던 것을 다 떼어낸 지금, 벽은 생기를 잃은 듯하다. 간간이 남은 ① 못자국이 쓸쓸해 보인다. 어깨에 남은 우두자국 같다. 찢겨진 벽지와 떨어져 나간 시멘트 조각, 움푹 팬 구멍으로 인해, ② 못자국은 마치 옛날의 영화와 권세가 사라진 빈집처럼 느껴진다. ||

무슨 이야기를 해도 다 받아주는 사람이 있다. 나만이 이런 아픔을 겪는구나, 이 일을 어찌 감당하랴 싶을 때 나는 그녀를 찾는다. 그런 아픔쯤은 아무것도 아니라고 하며, 이 세상에 견뎌내지 못할 고통이란 없는 거라고 그녀는 말한다. 아무리 진한 슬픔을 들이대어도 그녀는 내가 견딜 수 있는 슬픔으로 단번에 희석시켜버린다. 그리고 자신의 슬픔인 양 받아들인다. 그녀의 그런 능력은 어디서 나오는 걸까? 그녀의 가슴에 나 있는 무수한 ③ 못자국들이 세월이 흐르는 동안 서서히 마멸되어 부드러운 스펀지로 변한 건 아닐까?

- 문학나무, ≪2001 젊은 수필≫

밑줄 친 ①, ②는 다 못의 자국이라는 사전적, 객관적 의미만을 나타낸다. 이런 의미를 지시적 의미라 하고, 단어를 이런 의미로 쓰는 법을 단어의 지시적 용법이라고 한다. 그런데 ③은 이런 지시적 의미 외에 슬픔, 고난, 고통 같은 의미를 첨가해 볼 수 있다. 이렇게 덧붙인 주관적 의미를 함축적 의미라 하고, 단어를 이런 의미로 쓰는 법을 단어의 함축적 용법이라고 한다.

언어를 함축적으로 쓰는 것은 비단 단어에만 한하는 것은 아니다. 편의상 단어를 논의하는 자리에서 말했을 뿐이다. 다음을 보자.

◎ 구상/초토(焦土)의 시(詩)

판잣집 유리 딱지에
아이들 얼굴이
불타는 해바라기마냥 걸려 있다. ‖
어느 접어든 골목에서 걸음을 멈춰라.
잿더미가 소복한 울타리에
개나리가 망울졌다.

-구상, ≪초토의 시≫

이 시는 전란으로 초토화된 어느 골목 풍경을 읊은 것이다. 여기서 판잣집은 단어다. 나는 이 단어에서 어려운 삶을 떠올렸다. 접어든 골목은 구(句)다. 나는 이 구를 읽으며 밀집한 피난민들의 달동네를 연상했다. 잿더미가 소복한은 절(節)이다. 여러분은 이 절에 어느 폐허(전쟁으로 초토화된)라는 의미를 첨가해 볼 수 있을 것이다. 개나리가 망울졌다.는 문장이다. 이 문장이 드러내려는 것은 새로운 희망일 것이다. 내가 떠올린 것, 연상한 것, 여러분이 첨가한 것, 내가 짐작한 것, 이것이 곧 그 말들의 함축적 의미다.

시, 소설, 수필처럼 주로 독자의 정서에 호소하는 글은 단어(언어)를 함축적으로 쓰는 일이 많다. 그래서 독자에 따라 서로 다른 다양한 해석(또는 정서적 반응)이 가능하게 한다. 그러나 설명문, 논설문(논문), 법규문처럼 독자의 논리에 호소하는 글은 지시적으로 써야 한다. 누구에게나 똑같은 뜻으로 해석되어야 하기 때문이다.

꼭 단어에 관한 이야기는 아니지만 여기서 한 가지 생각하고 넘어갈 게 있다. 그것은 상투어나 무의미어를 경계하자는 것이다. 상투어는 너무 빈번히 사용되어서 참신한 느낌을 주지 못하는 말, 무의미어는 글 속에서 별 의미를 드러내지 못하는 말을 뜻한다.

다음을 보자.

A. 개나리가 핍니다. 진달래가 핍니다. 강남 갔던 제비가 돌아옵니다. 봄이 옵니다. 따뜻한 봄이 옵니다.

B. 하늘에 별이 뜬다는 것은, 푸른 별이 똑똑 뜬다는 것은, 말하자면 그것은 그러니까 참으로 신비로운 일이다.

글A는 봄이 오는 모습을 묘사한 것인데 너무 상투적이다. 글B의 밑줄 친 부분은 아무 의미도 없는 말이다. 물론 지금 글A, B 같은 글을 쓸 사람을 없겠지만, 그러나 이것이 자기가 쓴 글에 상투어나 무의미어가 없는지 한번 살펴보는 계기가 되었으면 한다.

확인하기

글 한 편 읽으며 지금까지 이야기해 온 것들을 한 번 더 확인하고 단어에 관한 논의를 마치기로 하자.

정진권/山길에서-봄

① 하늘이 나직하다. 나직한 하늘이 보얗다. 보얀 하늘에 바람이 분다. 부는 듯 마는 듯 그렇게-. 더러는 선뜩도 하지만 맵지는 않다. 아니, 혼혼하다. 어째 비가 올 것 같다. 지팡이 삼아 우산 하나 짚고 집을 나선다. 식곤증으로 나른한 오후 한시 반, 드디어 山이다. 조용하다. 아직 안 깼나, 빈 가지, 마른 풀, 쌓인 가랑 잎, 다들 한겨울이다. 아, 깜짝이야, 토끼 한 마리가 내닫는다.

② 어라, 비다. 비가 오네. 가늘다. 싸르르 좁쌀 같은 빗소리로 온 山이 조용히 소란해진다. 비가 겨울에 눈이 되어 내리는 것을 고마워한 수필가가 있다(金晋燮./白雪賦). 그러나 차갑게 얼어붙은 이 山에 눈이 비가 되어 내리는 것은 또 얼마나 큰 축복인가? 싸르르, 빗소리-, 빗소리들이 내 혈관을 타고 가슴에 들어와 詩가 된다. 우산을 펼쳐든

다. 우산 위에도 싸르르 詩가 쏟아진다.

③ 이 비 그치면 온 山이 바쁠 게다. 우선 저 응달에 싸인 눈 좀 봐. 부지런히 녹잖니? 돌돌 시냇물까지 가려면 서둘러야 하거든. 굴참나무도 마음이 급할 게야. 어서 톡톡 푸른 눈 틔워야지, 미적거리다가는 물참나무한테 질 수도 있어. 아까 그 깜짝 토끼 녀석은 무얼 할까? 녀석이라고 한가할 리 있나? 겨우내 움츠렸던 가슴 한번 쫙 펴고, 맞아. 좋은 배필 찾아 온 山을 뛸 게야, 아암-

- ≪에세이문학≫ 2011년 봄호

이 글 ③의 굴참나무와 물참나무는 다 참나무의 특수어다.
이 글에 쓰인 단어들은 주로 구체어다. 다음은 그 몇 예-.

- 시각적인 단어 : ①의 하늘, 보얗다, 지팡이, 우산, 山
- 청각적인 단어 : ②의 싸르르, ③의 돌돌, 톡톡
- 촉각적인 단어 : ①의 선뜩도, 혼혼하다
- 미각적인 단어 : ①의 맵지는

①의 밑줄 친 부분은 특수한 사례들이다. 이 사례들은 다들 한 겨울이다라는 말로 일반화의 모양을 띠었다. ③의 밑줄 친 부분은 일반적인 말이다. 그 뒤에 오는, 부지런히 녹는 눈, 마음 급한 굴참나무, 온 山을 뛸 토끼, 이들은 다 그 예시다.

②의 詩는 정서적으로 상큼한 무엇이라는 뜻을 함축한다. ③은 그 전문에 생명의 약동, 그에 대한 감격, 이런 뜻을 첨가해 볼 수 있다.

최근 자신이 습작한 글을 한번 검토해 보자. 어떤 단어를 어떤 용법으로 많이 썼는지, 그 단어들은 다 정확하고 알맞은지-.

2 문 장

문장은 두 단어 이상이, 주체가 되는 부분과 서술하는 부분으로 짜이는(주어부 + 서술어부) 언어 단위를 말한다. 여기서는 이런 문장을 이루는 성분(문장성분), 문장의 갈래, 문장의 호응, 이런 것들을 차례로 살펴보기로 한다.

(1) 문장성분

우리말 문장을 이루는 성분에는 주어, 서술어, 목적어, 보어, 관형어, 부사어, 독립어의 일곱 가지가 있다. 이 가운데 주어, 서술어, 목적어, 보어를 주성분, 관형어, 부사어, 즉 수식어를 부속성분, 독립어를 독립성분이라고 한다.

- 문장성분 : 다음 일곱 가지
- 주 성 분 : 주어, 서술어, 목적어, 보어
- 부속성분 : 관형어, 부사어
- 독립성분 : 독립어

1) 주성분

주성분은 문장을 구성하는 데 주된 구실을 하는 성분을 말한다. 위에서 말한 대로 주성분에는 주어, 서술어, 목적어, 보어의 네 가지가 있다.

주어는 문장의 주체가 되는 성분이다. 그러니까 주성분 중에서도 가장 주된 성분이라고 할 수 있다. 다음 밑줄 친 부분이 곧 주어다.

진달래가 붉게 피었다.
하늘은 불볕이고 땅은 한증막이다.
단풍 붉은 골에 우두둑 알밤이 떨어진다.
그는 눈 내리는 밤이 좋다. (전체의 주어는 그는)

서술어는 주어가 어찌한다, 어떠하다, 무엇이다 하고 설명하는 성분을 가리킨다. 주어와 마찬가지로 가장 주된 성분이다. 다음 밑줄 친 부분이 곧 서술어다

비가 내린다. (어찌한다)
비 맞는 잔디가 파랗다. (어떠하다)
뜰이 온통 싱그러운 여름이다. (무엇이다)

그런데 이 예문은 모두 현재형이다. 이를 과거형, 미래형으로 고쳐보자. 서술어는 가령 "비가 내리다."와 같은 기본형이 아닌 한 늘 과거, 현재, 미래 등의 시제(時制, tense, 시간적 위치)를 가진다.

A. 과거

비가 내렸다.
비 맞은 잔디가 파랬다.
뜰이 온통 싱그러운 여름이었다.

B. 미래

비가 내리겠다. (내릴 것이다)
비 맞은 잔디가 파랗겠다. (파랄 것이다)
뜰이 온통 싱그러운 여름이겠다. (여름일 것이다)

글에서 시제는 하나로 통일되는 것이 원칙이다. 그렇지 않으면 읽는 사람이 논리적 파탄을 일으키게 된다. 다음을 보자.

◎ 내 고향 그 안산–.

낫질을 하노라면 저만치 진달래가 불타듯 했다. 아름다운 봄이었다. 검은 구름이 모여들기 무섭게 세찬 소나기가 상수리나무 넓은 잎을 휘갈겼다. 장쾌한 여름이었다. 알밤이 뚝뚝 떨어진다. 풍요로운 가을이었다. 드디어 송이 굵은 눈이 내렸다. 포근한 겨울이다.

이 글은 과거를 회상하며 과거형으로 쓴 것, 그런데 밑줄 친 부분은 현재형으로 전체 시제에 어긋난다. 이 글을 읽노라면 여기서 잠깐 숨이 막힌다(논리적 파탄). 그러나 시제에 어긋나면서도 그렇지 않은 경우, 아니 오히려 표현효과를 높이는 경우가 있다. 밑줄 친 부분에 유의하여 다음 글을 읽어 보자.

◎ 양미경/피안(彼岸)으로 간 메뚜기

① 떨어뜨린 자동차 키를 주우려 허리를 굽히다가 나는 멈칫 그 상태 그대로 정지하고 말았다. 바싹 마른 메뚜기가 눈이 띄었던 것이다. 부러진 더듬이, 너덜너덜 갈라진 날개, 여섯 개의 다리 중 성한 것은 한 개뿐인 메뚜기, 어쩌다 이렇게까지 되었을까? ‖

② 캐럴 용품을 전시한 상점에서는 크리스마스 캐럴송이 흘러나오고 있다. 낼모레가 성탄절인데도 예전 분위기가 느껴지지 않는다. 상점은 비었으며 갈 길을 재촉하는 사람들 사이로 자선냄비의 종소리도 들려오지 않았다. 차에 올랐다. ‖

③ 어느 날 이승에서 내가 삶을 끝냈을 때 가족들은 슬퍼하고 친구들이나 이웃들은 몇 방울의 눈물로 조문하고, 그리고는 아무 일 없었다는 듯이 평소처럼 살아갈 것이다. 가끔은 술 한 잔 마시다가 그저 그런 사람, 그렇게 살다가 그렇게 사라진 사람쯤으로 잊혀질 것이다. 그렇다면 도시 한복판에서 바짝 마른 채로 바람에 날리는 메뚜기의 시체와 무엇이 다른가?

- 양미경, ≪고양이는 썰매를 끌지 않는다≫

이 글의 문단①은 현재형, ③은 미래형으로 시제가 통일 되어 있다. 그런데 문단②는 다 과거의 이야기인데도(그러니까 과거 시제여야 하는데) 밑줄 친 부분은 현재형으로 되어 있다. 그럼에도 오히려 글의 내용을 더 현장감(현재감) 있게 전달한다. 지은이도 물론 이런 효과를 거두기 위하여 시제를 바꾸었을 것이다. 과거의 일을 현재시제로 쓰는 이런 경우는 기행문에서 많이 발견된다. 다음은 그 한 예-.

서정범/울릉도

* 지금 지은이는 배를 타고 울릉도를 향해 가는 중이다. 새벽이다. 기온이 내려가 두꺼운 옷을 꺼내 입고 갑반에 눕는다. 해돋이를 보기 위해서다.

동편이 환하게 밝아오자 거무스레한 구름이 보랏빛 구름으로 변하고 차차 엷은 포도 빛에서 불그레하게 변해 간다. 저 포도 빛 구름을 하얀 모시 베로 짜면 포도주가 주르륵 나올 것 같다.

이윽고 가느다란 초승달 모양의 아침 해가 보이기 시작한다. 순식간에 진한 감빛으로 떠오른 태양은 찬란한 빛을 내더니 길고 긴 화려한 붉은 비단 한 폭을 우리가 탄 배까지 깔아 놓는다.

- 박연구 편 ≪한국명작수필선≫

목적어는 동작(타동사)의 대상(목적물)을 나타내는 성분을 말한다. 다음 밑줄 친 부분이 곧 목적어다.

홍부가 제 아내와 박을 탄다.
박속이나 먹을까 하고 톱질을 한다.
이게 웬 일? 박이 금은보화를 마구 쏟아낸다.

보어는 불완전한 서술어를 보충해 주는 성분을 가리킨다.8) 다

8) 이 예문의 된다, 글B의 아니다, 글C의 없다(있다)는 다 불완전한 서술어다.

음 밑줄 친 부분이 곧 보어다.

올챙이가 자라서 개구리가 된다.
올챙이는 올챙이지 개구리는 아니다.
올챙이는 다리가 없다.

문장 중에는 이들 주성분만으로 된 것이 있다. 이를 기본문장이라고 한다. 기본문장에는 다음 세 가지가 있다.9)

주어 ‖ 서술어 　　　　　　하늘이 ‖ 푸르다.
주어 ‖ 목적어 | 서술어 　　아이들이 ‖ 새를 | 쫓는다.
주어 ‖ 보어/서술어 　　　　허수아비는 ‖ 말이/없다.

기본문장은 그 내용이 단순하기 때문에 수필에서는 잘 쓰이지 않는다. 그러나 알맞게 섞어 쓰면 마치 반 박자 쉼표처럼 글에 탄력을 줄 수도 있다. 다음은 그 한 예, 밑줄 친 부분이 곧 기본분장이다.10)

◎ 이경수/겨울 산중에서

가부좌를 풀고 저린 다리를 펴며 창가로 가니 눈이 내린다. 한밤중 까만 유리창에 난무하는 눈송이가 선승의 하얀 가사처럼 보인다. 선방에선 죽비 소리에 마음이 닦이고 밖에선 소리 없이 내리는 함박눈에 온 누리가 하얗다. ‖

그러니까 이런 서술어(그 변형도 함께) 앞에 오는 성분이 곧 보어라고 생각하면 된다.

9) ‖표는 주어와 서술어 관계, |표는 목적어와 서술어 관계, /표는 보어와 서술어 관계를 나타낸다.

10) 기본문장이 아니더라도 그렇게 짧은 문장이면 같은 효과를 나타낸다. 이 예문 맨 마지막 문장 "나무들이 긴 숨을 쉬나 보다."가 그런 예다.

마무리 뒤에서 또 다른 시작을 꿈꾸는 무채색 겨울, 그 겨울 한가운데 서 있는 산을 바라보고 또 바라본다. 능선이 들썩거린다. 나무들이 긴 숨을 쉬나 보다.

- 이경수, ≪겨울 산중에서≫

2) 부속성분

부속성분은 주성분에 덧붙는 성분을 말한다. 그러니까 문장을 구성하는 데 주된 구실을 하는 성분은 아니다. 그렇다고 가볍게 생각해서는 안 된다. 이 성분들은 심상(이미지)을 선명하게 하거나 의미를 분명히 하는 데 결정적인 구실을 하는 것이다. 위에서 말한 대로 부속성분에는 관형어와 부사어의 두 가지가 있다.

관형어는 어찌하는, 어떤, 무엇의(무엇)와 같은 모양으로 다른 성분(품사로 말하면 명사, 동사와 형용사의 명사형, 대명사, 수사)을 수식하는 성분을 말한다. 다음 밑줄 친 부분이 곧 관형어다.

멀리멀리 달리는 기차 (어찌하는)
참으로 찬란한 날 (어떤)
사랑의 기쁨 (무엇의)

이 예문 중 달리는, 찬란한은 다 현재형이다. 관형어 중 동사나 형용사는 역시 시제를 나타낸다. 다음 A는 과거, B는 미래 시제이다.

A. 멀리멀리 달리던(달렸던) 기차
참으로 찬란하던(찬란했던) 날

B. 멀리멀리 달릴 기차
참으로 찬란할 날

부사어는 어찌(어느정도, 어떠하게), -도록, -으로 등과 같은 모양으로 다른 성분(품사로 말하면 동사와 형용사, 부사 등)을 수식하는 성분을 말한다. 부사어의 갈래는 수없이 많다. 다음은 그 대표적인 몇 예-.

춘향이는 퍽 영리한 여자야. (어느정도)
이 도령이 열나게 찾아오지 않았어? (어찌하게)
그날 밤 그것들은 푸짐하게 한판 벌렸는데, 허허. (어떠하게)
밤새도록 비단이불이 춤을 추었다네. (-도록)

우리는 앞에서 수식어의 구실에 관해서 잠깐 말한 바 있다. 한 번 더 확인하고 넘어가자. 다음 글A에서 심상이 더 선명한 것은 어느 쪽인가, 글B에서 의미가 더 분명한 것은 어느 쪽인가, 왜 그런가 생각해 보기 바란다.

A. 살구꽃이 피었다.
연분홍 살구꽃이 구름처럼 피었다.

B. 그들은 자유를 누렸다.
그들은 표현의 자유를 마음껏 누렸다.

수식하는 말에는 문장성분으로서의 수식어 외에 수식구(관형구, 부사구), 수식절(관형절, 부사절) 같은 것이 더 있다. 수식구란 두 단어 이상이 모여서, 수식절이란 한 문장이 모양을 바꾸어서 수식어의 기능을 하는 말을 가리킨다. 다음 글A는 수식구, 글B는 수식절이다.

A. 얼음처럼 찬 이성으로 너 자신을 다스려라. (관형구)
불길처럼 뜨겁게 치솟는 사랑! (부사구)

B. 그녀는 별이 ‖ 빛나는 밤에 말없이 왔다. (관형절)
그는 새벽달이 ‖ 지도록 돌아오지 않았다. (부사절)

우리는 여기서, 수식하는 말을 사용하는 것은 심상을 더 선명하게 하거나 의미를 더 분명하게 하기 위한 것이지 멋을 부리려고 그러는 것이 아니라는 것을 기억해 두자.

3) 독립성분

독립성분이란 주성분과 부속성분에서 독립된 성분을 가리킨다. 이에는 **독립어** 하나밖에 없다. 독립어는 감탄사 외에 부르고 대답하는 말 등 모든 외마디 소리를 다 포함한다. 다음은 그 예들이다.

아하, 그랬구나!
주여, 어디로 가시나이까?
예, 그것은 저의 잘못이었습니다.
뭐라? 그게 사실이란 말이냐?
아니다. 결코 그럴 리 없다.

(2) 문장의 갈래

문장의 갈래를 나누는 기준(분류기준)은 다음 두 가지가 있다. 하나는 화자(그 문장을 말하거나 쓰는 사람)의 의도에 따르는 것, 다른 하나는 문장의 짜임(구조)에 따르는 것-.

1) 화자의 의도와 문장의 갈래

문장은 화자의 의도에 따라 평서문(무엇을 알리는 문장), 의문문(묻는 문장), 명령문(시키는 문장), 청유문(청하거나 권유하는 문장), 감탄문의 다섯 갈래로 나뉜다.

직녀가 머리 곱게 빗고 집을 나선다. (평서문)
은하수는 왜 저리 슬프도록 푸를까? (의문문)
까막까치들아, 어서어서 저 물 위에 다리를 놓아라. (명령문)
우리는 견우직녀의 안타까운 이별을 함께 슬퍼하자. (청유문)
칠석물, 아, 저 비가 그 둘의 애끊는 눈물일 줄이야! (감탄문)

수필은 평서문 위주로 이루어진다. 아니, 평서문만으로 이루어진 수필도 많다. 그런데 평서문만으로 글을 쓰다보면 글이 생동감을 잃는 경우가 더러 생긴다. 그럴 때는 다른 갈래의 문장을 하나쯤 끼워 넣어 변화를 도모하는 것이 좋다.[11)]

2) 문장의 짜임과 그 갈래

문장은 그 짜임에 따라 단문(單文, 홑문장)과 복문(複文, 겹문장)의 두 갈래로 나뉜다. 단문은 주어‖서술어의 관계가 한 번뿐인 문장을, 복문은 두 번 이상인 무장을 말한다.

A. 머리는‖차다. 가슴은‖덥다. (두 단문)
B. 머리는‖차고 가슴은‖덥다. (한 복문)

---

11) 다음은 의문문을 끼워 넣어 변화를 도모한 예-.

우수수 낙엽 지는 소리가 들리기로 뜰엘 나갔다. 열하루 송편 같은 반달이 중천에 환했다. 그러고 보니 추석도 며칠 안 남았다. 어머닌 지금쯤 무얼 하고 계실까? 어디서 다듬이 소리가 들려오는 듯 하다.

그러니까 복문은 둘 이상의 단문이 결합된 문장이라고 할 수 있다. 둘 이상의 단문들은 다음과 같은 세 가지 방식으로 결합된다.

A. 하늘은 ‖ 푸르다. + 구름은 ‖ 희다.
 = ① 하늘은 ‖ 푸르고 ② 구름은 ‖ 희다.
B. 바람이 ‖ 살랑 인다. + 낙엽이 ‖ 우수수 진다.
 = ① 바람이 ‖ 살랑 일면 ② 낙엽이 ‖ 우수수 진다.
C. 눈이 ‖ 내린다. + 나는 ‖ 그런 밤이 좋다.
 = ① 나는 ‖ ② 눈이 ‖ 내리는 밤이 좋다.

글A는 ①과 ②의 의미상의 비중이 같다. 즉, ①과 ②가 대등(對等)관계로 결합된 것이다. 이런 문장을 대등문(對等文, 대등하게 이어진 문장)이라고 한다. 글B는 그 의미상의 비중이 ②에 있다. 즉, ①과 ②가 종주(從主)관계로 결합된 것이다. 이런 문장을 종속문(從屬文, 종속적으로 이어진 문장)이라고 한다.[12] 글C는 ① 나는 ‖ ~ 좋다. 라는 문장이 ②를 품에 안고 있다. 즉, ①과 ②가 포유(包有)관계로 결합된 것이다. 이런 문장을 포유문(包有文, 안은문장)이라고 한다.[13]

---

12) 다음은 종속문(종속적으로 이어진 문장)의 몇 예. 의미의 비중이 밑줄 친 문장에 있다. 이 부분을 주절(主節), 그 앞부분을 종속절(從屬節)이라고 한다. 다음은 그 몇 예.

감나무가 ‖ 눈을 틔우니까 모과나무도 ‖ 눈을 틔운다. (평서문)
감나무는 ‖ 눈을 틔웠는데 대추나무는 ‖ 왜 감감하니? (의문문)
홍시가 ‖ 떨어지면 너는 ‖ 주워다 할머니 드려라. (명령문)
감이 ‖ 많지 않아도 우리는 ‖ 까치밥은 남겨 두자. (청유문)

13) 다음은 안은문장의 몇 예. 문장성분을 생각하며 읽어 보기 바란다.

저 별 ‖ 빛나기 ‖ 수억 년이라네. (주어절)
저 별 맑듯이 그대의 영혼도 ‖ 맑으리라. (서술절)
내 어찌 내 영혼이 ‖ 그러하기를 바라랴? (목적절)
그건 내가 ‖ 소원함이 아니라네. (보어절)

3) 단문(홑문장)의 결합 – 문장의 삭제, 대체, 첨가

우리는 앞에서 단문이 결합해서 복문이 되는 세 가지 방식을 이해한 바 있다. 그런데 단문이든 복문이든 둘 이상의 문장을 결합할 때는 몇 가지 생각할 것이 있다. 그것이 곧 문장의 삭제, 대체, 첨가다.

삭제는 말 그대로 지워 없앤다는 뜻이다. 다음을 보자.

> 나는 가을은 좋다.+그러나 나는 겨울은 싫다.
> ① 나는 가을은 좋지만 나는 겨울은 싫다.
> ② 나는 가을은 좋지만 겨울은 싫다.

①은 그 위 두 문장을 결합한 것이다. 그런데 퍽 어색하다. 나는이라는 말이 불필요하게 중복되어서 그런 것이다. 이럴 때는 뒤에 나오는 하나를 삭제해서 ②처럼 고치는 것이 좋다.

대체는 다른 말로 바꾼다는 뜻이다. 다음을 보자.

> 그는 시를 썼다. + 그러나 그는 시 분야의 대가는 아니었다.
> ① 그는 시를 썼지만, 그는 시 분야의 대가는 아니었다.
> ② 그는 시를 썼지만, 대가는 아니었다.
> ③ 그는 시를 썼지만, 그 분야의 대가는 아니었다.[14]

①은 그 위 두 문장을 결합한 것이다. 퍽 어색하다. 역시 불필요하게 중복된 말 때문이다. 그래서 이 말들을 삭제한 것이 ②이다. 역시 허전하다. 그래서 ①의 시를 그로 대체해 보았다. 그것

> 별빛 ‖ 쏟아지는 밤에 낙엽은 흩날리고-. (관형절)
> 저 별 ‖ 다 지도록 우리 함께 여기 있자. (부사절)

14) 이 문장의 그와 같이 무엇을 가리키는 말을 지시어(指示語)라 하고, 그 가리킴을 받는 말(시)을 피지시어(被指示語)라고 한다.

이 ③이다. 문장이 자연스러워졌다. 대체는 이처럼 어떤 말(피지시어)을 지시어로 바꾸지만, 반대로 지시어를 피지시어로 바꾸기도 한다.

> 파도치는 바다였다. + 그는 그곳이 그립다.
> 그는 파도치는 바다가 그립다.

그곳은 지시어, 파도치는 바다는 피지시어다.

첨가는 어떤 말을 덧붙인다는 뜻이다. 다음은 그 한 예-.

> ① 그는 부지런히 일했다. 그는 큰 부자가 된 것이다.
> ② 그는 부지런히 일했기 때문에 큰 부자가 된 것이다..

①의 두 문장은 서로 어떤 관계인지 짐작은 가지만 분명치가 않다. 그러나 때문에라는 말이 첨가됨으로써 이제 그 인과관계가 분명해졌다.

우리가 둘 이상의 문장을 결합할 때, 어떤 말을 삭제하거나 대체하거나 첨가하는 것은 조금이라도 그 문장을 탄력 있게 하기 위한 것이다. 복문을 쓸 때는 그 결합된 단문들을 생각하고 제대로 결합되었는지 늘 점검해야 할 것이다.

(3) 문장의 호응

문장은 그 성분들이 서로 잘 어울려야 한다. 그 어울림을 문장의 호응이라고 한다. 호응이 깨지면 문장이 부자연스러워진다. 뜻도 잘 전달되지 않는다. 자, 보자.

> A. 영감님께선 기분이 퍽 좋은가 봅니다.
> B. 지난밤, 바람 그리도 세차더니 비마저 쏟아진다.

C. 어른도 어려운 일을 하물며 어린이가 한다.
D. 그가 가면 나는 간다.

A는 공대법에 어긋나[15], B는 시제에 어긋나[16], C는 단어(특수한 부사) 용법에 어긋나[17], D 역시 단어(조사) 용법에 어긋나 문장의 호응이 깨진 예다. 다음은 그 고친 것-.

A. 영감님께선 기분이 퍽 좋으신가 봅니다.
B. 지난밤, 바람 그리도 세차더니 비마저 쏟아졌다.
C. 어른도 어려운 일을 하물며 어린이가 하랴?
D. 그가 가면 나도 간다. (나는 안 간다.)

물론 이런 간단한 문장을 잘못 쓰는 일은 없겠지만 문장이 길어지면 자기도 모르는 사이에 호응이 깨진 문장을 쓰기 쉽다. 세심하게 살필 일이다.

---

15) 영감님께선은 존칭, 좋은가는 평칭이다. 통일해야 한다.

16) 세차더니는 과거, 쏟아진다는 현재다. 역시 통일해야 한다. 그런데 과거시제로 쓰다가 현재시제로 바꾸는 경우가 더러 있다(p. 144 양미경). 생동감(현재감, 현장감)을 살리려 할 때다. 다음은 그 한 예. 이글은 과거 + 현재 + 과거의 짜임으로 되어 있다.

마침내 그 산길로 들어섰다. 숲이 푸르다. 아니, 저 먹구름 좀 봐. 어허, 비가 오네. 쏴아 쏴아, 온 산이 빗소리다. 나뭇잎들이 통통거린다. 저만치 주막이 보인다. 나는 그리로 뛰었다.

17) 하물며는 의문형어미(~랴, ~는가)하고만 호응한다. 이처럼 특정 어미 또는 특정 단어와 호응하는 특수한 단어(또는 구)가 더러 있다. 다음의 비록은 -지만, -ㄹ지라도 같은 어미가 아니면 호응이 깨지고, 그렇다고 해서는 아니다 또는 그 변형하고만 호응한다.

비록 나이는 어리지만(-ㄹ지라도) 힘은 장사다.
그렇다고 해서 돈이 천하다는 것은 아니다.

확인하기

글 한 편 읽으면서 지금까지 이야기해 온 것들을 한 번 더 확인하고 다음으로 넘어가자. 이 글은 어느 학생이 내 문장론 시간에 쓴 것을 설명의 편의를 위해서 다소 고친 것이다.

◎ 어느 학생/소리

① 나는 봄눈 녹아 돌돌거리며 흐르는 물소리가 간지러워서 좋다. ② 후박나무 넓은 잎에 소나기 퍼붓는 소리는 또 얼마나 장쾌한가? ③ 봄 가고 여름 가고. 그리하여 한 잎 두 잎 낙엽 지면 그 쓸쓸한 소리 함께 들어보자꾸나. ④ 그러나 내가 더 좋아하는 소리는 하얀 순결의 눈밭에 달빛 부서지는 소리다. 너도 조용히 들어보렴. ⑤ 아, 그 소리 얼마나 빛나! ⑥ 너도 좋아하는 소리 없니?

문장①의 나는(주어), 좋다(서술어)는 문장의 주성분, 흐르는(관형어), 돌돌거리며(부사어)는 부속성분, 문장⑤의 아(독립어)는 독립성분.

문장①은 평서문, ②는 의문문, ③은 청유문, ④의 밑줄 친 부분은 명령문, ⑤는 감탄문. 이 글은 ④의 밑줄 친 부분, ⑤, ⑥ 말고는 다 복문이다.

문장①은 포유문으로, 봄눈 ‖ 녹아는 부사절, 문장② 역시 포유문으로 소나기 ‖ 퍼붓는은 관형절.

문장③의 봄 ‖ 가고 여름 ‖ 가고는 대등문(대등하게 이어진 문장), 한 잎 두 잎 낙엽이 ‖ 지면 그 쓸쓸한 소리 함께 들어보자꾸나.는 종속문(종속적으로 이어진 문장).

문장⑥의 -도는 잘못, -는으로 고쳐야 한다.

문장은 그 갈래가 어떤 것이든 문법에 맞고 뜻이 명확한 것이 아니면 안 된다. 글 한 줄 쓰고 나면 반드시 점검할 일이다.

3 문 단

문단은 어떤 하나의 작은 생각을 중심으로 하나[18] 이상의 문장이 모인 한 덩이의 언어 단위를 말한다. 흔히는 한 글자 들여 씀으로써 문단을 표시한다.[19] 여기서는 문단의 구조(짜임), 그리고 좋은 문단의 요건을 말해 보기로 한다.

(1) 문단의 구조

문단은 글의 길이의 단위가 아니라 필자의 생각(소주제)의 단위다. 따라서 적당히 나누어도 좋은 그런 성질의 것이 아니다. 이런 점을 염두에 두고 소주제와 문단, 소주제문과 뒷받침문장, 소주제문의 위치와 문단 등, 문단을 이해하는 데 중요하다고 생각되는 몇 가지 사실들을 알아보기로 한다.

1) 소주제와 문단

위에서 말한 대로 문단은 하나의 작은 생각을 중심으로 짜인다. 여기서 이 하나의 작은 생각을 소주제 또는 화제라고 한다. 한 편의 글(수필)에 하나의 주제가 있듯이 한 문단에는 그 문단의 주제, 즉 소주제가 있다. 다음을 보자.

A. 고임순/코골이 부부

남편의 코고는 솜씨는 수준급 이상이다. 시댁은 아담한 한옥이었는데 건넌방에서 코고는 소리가 발동이 걸리면 대청마루에 진동하여 안방을 흔들어댔다. 잠을 설치신 시부모님께서는 헛기침을 하시며 베개를 잘 고쳐주라고 분부하시는 게 아닌가. 부부의 밀실이 코고는 소리

18) 한 문장으로 된 문단도 있지만 퍽 희귀하다.

19) 지문에서 떨어져 독립적으로 쓰인 대사(대화, 독백 등)도 한 문단으로 본다.

로 해서 천하에 공개되는 것이 잠 못 자는 것보다 더 싫은 나는 밤새 쭈그리고 앉아 남편의 코를 비틀기도 하고 베개를 들었다 놓았다 하는 효부(?)가 되어야 했다.

- 운디네, ≪춤추는 수필≫

B. 김진식/늦백이 예찬

* 지은이는, 올되는 것을 올백이, 늦되는 것을 늦백이라고 부른다. 그러니까 올벼는 올백이, 늦벼는 늦백이인 것이다. 이 글에는 한때 반짝하다 시드는 올백이(천재)와 긴 강처럼 유유히 흐르는 늦백이(둔재, 이것은 저자의 말)가 대조를 이루고 있다. 지은이는 늦백이에 관해서 "늦백이들은 민첩하고 뛰어나지 못하지만, 꾸준한 의지로 자신의 길을 닦아가며, 언제나 서둘지 않고 받아들이며, 조금씩 조금씩 쌓아가는 성실성을 보이는 것이 보통이다."라고도 했다.

늦백이의 어설프고 부족함이 반드시 지혜롭지 않기 때문이 아닐 것이며, 우둔하고 서둘지 않음이 진짜 바보스러움 때문만도 아닐 것이다. 이해하고 받아들일 수 있다는 것도 또한 자기의 주견이 없어서 맹목적으로 남의 말을 들으려고 하는 것이 아니라면 이 늦백이의 지혜를 한번 씹어볼 만하지 않은가.

- 김진식, ≪쓰고 싶은 편지≫

C. 어느 학생/내가 좋아하는 것과 싫어하는 것

나는 아침 이슬을 머금고 환히 피는 빨간 채송화가 좋다. 채송화 핀 뜰에 와 지저귀는 참새들이 좋다.

<u>바람에 풍겨오는 라일락 향기도 좋지 않은가?</u> 나는 빗물에 잠겨 누렇게 뜬 잔디가 보기 싫다. 앞집 감나무에 와 앉아 까옥거리는 까마귀도 싫다. 검은 연기를 내뿜으며 타는 쓰레기 냄새는 좋아할 사람이 없을 것이다.

- 현대문학, ≪고등학교 작문≫오류의 예

글A의 중심을 이루는 작은 생각, 즉 소주제(또는 화제)는 남편의 코골이가 대단하다는 것, 글B의 소주제는 늦백이의 지혜를 한번 생각해 보자는 것이다. 글A처럼 정적(情的, 정서적)이든 글B처럼 지적(知的, 논리적)이든 하나의 문단은 하나의 소주제를 가지는 것이 바람직하다.[20] 글C는 문단나누기를 잘못한 예로 들어 보인 것(밑줄 친 부분은 당연히 앞 문단에 붙여 써야 한다.).

2) 소주제문과 뒷받침문장

위에서 말한 대로 하나의 문단은 하나의 소주제를 가지지만, 그 소주제가 명료하지 못할 때가 있다. 또 비교적 명료하더라도 더 명료하게 나타내고 싶을 때도 있다.

다음은 소주제가 명료하지 못한 경우-. 이 한 문단은, "나는 우리나라의 전통적인 밀가루 음식을 좋아한다."는 소주제로 쓴 것이다.

> 나는 멸치 국물에 말아낸 칼국수를 좋아한다. 애호박을 썰어 넣고 끓인 수제비국도 즐겨 먹는다. 풋고추를 다져넣고 붙인 부침개의 맛은 또 어떤가? 완두콩을 드문드문 놓고 쪄낸 밀개떡도 군침을 돌게 한다.

이 문단을 읽은 대부분의 독자는 아마도, 이 사람은 밀가루 음식을 좋아하나 보다, 하고 생각할 것이다. 그리고 이런 생각은, 그럼 짜장면이나 카스텔라도 좋아하겠군, 하는 생각으로 이어질 것이다. 이렇게 되면 소주제가 제대로 전달된 것이 못 된다. 그냥 밀가루 음식을 좋아한다는 것과 전통적인 밀가루 음식을 좋아한다는 것은 전혀 다른 것이다. 그럼 어찌할까? 다음 밑줄 친 부분

---

20) 한 문단 안에 소주제가 둘 이상이거나 한 소주제를 두 문단 이상으로 나누거나 하는 것은, 부득이 그래야 할 경우가 있는지 모르지만 그리 바람직한 게 못 된다.

처럼 소주제를 문장화하여 문단 표면에 드러내면 분명해진다.

A. 나는 멸치 국물에 말아낸 칼국수를 좋아한다. 애호박을 썰어 넣고 끓인 수제비국도 즐겨 먹는다. 풋고추를 다져넣고 붙인 부침개의 맛은 또 어떤가? 완두콩을 드문드문 놓고 쪄낸 밀개떡도 군침을 돌게 한다. 나는 우리나라의 전통적인 밀가루 음식을 좋아한다.

B. 나는 우리나라의 전통적인 밀가루 음식을 좋아한다. 멸치 국물에 말아낸 칼국수를 좋아하고 애호박을 썰어 넣고 끓인 수제비국, 풋고추를 다져넣고 붙인 부침개의 맛은 또 어떤가? 완두콩을 드문드문 놓고 쪄낸 밀개떡도 군침을 돌게 한다.

이럴 때 이 밑줄 친 부분을 이 문단의 소주제문(또는 화제문)이라 하고, 그 나머지 문장들을 뒷받침문장[21]이라고 한다. 다음은 소주제가 비교적 분명하더라도 더 분명하게 나타내고 싶은 경우-

나는 눈 시리게 푸른 가을하늘을 사랑하고, 그 하늘 아래 단풍 불타는 산을 사랑하고, 그 산 자락 여기저기 노란 감을 매달고 서 있는 감나무를 사랑한다. 참새가 제 머리 위에 와 앉아도 쫓을 줄 모르는 허수아비까지 사랑스럽지 않은 게 없다. 나는 가을날의 모든 것을 사랑한다.

이 문단은 소주제문이 없어도 가을날의 모든 것을 사랑한다는 그 소주제를 충분히 알 수 있다. 그럼에도 밑줄 친 부분처럼 소주제문을 써넣은 것은 그 소주제를 더 명료하게 나타내기 위한 것이다.

21) 뒷받침문장이란 그 문단의 소주제가 명료해지도록, 또는 강조되도록 뒷받침하는(support) 문장이라는 뜻이다.

3) 소주제문의 위치와 문단

우리는 앞에서 소주제문과 뒷받침문장으로 짜이는 문단의 예를 본 바 있다. 그런데 이런 짜임의 문단도 그 소주제문의 위치에 따라

A. 소주제문이 문단의 머리 부분에 있는 문단
B. 소주제문이 문단의 꼬리 부분에 있는 문단
C. 소주제문이 문단의 머리, 꼬리 부분에 다 있는 문단

등 여러 갈래로 나누어 볼 수 있다.[22] 하나씩 살펴보자.

A. 김성원/깊은 갈색 눈도 젖어 있었는데

나는 늘 쓸데없는 생각과 행동을 번갈아가며 어리석게 살아가고 있다. 동창회에서 친구가 손주 자랑을 하면, 제 손주 자기나 예쁘지 남이 왜 귀여우냐고 속으로 빈정댔는데, 내 손주 생기니까 손주 사진첩까지 만들어 돌리며 자랑했다. 그뿐인가, 몇 해 전 어느 분이 프랑스 사위 얘기를 글로 쓴 것을 읽고 창피한 줄도 모른다고 속으로 비웃었는데, 나는 미국 사위를 둘씩이나 두었으니 한심한 꼴이 된 셈이다.

- 김성원, ≪버리고 또 버리고≫

B. 황소지/내 일, 남의 탓

외국인 수녀님이 운영하는 기숙사 건물이 두 동 있었는데 학생들이 이쪽저쪽을 드나들며 남의 신발을 신고는 그것을 제자리로 돌려놓지 않았다고 한다. 여러 번 주의를 주어도 고쳐지지 않았다. 학생들은 현관에 놓여 있는 친구의 신발을 잠깐 신는 것은 별 잘못이 아니라고 생각했던 것 같다. 아울러 신었던 신발을 다시 제자리에 돌려놓는 것도 잘 지켜지지 않았다. 오히려 그것을 따지면 야박스런 사람이 되곤 했

22) A를 두괄식(頭括式) 문단, B를 미괄식(尾括式) 문단, C를 양괄식(兩括式) 문단이라고도 한다. 어쩌다 소주제문이 문단의 가운데에 오는 경우도 있는데 이는 중괄식(中括式) 문단이라고 한다.

다. 이건 분명히 작은 일이기는 하자만 그것에는 자기 일을 스스로 책임지려는 기본이 빠져 있는 것이다.

- 황소지, ≪착하신 목자 우리 주님≫

C. 한상렬/바다, 그 유적(有滴)

육지는 생명을 표면으로 노출시킨다. 풀과 곡식, 그리고 나무는 지심에서 지표로 고개를 내밀어 이파리를 매달고 꽃을 피운다. 그리고는 열매를 맺는다. 그런가 하면 짐승들은 대지 위에 그 발자국을 남긴다. 그것이 아무리 곤충과 같은 미물일지라도 그들은 흙을 비집고 지표 밖으로 더듬이를 내민다. 대지의 생명은 이렇게 땅 속에서 땅 위로 자리를 옮겨 그 터전을 일구는 것이다.

- 한상렬, ≪나의 인생, 나의 수필이여≫

글A는 소주제문이 문단의 머리 부분에 있다(소주제문 + 뒷받침문장). 소주제문의 핵심은, 나는 무용한 생각과 행동으로 어리석게 살아간다는 일반적인 이야기고, 뒷받침문장의 핵심은 둘, 즉 손주 이야기와 외국인 사위 이야기라는 특수한 사례(무용한 생각과 행동으로 어리석게 살아가는 예)다. 소주제문이 문단 머리에 있는 이런 문단을 연역적(演繹的) 문단이라고 한다.[23)]

---

23) 연역적 문단은 일반적인 것에서 특수한 것으로, 전체적인 것에서 부분적인 것으로, 종합적인 것에서 분석적인 것으로 진술해 갈 때 쓰는 문단이다. 다음은 그 예.

A. 나는 꽃을 좋아한다. 울타리에 노랗게 핀 개나리를 좋아하고, 산에 불타듯 피는 진달래를 좋아한다. 끊임없이 이어 피는 무궁화도 좋지 않은가?
B. 우리 집은 남향이다. 그래서 안방도 건넌방도 햇볕이 잘 든다. 마루도 종일 햇볕이 안 들 때가 없다. 햇볕이 안 드는 곳은 북쪽에 있는 부엌과 화장실뿐이다.
C. 그가 오늘날 유명한 의사가 된 것은 결코 우연이 아니다. 그는 인간의 생명이 얼마나 소중한가에 대한 신념이 투철했다. 그는 또 자연과학에 대한 열의가 대단했던 것이다.

글B는 소주제문이 문단의 꼬리 부분에 있다(뒷받침문장 + 소주제문). 뒷받침문장의 핵심은 남의 신발을 그냥(별 생각 없이) 신는다, 신고선 제자리에 돌려놓지 않는다, 주의를 주어도 별 변화가 없다는 등의 특수한 사례들이고, 소주제문의 핵심은 그건 무책임한 짓이라는 일반적인 결론이다. 소주제문이 문단 꼬리에 있는 이런 문단을 귀납적(歸納的) 문단이라고 한다.[24)]

글C는 소주제문이 문단 머리, 꼬리에 다 있다(소주제문 + 뒷받침문장 + 소주제문). 이 두 소주제문은, 주어는 바뀌지만 둘 다, 생명은 땅속에서 땅밖으로 나온다는 것(육지가 밖으로 노출시키든 생명 스스로 나오든)이다. 다 일반적인 진술이다. 뒷받침문장은 식물과 동물의 두 가지 특수한 사례들로 되어 있다. 연역과 귀납을 아우른 이런 문단은 그리 흔치는 않다.[25)]

글A는 일반적인 것에서 특수한 것으로(꽃 → 개나리, 진달래, 무궁화), 글B는 전체적인 것에서 부분적인 것으로(집 → 안방, 건넌방, 마루, 부엌, 화장실), C는 종합적인 것에서 분석적인 것으로(유명한 의사가 된 것 → 생명의 소중함에 대한 신념, 자연과학에 대한 열의) 진술한 예. 김성원의 〈깊은 갈색 눈도 젖어 있는데〉는 일반적인 것에서 특수한 것으로 진술해 간 예다.

24) 귀납적 문단은 그 진술의 방향이 연역적 문단과 역(逆)이다. 즉, 특수한 것에서 일반적인 것으로, 부분적인 것에서 전체적인 것으로, 분석적인 것에서 종합적인 것으로 향하는 것이다. 자, 위에 보인 연역적 문단을 귀납적 문단으로 한번 고쳐보자. 황소지의 〈내 일, 남의 탓〉은 특수한 것에서 일반적인 것으로 진술해 간 예다.

A. 나는 울타리에 노랗게 핀 개나리를 좋아하고, 산에 불타듯 피는 진달래를 좋아한다. 끊임없이 피는 무궁화도 좋지 않은가? 나는 꽃을 좋아한다.

B. 우리 집은 안방도 건넌방도 햇볕이 잘 든다. 마루도 종일 햇볕이 안 들 때가 없다. 햇볕이 안드는 곳은 북쪽에 있는 부엌과 화장실뿐이다. 우리 집은 남향이다.

C. 그는 인간의 생명이 얼마나 소중한가에 대한 신념이 투철했다. 그는 또 자연과학에 대한 열의가 대단했다. 그가 오늘날 유명한 의사가 된 것은 결코 우연이 아니다.

25) 연역과 귀납을 아우른 문단은, 연역적 문단에 귀납적 소주제문을 더한 것이다.

어떤 짜임의 문단을 쓰든 그것은 쓰는 사람이 정할 일이다. 그러나 어떤 경우든 소주제가 명료해야 한다는 점을 기억해 두자.

(2) 좋은 문단의 요건

우리는 지금까지 문단의 구조에 관한 여러 가지 사실들을 살펴보았다. 그런데 어떤 문단이든지 그것이 좋은 문단이 되기 위해서는, 완결성, 통일성, 연관성, 이 셋을 획득하지 않으면 안 된다.

1) 완결성

완결성을 획득한다는 것은, 한 문단은 그 내용이 완결된 것이어야 한다는 것, 완결이란 그 내용에 결여나 불충분이 없다는 뜻이다. 다음을 보자.

A. <u>나는 미국에 유학 갔을 때 처음 3년이 퍽 괴로웠다.</u> 첫 해는 교수가 지정해 주는 책들을 다 읽어내는 게 너무 힘들어서였다. 다음해는, 책읽기는 좀 나아졌지만 책 읽고 토론하는 데 익숙지 못해서였다. 이런 3년이 지나서야 비로소 학교생활이 즐거웠다.

B. 돌이는 집이 환하라고 불을 켠다. 마루도 켜고 현관도 켠다. 그러면 엄마는 불을 끈다. 마루도 끄고 현관도 끈다.

C. 내가 그 나라에 처음 간 것은 재작년의 일이다. 나는 그때 경제적인 여유가 별로 없어서 여비가 충분하지 못했다. 그런데 막상 가보니 충분치 못한 여비가 오히려 충분했다.

귀납적 소주제문을 더하는 것은, 머리 소주제문의 뜻을 한 번 더 강조하거나, 문단이 길어져 머리 소주제문의 뜻이 희미해지는 것을 방지하거나, 소주제문에서 미리 말하지 못한 것을 채우거나, 문단의 균형을 맞추려고 할 때 그리한다. 한상렬의 〈바다, 그 유적〉은 머리 소주제문을 한 번 더 강조하면서(주어를 바꾸어) 문단의 균형도 맞추려고 그리한 듯하다. 본문에서 말한 것처럼 이 문단의 소주제문은 다 일반적 진술이고 뒷받침문장들은 모두 특수한 사례다.

D. 나는 중학교 3년 동안 세 분 담임선생님을 모셨다. 1학년 때 담임이신 김 선생님은 우리에게 국어를 가르치셨다. 선생님은 언제나 침착하셨고, 늘 책을 읽고 계셨다. 3학년 때 담임이신 박 선생님은 영어를 가르치셨다. 선생님은 늘 명랑하셨다.

우선 글A. 소주제문에는 3년이라고 했는데 뒷받침문장에는 3년째 이야기가 결여되어 있다. 글B는, 돌이가 불을 켜는 이유(집이 환하라고)는 드러나 있는데 엄마가 불을 끄는 이유는 결여되어 있다. 다음은 글C. 내용이 퍽 불충분하다. 충분치 못한 여비가 왜 오히려 충분했는지 알 수 없다. 글D는 2학년 때 담임 이야기가 빠져 있다(결여). 또 1학년 때 담임은 성격(침착)과 취미(독서)가 드러나 있는데 3학년 때 담임은 성격만 드러나고 취미는 드러나 있지 않다(불충분).[26]

문단은 결여나 불충분이 있어서는 안 된다.

---

26) 이 글들은 다 고쳐야 한다. 다음은 그 고친 예-.

A. 나는 미국에 유학 갔을 때 처음 3년이 퍽 괴로웠다. 첫 해는 교수가 지정해 주는 책들을 다 읽어내는 게 너무 힘들어서였다. 다음해는, 책읽기는 좀 나아졌지만 책 읽고 토론하는 데 익숙지 못해서였다. 셋째 해는 건강을 해쳐서 강의에 빠질 때가 많아서였다. 이런 3년이 지나서야 비로소 학교생활이 즐거웠다.

B. 돌이는 집이 환하라고 불을 켠다. 마루도 켜고 현관도 켠다. 그러면 어마는 전기 값 많이 나온다고 불을 끈다. 마루도 끄고 현관도 끈다.

C. 내가 그 나라에 처음 간 것은 재작년의 일이다. 나는 그때 경제적인 여유가 별로 없어서 여비가 충분하지 못했다. 그런데 막상 가보니 충분치 못한 여비가 오히려 충분했다. 의외로 물가가 쌌고, 또 외국인 여행자를 위한 실비 숙박시설이 많았던 것이다.

D. 나는 중하교 3년 동안 세 분 담임선생님을 모셨다. 1학년 때 담임이신 김 선생님은 우리에게 국어를 가르치셨다. 선생님은 언제나 침착하셨고 늘 책을 읽고 계셨다. 2학년 때 담임이신 정 선생님은 역사를 가르치셨다. 선생님은 과묵하셨고 여행을 좋아하셨다. 3학년 때 담임이신 박 선생님은 영어를 가르치셨다. 선생님은 늘 명랑하셨고 테니스를 즐기셨다.

자, 글 한 문단 읽고 지나가자. 완결성을 생각하며-.[27]

◎ 박종숙/사라져가는 경춘선 열차

* 오랜만에 경추선 열차를 탄다. 느긋한 마음으로 열차에 앉아 차창 밖을 바라본다. 열차의 주인이라도 된 것처럼 마음이 편안해진다.

그곳에서 바라보는 풍경은 4계절이 모두 아름답다. 봄이면 밭둑에서 검은 흙을 뚫고 일어나는 새싹들과 지상의 풍경을 속살 비추듯 말갛게 비춰주는 강물, ‖ 천지를 하얗게 수놓던 조팝나무, 모두 눈이 부시다. 여름이면 낚시를 즐기는 사람들이 파란 강물 위에 서 있고 쪽배를 타거나 자전거를 타는 연인들이 평화로워 보인다. 가을이면 수확물을 거두어들이는 농부들의 일손이 뿌듯하고, 캔버스를 든 화가처럼 화려한 단풍을 보며 그림을 그리고 싶어지는 길, ‖ 특히 겨울은 가와바다 야스나리의 ≪설국≫과 파스테르나크의 ≪닥터지바고≫영화 한 장면을 옮겨 놓은 듯하다. 그 주인공들의 사랑 이야기가 다시 고개를 들 즈음 소설 속에 나오는 설야, 폭설 속에 눈떠가는 사랑의 진실을 겨울 열차는 되돌려주곤 했다.

-박종숙, ≪내 안에 춘천이 있었네≫

2) 통일성

통일성을 획득한다는 것은, 한 문단은 그 뒷받침문장들이 소주제문(또는 소주제)에 의하여 통일되어야 한다는 것, 통일이란 뒷받침문장의 어느 한 부분도 소주제문의 뜻과 무관하거나 어긋나는 것이 없다는 뜻이다. 다음을 보자.

27) 이 인용문은 설명의 편의를 위해 문단나누기를 원문과 약간 달리 했다. 지은이의 양해를 바란다. 이 문단은 소주제문에서 말한 4계절이 뒷받침문장에 봄, 여름, 가을, 겨울의 순으로 다 잘 드러나 있다(완결성). 글의 전문도 불충분한 데가 없다.

A. ① 우리 어머니의 음식 솜씨는 정말이지 찬탄을 금할 수가 없다. 아무나 다 짓는 밥이라지만 우리 어머니가 지으신 밥은 언제 먹어도 혀끝에 달다. 하찮은 시래기로 국을 끓여 놓으셔도 그렇게 구수할 수가 없다. ② 우리 어머니는 오늘도 새벽 일찍 일어나 시장을 보러 가셨다.

B. 우리 동네 양로원에 텔레비전이 한 대 생겼다. 동장님이 기증하신 것이다. 일을 하다 다쳐서 몸져누운 김씨 아저씨에게 아무도 모르게 쌀 한 가마를 보낸 것도 알고 보니 동장님이 하신 일이었다. ① 지난 일요일에는 마을 청년들의 단합대회가 있었다. 그때도 동장님은 금일봉(金一封)을 주셨다. ② 우리 동장님은 이처럼 어려운 이웃을 위하여 도우며 사신다.

우선 글A. 이 문단의 소주제문은 ①이다. 어머니의 음식 솜씨가 찬탄을 금할 수 없다(더없이 뛰어나다)는 것이다. 그런데 뒷받침문장 ②는 소주제문의 이런 뜻과 무관하다. 만일 음식 만들기에 대한 어머니의 열의, 또는 어머니의 근면성을 말하고 싶다면 당연히 문단을 바꾸어야 한다.

글B의 소주제문은 ②다. 우리 동네 동장님은 어려운 이웃을 도우며 산다는 것이다. 그런데 뒷받침문장 ①은 소주제문의 이런 뜻에 어긋난다. 마을 청년들은 어려운 이웃이 아니니까. 만일 어려운 이웃이란 말을 살리려 한다면 마을 청년들에게 돈 준 이야기는 문단을 바꾸어 써야 한다.

위에 보인 예는 모두 소주제문과 뒷받침문장으로 짜인 문단의 경우지만, 소주제문이 드러나지 않는, 그러니까 뒷받침문장들로만 된 문단의 경우도 마찬가지다. 다음 두 문단의 밑줄 친 부분을 보자

A. 나는 우리 집 작은 뜰의 봄날, 그 파란 잔디가 귀여워서 좋다. 여름날의 그 짙푸른 후박나무 넓은 잎새에 퍼붓는 소나기 소리는 늘 들어도 장쾌하다. 가을날의 그 높푸른 하늘에 매달린 노란 모과 알은 또 얼마나 소담스러운가? 우리 집 작은 뜰에 평화처럼 날아와 앉는 흰 눈도 나는 좋다. 돌아오는 봄에는 고추 모나 사다 볕 좋은 데 심어야겠다.

B. 어느덧 서산에 해가 진다. 일하러 나갔던 사람들이 들에서 돌아온다. 마을의 집집마다 불이 환해진다. 온 가족이 저녁 식탁에 모여 앉는다. 이야기꽃이 핀다. 웃음꽃이 핀다. 창밖에 어둠이 짙어온다. 밤하늘에 둥실 뜬 달이 슬프도록 외롭다. 안식의 밤이 포근히 뜰을 감싼다.

글A의 밑줄 친 부분은, 나는 우리 집 뜰(네 계절)을 좋아한다는 소주제(표면에 드러나지 않은)와 무관하고, 글B의 밑줄 친 부분, 즉 슬프도록 외롭다는 것은, 가정의 행복이라는 소주제에 어긋난다.

문단은 한 부분도 소주제와 무관하거나 어긋나선 안 된다.

자, 글 한 문단 읽고 넘어가자. 통일성을 생각하며-.[28]

정여송/동동(冬冬)

삶에서 가장 중요한 것이야말로 정이다. ① 의리가 중하다고 하지만 정에서 우러나온 의리가 아니고서는 오래 지탱하지 못한다. ② 달도 별도 꽃도 정이 깃든 눈으로 볼 때만이 아름답다. ③ 아들을 사랑하는 아버지의 정으로는 죽음도 겁나지 않는다. ④ 제자를 위한, 스승을 위한, 친구를 위한 인정의 발로이면 사생을 넘어설 수도 있다.

- 정여송 ≪마중물≫

28) 이 문단은 하나의 소주제문(밑줄 친 부분)과 네 개의 뒷받침문장으로 되어 있다. 네 개의 문장 중 어느 하나도 소주제문의 뜻과 무관하거나 그에 어긋나지 않는다.

3) 연관성

연관성을 획득한다는 것은, 한 문단은 그 문단을 이루는 여러 문장들이 서로 잘 연관되어야 한다는 것, 연관이란 문장들이 물 흐르듯 유연하게 이어진다는 뜻이다. 다음을 보자.

A. 우리가 무엇을 알려고 하는 것은 그 앎을 통하여 삶을 보다 잘 영위하기 위한 것이다. 안다는 것이 다만 안다는 데서 끝난다면 그것은 대단히 허망한 노릇이다. 앎 자체를 목적으로 삼는 경우도 있다. 앎이 우리의 삶과 무관하다는 뜻은 아닐 것이다.

B. 비닐우산은 참 볼품없는 우산이다. ① <u>그리고</u> 눈만 흘겨도 금방 부러져 나갈 듯한 대오리살 하며, 당장이라도 팔랑거리며 살을 떠날 듯한 비닐덮개 하며, 한 군데도 탄탄한 데가 없다. ② <u>그러나</u> 그런 대로 우리의 사랑을 받을 만한 덕을 갖추고 있기 때문에 아주 몰라라 할 수만은 없는 우산이기도 하다.

글A는 네 개의 문장으로 되어 있는데, 이 넷이 서로 따로 놀아 글의 흐름에 유연함이 없다. 그것은 문장과 문장을 이어주는 알맞은 중계어가 없기 때문이다. 다음과 같이 고치면 무난할 것이다.

우리가 무엇을 알려고 하는 것은, 그 앎을 통하여 삶을 보다 잘 영위하기 위한 것이다. <u>따라서</u> 안다는 것이 다만 안다는 데서 끝난다면 그것은 대단히 허망한 노릇이다. <u>물론</u> 앎 자체를 목적으로 삼는 경우도 있다. <u>그러나</u> <u>그것도</u> 앎이 우리의 삶과 무관하다는 뜻은 아닐 것이다.

글B는 이어주는 말이 둘 들어 있다. 물론 둘 다 문장의 이음을 유연하게 하기 위해서 썼을 것이다. 그러나 ②와 달리 ①은 오히려 문장의 이음을 부자연스럽게 만들고 있다. 당연히 삭제해야 한다.

문단은 그 문장들의 이음이 물 흐르듯 유연해야 한다.

자, 연관성을 생각하며 글 한 문단 읽어 보자.

김영만/와석삼제(臥席三題)

우리를 죽음에 이르게 하는 것은 어쩌면 이 아픈 것보다도 외로움일지 모른다는 생각을 한 건 1인실 병실에서다. 1인실은 한 사람의 아픈 사람을 아프지 않은 많은 사람들이 지켜보는, 그래서 외로움을 아예 구조화시켜 주는 비정한 방이었다. 살뜰히 보살펴주는 가족이 있다. 그러나 그들은 어느 순간 아무것도 공유할 수 없는 가족이란 이름의 또 하나의 고독이었다. 넓은 공간을 더 넓게, 느린 시간을 더 느리게 만드는 1인실은, 그리하여 수척해진 나를 더 가늘고 더 조그맣게, 아픔을 더 깊게 더 천천히 음미케 했다.

- 이정림 편 ≪7인 수필집≫

이 문단은 문장들의 이음이 퍽 유연하다. 이어주는 말들(밑줄 친)이 제자리에 잘 놓였기 때문이다.

그러나 여기 오해 없기 바란다. 반드시 그래서, 그러나 같은 이어주는 말이 있어야만 한 문장이 유연성을 획득하는 것은 아니다. 다음 글은 그런 말 하나 없으면서도 그 흐름이 물 흐르듯 유연하다.

윤오영/달밤

맞은편 집 사랑 툇마루에 웬 노인이 한 분 책상다리를 하고 앉아서 달을 보고 있었다. 나는 걸음을 그리고 옮겼다. 그는 내가 가까이 가도 별 관심을 보이지 아니했다.

"좀 쉬어 가겠습니다."

하며 걸터앉았다. 그는 이웃사람이 아닌 것을 알자

"아랫마을에서 오셨소?"

하고 물었다. 네, 달이 하도 밝기에…."

"음, 참 밝소."

허연 수염을 쓰다듬었다.

두 사람은 각각 말이 없었다. 푸른 하늘은 먼 마을에 덮여 있고 뜰은 달빛에 젖어 있었다.

- 윤오영, ≪고독(孤獨)의 반추(反芻)≫

확인하기

우리는 지금까지 문단에 관한 이런저런 이야기들을 나누어 왔다. 그럼 글 한 편(두 문단) 읽고 앞에서 이야기한 것들을 확인해 보자.

정주환/비닐 문화

버스를 타고 시골길을 달려 보면 옛날 농촌의 모습은 찾아볼 수가 없다. 초가지붕은 뜯기고 대신 슬레이트나 양철로 덮여 있다. ‖ 농사법도 옛날과 상이하다. 온상에서부터 이식까지 온통 비닐에만 의존한 데 대하여 새삼 놀라지 않을 수 없다. 비닐모판, 비닐하우스, 비닐텐트, 비닐두둑-. ‖

우리가 자랄 때만 해도 농촌의 전통적인 생활양식은 짚의 일색이었다. 짚으로 곡식 담는 가마니와 망태기를 만들었고, 지붕과 토담을 이었으며, 멍석을 엮어서 곡물을 말렸다. 짚으로 소쿠리를 엮어서 재를 담아냈고, 우비를 만들어서 비를 피했고, 울타리와 동아줄도 틀었다. 상복을 입을 때도 짚으로 줄을 틀어서 허리와 머리에 둘렀고, 출산이나 신굿을 할 때도 금줄을 쳐서 외부인의 출입을 막기도 했다. 짚은 농촌에 있어서 없어서는 안 될 생활필수품이었다.

- 대표에세이문학회, ≪교과서에 싣고 싶은 나의 수필≫

이 글의 첫 문단은 소주제문 + 뒷받침문장의 짜임이다. 그러니까 연역적 문단이다. 이 글의 둘째 문단은 소주제문 + 뒷받침문장 + 소주제문의 짜임이다. 그러니까 연역과 귀납을 아우른(양괄식) 문단이다. 세 소주제문은 다 일반적인 진술, 두 문단의 뒷받침문장들은 모두 특수한 사례들로 되어 있다.

이 두 문단은 결여나 불충분이 없다(완결성). 이 두 문단의 뒷받침문장들은 그 소주제문의 뜻과 무관하거나 그에 어긋나는 것이 없다(통일성). 이 두 문단의 문장들은 특별히 이어주는 말이 없는데도 흐름이 유연하다(연관성).

한 편의 글의 가장 큰 언어 단위는 문단이다. 단어가 아무리 정확하고 알맞아도, 문장이 아무리 정확하고 분명해도, 문단이 완결성과 통일성, 그리고 연관성을 획득하지 못한다면 좋은 글이 될 수 없다는 점을 늘 기억하도록 하자.

IV 산문(수필)의 진술방식

우리는 지금까지 수필쓰기를 위한 산문의 기초 이론을 살피고, 산문으로서의 수필을 이루는 언어 단위에 관한 논의를 전개해 왔다. 이제는 수필과 관련하여 산문의 진술방식을 살펴보기로 한다. 이 진술방식은 다음과 같은 네 갈래로 나뉜다.

- 설명(說明, exposition)
- 논증(論證, argument)
- 묘사(描寫, description)
- 서사(敍事, narration)

1 설 명

설명은 필자가 아는 어떤 사실, 지식, 정보 같은 것들을 말(說)로 풀어 밝혀(明) 독자(청중)로 하여금 그것들을 이해하게 하려는 진술방식이다. 설명의 방법은 퍽 다양하지만, 여기서는 수필을 쓰는 데, 또는 설명문을 쓰는 데[1] 비교적 유용하다고 생각되는 확인, 비교와 대조, 분류, 분석, 그리고 예시에 관해서 말해 보기로 한다.

1) 설명은 원래 설명문의 진술방식이다.

(1) 확인(確認)

확인은 설명의 가장 단순한 형태로 어떤 사물이 무엇인가(어떤 것인가, 누구인가)를 밝히는 설명 방법이다. 달리 말하면, 이런 질문에 대답하는 형식이라고 할 수 있다.

A. 수필은 산문으로 쓰는 문학이다.
B. 김소월(金素月)은 시인이다.

A는 수필은 무엇(어떤 글로 쓰는 문학)인가, B는 김소월은 누구인가 하는 질문에 답한 것이다. 다음은 확인의 예-.

A. 백임현/신탄리

경원선 최북단에 있는 신탄리역은 서울에서 2백 리쯤 더 북쪽으로 가야 하는 전방의 한 작은 정거장이다. 분단되기 전에는 이곳이 금강산도 가고 명사십리의 휴양지 원산까지 가는 길목이었고, 또한 경원선은 러시아의 블라디보스독을 거쳐 시베리아를 횡단하여 유럽대륙으로 가는 통로의 철도노선이었다. 그러나 휴전 이후 신탄리역은 경원선의 마지막 정거장이 되었고 더 이상 북쪽으로는 가지 못하는 서글픈 '중단역'이 되었다.

- ≪계간수필≫ 2008년 겨울호

B. 지훈상/길영희 선생

길영희 선생은 우리나라에서 으뜸가는 교육자였다. 평안북도 희천(熙川)이 고향인 선생은 평양고등보통학교를 거쳐 1919년에 경성의학전문학교에 입학하여 의사가 되는 길을 택했다. 그러나 1학년에 재학 중 3·1만세운동이 일어나자 학생 대표의 한 사람으로 이 운동에 참여하였다가 일경에 붙잡혀 옥고를 치렀다.

이 일로 경성의학전문학교에서 퇴학을 당하였고 배재고등보통학교에 편입하여 수석으로 졸업한 후 일본으로 건너가 히로시마고등사범

학교에서 역사학을 전공하고 1929년에 귀국하였다. 귀국한 후 배재고등보통학교, 경신학교 등에서 교편을 잡았으나 일제의 압력을 견디지 못하고 1939년에 교단을 떠났다.

- 지훈상, ≪나무가 꿈꾸어야 산이 움직인다≫

C. 이정희/내가 좋아하는 우리말 열 개

물안개. 강이나 호수, 바다 따위에서 피어오르는 안개를 가리키는 명사. 양평 가는 새벽길에 두물머리를 지나면서 여러 번이나 물안개를 마주했다. 모든 것이 정지한 듯한 고요한 수면 위로 몽실몽실 피어오르며 마치 아련한 꿈속으로 나를 이끄는 것 같던 물안개, 물안개는 햇볕에 달구어진 수면이 밤새 차가운 기온에 부딪힐 때 생기는 자연현상이니, 전날 낮밤의 가온차가 꽤 컸으리라 짐작케 한다.

- ≪계간수필≫ 2015년 봄호

글A는 신탄리역은 어떤 곳인가, 글B는 길영희는 누구인가, 글C는 물안개(낱말과 현상)는 무엇, 또는 어떤 것인가 하는 물음에 대한 대답이다.

확인은 어떤 사물의 무엇임(누구임을)을, 또는 어떠한 것임을 꼭 찍어 밝히는 데 매우 유용한 방법이다.[2] 설명의 가장 단순한 형태이면서 수필에 많이 쓰이는 것은 이런 장점 때문일 것이다.

(2) 비교(比較)와 대조(對照)

둘 이상의 대상을 견주어 보면 그 대상들의 공통점이나 유사점, 또는 차이점이 드러난다. 그럴 때 그 공통점이나 유사점을 드러내는 설명 방법을 비교, 그 차이점을 드러내는 방법을 대조라고 한다. 다음은 버스와 트럭을 견주어 본 것이다.

---

2) 확인은 어떤 대상을 마치 손가락으로 가리켜(指), 저것은 이렇다 하고 정(定)하는 것과 같으므로 지정(指定)이라고도 한다.

A. 버스와 트럭은 다 같이 운반수단이다.
B. 버스는 사람을 싣고 트럭은 짐을 싣는다.

A는 버스와 트럭을 비교한(둘 다 운반수단이라는 공통점을 밝힌) 것이고, B는 둘을 대조한(버스는 사람을 싣고 트럭은 짐을 싣는다는 차이점을 밝힌) 것이다. 다음을 보자.

A. 오세윤/머리말

* 지은이(오세윤)는 의사 수필가다. 그가 지금 네 번째 수필집 출간의 마무리 작업을 하고 있다. 새벽이다. 빗소리를 들으면서-.

개운하면서도 걱정스럽다. 진찰을 하고 병명을 붙이고 처방을 내 환아(患兒)를 보낼 때의 심정과 어찌 그리 똑같은가? 꼼꼼하게 정성을 다해 진찰을 했나, 엉뚱한 병명을 붙인 건 혹 아닌가, 처방한 약이 효과가 있어 빨리 회복되면 좋을 텐데-. 독자를 향해 갖는 마음이 한 터럭도 다르지 않다. 수필과 진료.

- 오세윤, ≪등받이≫

B. 이선우/화려한 상상

* 어느 날 저녁 사무실에서였다. 건너편 블라인드 활짝 젖혀진 한 오피스텔의 밝은 실내, 실오라기 하나 안 걸친 청년이 욕실로 부엌으로 오가고 있었다. 건강하고 아름다워 보였다. 순간, 이 전라(全裸)의 청년을 더 보아야 하는가, 그만 눈을 돌려야 하는가, 갈등이 왔다.
다윗이 왕이 되어 어느 날 저녁 궁궐 뜰을 거닐다가 목욕하는 여인을 보았다. 다윗의 충직한 부하 우리아의 아름다운 아내 밧세마였다. 그는 여인을 범한다. 그 후 다윗은 자신의 죄를 참회하고 하나님께 용서를 받지만 나는 그들의 파렴치함이 용서되지 않았다. 그런데.

그 후로도 나는 그 청년을 다시 한 번 볼 수 있으려나 실없는 눈길을 보내곤 했지만 더 이상 블라인드가 젖혀지는 일은 없었다.
우리아의 아내 밧세마가 다윗왕이 산책할 시간에 일부러 목욕하는

척 왕을 유혹했을 것이라는 성경학자의 견해도 있다. 나는 이따금 건너편 그 청년이 우리아의 아내처럼 나를 유혹했던 건 아니었을까, 화려한 상상을 하기도 한다.

- ≪계간수필≫ 2016년 여름호

C. 권태숙/어디까지 좋을까

텔레비전 화면이 밝았다 어두웠다, 이 채널 저 채널, 혼란스럽다.

"그거 할머니 줄래?" ‖

리모컨을 눌러대던 손녀가 배시시 나를 바라본다. 이제 첫돌을 지난 지 한 달, 아직 화면을 보지도 않고 그냥 누르는 재미만 느끼는 것 같다. 제법 길쭉하지만 폭이 좁아 리모컨은 아기의 손에 잡혀져 내 손 가까이 왔다가 도로 빠진다. "리모컨 주세요." 나는 두 손을 다 벌리고 환심을 사려고 애쓴다. 앙증맞은 손등이 또 왔다가 간다. ‖ 음악이 나오면 손을 흔들고 곡이 멈추면 단추를 눌러 끌 줄도 안다. ‖

"내 알라 어딨노?"

순간 당황해하며 엄마는 이리저리 살핀다. ‖

"엄마, 엄마 알라 여기 다 있잖아?"

"큰딸 작은딸, 큰아들 막내, 우리가 엄마 알라잖아?" ‖

칠순을 맞은 언니를 축하하며 엄마를 모시고 사남매가 여행을 하는 중이다. 저녁을 먹고 숙소에 도착해서 느닷없이 13년 전에 돌아가신 아버지를 찾다가 또 아기를 찾는다. ‖

물 먹은 솜처럼 묵직해지는 손녀, 볕에 널어놓은 무말랭이처럼 가볍게 쪼그라드는 엄마, 엄마는 또 어떻게 변해 갈까?

- ≪계긴수필≫ 2015년 여름호

글A는 어린 환자를 진료하고 내보내는 심정과 수필집을 세상에 내보내는 심정을 비교한 것, 비교된 내용(둘의 공통점이나 유사점)은 개운하면서도 걱정스럽다는 것이다(글의 내용으로 보면 걱정스럽다는 것에 더 무게가 있는 듯하다.).

글B는 오세윤의 머리말처럼 작가의 심정의 비교가 아니고 옛이

야기와 지금의 내이야기의 비교다. 비교된 내용은

목욕하는 벳세마가 다윗왕을 유혹했을 것,
전라(全裸)의 청년이 나를 유혹하지 않았을까?

참 화려한 상상이다.

글C는 어린 손녀와 연로한 어머니를 대조한 것, 대조된 내용(차이점)은, 손녀는 물 먹은 솜처럼 묵직해지는데 어머니는 무말랭이처럼 쪼그라든다는 것이다(글의 내용으로 보면 어머니에 대한 연민 쪽에 더 무게가 있는 듯하다). 한 예를 더 보자.

D. 고계자/제사

* 난향(蘭香)이 거실을 가득 채울 무렵이면 시어머님 제사다. 30여 년 전 시집 와서 처음 어머님 제사를 맞았을 때 시아버님은 내게 지방(紙榜), 축문(祝文) 쓰는 법을 가르쳐 주셨다. 나는 늘 목욕재계하고 글씨를 썼다. 그리고 제사를 정성껏 모셨다.

이런 제사를 접은 지 2년이 되었다. 주위의 친척들이 기독교로 개종(改宗)을 해서 나 역시 따르다 보니 선조들의 뜻을 거스르는 것 같아 항상 죄송하다. 봄이 되어 난 향기가 거실에 가득할 때면, 그 무렵에 돌아오는 제사가 생각나 나는 항상 편안하지 못한 마음으로 하루하루를 보낸다. 추모 예배를 드릴 때면 축문과 지방 쓰는 법을 가르쳐 주시던 시아버님의 환상에 늘 마음이 불편하다. 얼마나 세월이 흘러야 이 마음의 빚에서 헤어나 즐거운 마음으로 경건한 예배를 드릴 수 있을지-.

- 고계자, ≪소울메이트의 여정≫

이 글은 지방, 축문 쓰고 정성스럽게 제사지내던 나와 기독교로 개종하여 그런 제사 대신 추모 예배를 드리는 나를 대조한 것이다. 추모 예배와 제사, 그 사이에 일어나는 갈등이 드러나 있다.

비교와 대조는 그 견주어진 사물(대상)의 어떠함을 설명하는 데 퍽 유용한 방법이다. 물론, 희귀하지만 글D처럼 두 대상을 대조함으로써 자신의 내적 갈등을 표현하는 경우도 있다.

(3) 분류(分類)

우리는 이미 분류라는 말을 쓴 일이 있다(p. 9). 그렇다. 어떤 대상을 보다 명료하게 이해시키기 위해서는 그 대상을 갈래지어 보이는 것이 좋다.[3] 가령 수필을 고전수필과 현대수필로 갈래지

---

3) 그럼 이 기회에 설명으로서의 분류에 관해서 좀더 상세히 알아보자. 어떤 대상을 갈래짓는 방법엔 두 가지가 있다. 하나는 그 대상을 그보다 작은 갈래(작은 항목, 하위개념)로 나누는 것이고, 다른 하나는 그것을 그보다 큰 갈래(큰 항목, 상위개념)로 묶는 것이다. 다음을 보자.

A-1. 소설은 그 제작된 시기에 따라 고대소설과 현대소설로 나누어 볼 수 있다. 고대소설은 갑오경장(1894) 이전에 제작된 것으로 가령 김만중(金萬重)의 ≪구운몽(九雲夢)≫같은 소설이고, 현대소설은 그 이후에 제작된 것으로 예를 들면 김동인(金東仁)의 ≪감자≫ 같은 소설이다.

A-2. 우리 마을 말고도 우리 근동엔 마을이 둘 더 있다. 우리 마을에서 5리쯤 위로 올라가면 한 20호 되는 마을이 하나 보인다. 이 마을이 윗마을이다. 우리 마을에서 5리쯤 아래로 내려가면 역시 한 20호 되는 마을이 나타난다. 이 마을이 아랫마을이다. 우리 마을도 한 20호 된다. 사람들은 우리 마을을 가운뎃마을이라고 부른다.

B-1. 신라의 향가(鄕歌), 고려의 속요(俗謠), 조선의 시조(時調), 이들은 그 내용으로 보아 모두 서정시에 속한다. 서정시는 서사시, 극시와 나란히 시의 한 장르를 이룬다.

B-2. 나는 거의 매일 그 산엘 간다. 숲이 좋아서다. 별의별 나무가 다 있다. 떡갈나무, 참나무 같은 활엽수, 소나무, 잣나무 같은 침엽수, 눈에 많이 익은 이런 나무 말고도 신기하게 생긴 나무들이 수두룩하다.

글A-1은 설명문이다. 소설이라고 하는 대상을 고대소설과 현대소설로 갈래지은 것이다. 갈래짓는 기준은 제작 시기다. 글A-2는 수필이다. 근동의 여러 마을을 윗마을, 아랫마을, 가운뎃마을로 갈래지은 것이다. 갈래짓는 기준은 글 표면엔 드러나 있지 않지만 그것은 마을의 위치다.

글B-1도 설명문이다. 신라의 향가, 고려의 속요, 조선의 시조를 서정시라는

어 보이는 경우와 같은 것이다. 그런데 무엇을 갈래지으려면 그 갈래짓는 기준, 즉 분류기준이 있어야 한다. 수필을 고전수필과 현대수필로 갈래짓는 기준은 제작시기다(p. 9). 여기 한 가지 기억해 둘 것은, 한 갈래짓기에 두 가지 기준을 적용해서는 안 된다는 사실이다.

A. 사람은 남자와 여자로 나누어 볼 수 있다.
B. 사람은 남자와 노인으로 나누어 볼 수 있다.

A의 갈래짓는 기준은 성별 하나다. 말이 된다. 그러나 B는 성별(남자), 나이(노인) 둘이다. 말이 안 된다. 남자 중에도 노인이 있고 노인 중에도 남자가 있기 때문이다. 두 기준을 적용하면 말이 논리를 잃는다.

수필에서는 분류를 찾아보기 어렵다. 다음은 그 비슷한 예-.

정진권/분이별, 삼돌이별

별을 보면 고향이 그립다.

별은 하늘에도 뜨고 샘물에도 떴다. 밤물 길어가는 분이의 물동이에도 떴다. 물동이를 이고 가다 멀리 성황당을 바라보는 분이의 두 눈에도 별은 떴다. ‖ 성황당 너머엔 냇물이 흐른다. 삼돌이가 바지 걷고 건너는 그 냇물에도 별은 떴다. ‖

더 큰 항목(개념)으로 묶은(갈래지은) 것이다. 그 갈래짓는 기준은 시의 내용이다. 글B-2는 수필이다. 떡갈나무, 참나무를 활엽수, 소나무와 잣나무를 침엽수라는 큰 항목으로 묶은 것이다. 갈래짓는 기준은 잎의 모양.

글A-1, 2처럼 어떤 대상을 그보다 작은 항목으로 나누는 것을 구분 또는 분할, 글B-1, 2처럼 그보다 큰 항목으로 묶는 것을 분류라고 한다. 그런데 우리나라에서는 웬일인지 구분 또는 분할이라는 말을 잘 안 쓴다. 그러니까 분할도 분류, 분류도 분류다. 분할이나 분류는, 수필에서보다는 설명문을 쓰는 데 더 유용한 방법이다.

그날 밤 반딧불이 흩나는 연자방앗간에 마을 아이들의 웃음소리도 다 사라지고 나면 그 어둑한 지붕 위에도 푸른 별 두 개가 똑똑 떴을 것이다. 분이별, 삼돌이별.

- 정진권, ≪한 수필가의 짧은 이야기≫

분류라는 관점에서 이 글을 보면 그 구조가 다음과 같다.

별 : 하늘에 뜨는 별, 샘물에 뜨는 별,
분이의 물동이에 뜨는 별, 분이의 눈에 뜨는 별,
냇물에 뜨는 별, 연자방앗간 어둑한 지붕 위에 뜨는 별

이 글은 별을 여러 갈래로 나누고 있다. 그 기준은 별이 뜨는 곳이다. 그러나 이 글의 목적이 별을 보다 명료하게 이해시키려는 게 아니므로(그리움이라는 정서를 표현하려는 것이 목적이므로) 설명의 한 방법으로서의 분류에선 퍽 멀다.

(4) 분석(分析)

어떤 대상을 보다 명료하게 이해시키기 위해서는 앞에 말한 분류처럼 그 대상을 갈래지어 보이기도 하지만 그것을 해체해서 그 구성요소를 드러내 보이기도 한다. 이런 설명 방법을 분석이라고 한다. 분석은 그 대상의 무엇을 분석하는가에 따라 기능적(機能的) 분석, 연대기적(年代記的) 분석, 그리고 인과적(因果的) 분석의 세 갈래로 나누어 볼 수 있다.[4] 다음은 학생들의 문장론 시간에 내

---

4) 분석은 그 분석 대상(물리적 대상인가 개념적 대상인가)에 따라 물리적 분석과 개념적 분석으로 나누기도 한다. 다음은 각각 그 한 예-

A. 만년필은 보통 펜촉, 잉크통, 대, 뚜껑으로 되어 있다. 펜촉은 글씨를 쓰고, 잉크통은 잉크를 공급하며, 대는 잉크통을 보호함과 함께 사람이 손으로 잡고 쓰게 한다. 그리고 뚜껑은 만년필을 사용하지 않을 때 그 펜촉을 잘 보호한다.

가 만들어 보인 예문들이다.

A. 상록문학회

우리 대학의 문학 서클인 상록문학회는 연구부, 출판부, 총무부의 세 부서로 구성된다. 이 가운데 연구부는 회원들의 창작과 연구를 활동을 지원하고 그 결과를 모아 출판부에 넘긴다. 출판부는 연구부에서 넘어온 창작물과 연구물을 편집하여 잡지를 간행하다. 총무부는 연구부와 출판부의 활동을 지원하며, 회의 일로서 위 두 부서가 관장하지 않는 모든 일을 관장한다.

B. 아무개 선생

선생은 1910년 경기도 양평(楊平)에서 태어나시고 거기서 열 살까지 서당엘 다니며 한문을 읽으셨다. 그 후는 집에서 농사를 지으며 신학문을 독학하셨는데 그때 국사학 연구에 뜻을 세우셨다고 한다.

1935년 선생은 조국을 구하고자 분연히 일어나 고향을 등지고 만주(滿洲)로 떠나셨다. 다음 선생은 독립군 대열에 참가해서 왜적을 향해 방아쇠를 당기셨다. 그러면서도 공부를 게을리 하지 않으셨다.

1945년 해방과 함께 고국으로 돌아온 선생은 곧 우리 학교에 오셨다. 선생은 학생들을 가르치는 한 편, 국사학 연구에 몰두하셨다. 지금 국사학계의 중진 학자들 중 많은 분들이 선생의 문하생들이다.

B. 한 편의 이야기는 인물, 배경, 사건으로 이루어진다. 이 가운데 인물은 사건을 일으키는 주체 노릇을 하고, 배경은 인물이 사건을 일으키도록 시간과 공간을 제공한다. 사건은 인물의 생각과 말과 행동의 한 체계로서 이야기 그 자체다.

글A는 그 분석 대상이 만년필이라는 물리적 존재다. 이 글은 그런 물리적 대상의 구성요소로서 펜촉, 잉크통, 대, 뚜껑을 분석해낸 것이다. 이런 분석이 곧 물리적 분석이다. 글B는 그 분석 대상이 이야기라는 개념적 존재다. 이 글은 그런 개념적 대상의 구성요소로서 인물, 배경, 사건을 분석해낸 것이다. 이런 분석을 개념적 분석이라고 한다. 앞에 보인 어느 학생의 〈상록문학회〉도 개념적 분석의 예다. 분석은 분할이나 분류처럼, 수필에서보다는 설명문을 쓰는 데 더 유용한 방법이다.

C. 금메달

복싱 선수인 김 군이 지난 서울 올림픽에서 영광스러운 금메달을 목에 건 것은 결코 우연이 아니다. 첫째로 그는 강인한 체력과 투철한 의지가 있었다. 그랬으므로 그는 아무리 강도 높은 훈련에도 지치거나 두려워하는 일이 없었다. 둘째로 그는 연구심이 대단히 강했다. 그랬으므로 그는 자신의 연습 내용을 검토하여 결함을 고치고, 가상의 적을 생각하며 그 대비책을 강구할 수 있었다.

- 정진권, ≪문장론 연습≫p.66

글A는 <u>상록문학회의 조직</u>을 분석, 세 구성요소(연구부, 출판부, 총무부)를 추출해내고 각각 그 기능을 설명한 것이다. 이런 분석이 곧 기능적 분석이다.

글B는 <u>아무개 선생의 삶</u>을 분석, 세 구성요소(출생과 학업, 독립군 활동, 교육과 연구)를 추출해낸 것이다. 그러나 이 글은 그 구성요소의 기능을 설명한 것이 아니고 사건의 계기적(繼起的) 단계를 말한 것이다. 이런 분석이 곧 연대기적 분석이다.

글C는 <u>김 군이 금메달을 따게 된 원인</u>을 분석, 두 구성요소(강인한 체력과 투철한 의지, 강한 연구심)를 추출해내고 그 원인이 어떤 결과를 가져왔는지를 설명한 것이다. 이런 분석이 곧 인과적 분석이다. 인과적 분석은 원인분석과 결과분석을 아우른 말이다.[5] 글

---

5) 위에 보인 〈금메달〉은 원인분석과 결과분석을 아우른 예지만, 흔히는 원인분석 따로, 결과분석 따로 따로 행한다. 다음 글A는 원인분석, B는 결과분석이다.

A. 선생이 밤을 새워 공부해서 빛나는 저작을 많이 남기신 것이나, 지치지 않고 열심히 일을 해서 농장을 훌륭히 경영하실 수 있었던 것은 체력이 강인하고 천성이 부지런하셨기 때문이다.

B. 선생은 체력이 강인하고 천성이 부지런하셨다. 그랬으므로 밤 새워 공부해서 빛나는 저작을 많이 남기시고, 지치지 않고 열심히 일을 해서 농장을 훌륭히 경영하시게 된 것이다.

C는 다음과 같이 요약할 수 있다.

① 금메달을 따게 된 원인 : 강인한 체력, 투철한 의지, 강한 연구심
② 강인한 체력의 결과 : 지치지 않음
③ 투철한 의지의 결과 : 두려움이 없음
④ 강한 연구심의 결과 : 결함을 고치고 대비책을 강구

여기서 ①은 원인분석, ②③④는 각각 결과분석이다. 그러나 이 결과분석은 결국 금메달을 따게 된 원인을 설명하기 위한 것이다.

이런 기능적 분석은 수필에서는 잘 쓰이지 않는다. 연대기적 분석은 전기(傳記)에 쓰인다. 분석 중 수필에 흔히 쓰이는 것은 인과적 분석이 아닌가 한다.[6] 다음은 인과적 분석의 예-.

A. 한형주/연못 속의 붕어

되풀이되는 겨울철의 연못 관리에 진절머리가 난 나는, 지난겨울 꽁꽁 언 손으로 얼음을 깨고 먹이를 주다가 결국은 빨리 봄이 오기를 기다리는 마음이 되고 말았다. 연못 속의 붕어를 자연의 호수에 돌려주고, 그래서 붕어에게도 내 마음에도 자유와 평온을 되찾아주고 싶었다. ‖

그렇지, 이 붕어들은 벌써 야생 능력을 잃은 지 오래다. 내 노리개로 변한 놈들이다. ‖ 도대체 이 철없는 붕어들을 어디에다 방생한단 말인가? 한강? 그 폐수 속에…. 저수지? 가물치, 메기, 끄리, 뱀장어 같은 육식 어종이 득시글거리는 그 속에서 과연 배겨날까? 더욱이 고도의 낚시 기술을 몸에 익힌 약아빠진 낚시꾼들이 어디에나 웅크리고

글A는, 선생이 빛나는 저작을 많이 남기고 농장을 훌륭히 경영할 수 있었던 원인이 무엇인가를 분석한 것이고, 글B는 선생의 체력이 강인하고 천성이 부지런한 것이 어떤 결과를 가져왔는가를 분석한 것이다.

6) 그러나 수필은 설명문이 아니니 원인을 분석한다, 결과를 분석한다, 이런 말보다는, 원인을 말한 것, 결과를 말한 것, 이런 말이 더 잘 어울릴 것 같다.

앉아서 묘한 속임수를 부리고 있는데 이 어수룩한 놈들을 풀어놓아 주면 아마 열흘도 못 가서 모조리 낚여지고 말 것이다. ‖

생각이 여기에 이르니 한숨이 저절로 나오고, 붕어들 눈만이 더욱 커져 보였다. 그 눈은 겁에 질린 눈, 그리고 내 마음을 너무도 몰라주는 순진한 눈으로만 보였다.

- 한형주, ≪한형주의 붕어낚시≫

B. 문주생/카네이션

* 어버이날이다. 그런데 비록 어리기는 하지만 아이들이 카네이션 한 송이 꽂아 주질 않는다. 나는 야단을 쳤다. 아들아이는 생화가 너무 비싸서, 딸아이는 조화는 사기 싫어서 못 샀다고 했다. 그리고 어버이날이 지났다. 그런 어느 날 아들아이가 제 방에서

"엄마, 이것 채워 드릴게요."
하며 나온다. 손에는 조화로 된 빨간 카네이션 두 송이가 들려 있었다. 내 가슴에 꽃을 달아주는 아이의 얼굴에 땀이 흐르는 것이 고맙기도 하지만 한편으론 화가 난다.

"문방구 아저씨가 뭐라고 하시던?"

그러자 아들아이는 얼굴이 빨갛게 달아오른다. 어버이날이 지난 다음에 왜 꽃을 사러 왔느냐고 묻기에 민망했지만, 한 송이에 백 원씩 깎아 주었다며 웃는다. 나도 덩달아 참았던 웃음을 터뜨렸다.

늦게 귀가한 남편은 탁자에 놓인 꽃을 힐끔 바라보더니, 마음이 중요하지 꽃이 뭐가 중요하냐며 방으로 들어가 버린다. ‖

그 제서야 정신이 들었다. 겉치레를 중히 여기는 난 얼마나 어리석은 사람인가. 남편에겐 전화로 안부를 여쭐, 꽃 한 송이 채워 드릴 부모가 계시지 않으니 어제 오늘 얼마나 한숨을 쉬었겠는가. 더군다나 그는 네 살 때 어머니를 여의어 얼굴조차 기억하지 못한다. 그런 사람에게 꽃을 채워 준다 한들 무엇이 반가울까. 나는 가슴의 꽃을 가만히 내려놓았다.

- 문주생, ≪듣고 싶은 풍금 소리≫

글 A는 붕어를 자연에 돌려주지 못하게 된 원인(이유)을 말한 것이다. 한강은 폐수여서, 저수지는 육식 어종이 득실거리고 약아빠진 낚시꾼들이 웅크리고 있어서 그렇다는 것이다. 이런 설명이 곧 원인분석이다.

글B는 남편의 말(원인)의 결과를 이야기한 것이다. 그 말을 듣고(부모가 안 계시는 그 사정도 함께 생각하고서) 나는 내 가슴의 꽃(물론 아들아이가 달아 준)을 가만히 내려놓는다(결과). 이런 분석이 곧 결과분석이다.

분석은, 물론 당연한 말이지만, 어떤 사물의 구성요소를 밝히는 데 유용한 방법이다. 그러나 수필에서는 위에 보인 〈상록문학회〉, 〈아무개 선생〉, 〈금메달〉처럼 재로 잰 듯 도식적이기보다는 한형주의 〈연못 속의 붕어〉나 문주생의 〈카네이션〉처럼 좀 덜 도식적으로 쓰이는 게 보통이다.

(5) 예시(例示)

어떤 개념이나 사실을 보다 구체적으로 이해시키기 위해서 예를 들어 보이는 일이 있다. 이런 설명 방법을 예시라고 한다. 다음을 보자.

A. 문학이란 언어를 표현수단으로 하는 예술을 말한다. 예를 들면 시, 소설, 수필, 희곡 같은 것들이다. 이들은 다 언어를 표현수단으로 한다.

B. 구기(球技)는 공을 가지고 경기하는 스포츠를 말한다. 예를 들면 축구, 농구, 배구, 야구 같은 것들이다. 구기는 인기 있는 스포츠다.

글A는 문학(개념)이 어떤 것인가를 이해시키기 위해서 시, 소설, 수필, 희곡을 예로 들어 보인 것이고, 글B는 구기(사실)란 어떤 경

기인가를 이해시키기 위해서 축구, 농구, 배구, 야구를 예시한 것이다.

그러나 수필은 어떤 개념이나 사실을 이해시키기 위해서 예시하는 일은 흔치 않다. 그것은 설명문이 하는 일이다. 수필은 그냥 자기가 한 말을 좀더 구체적으로 전달하기 위해서 이 방법을 활용할 뿐이다.

◎ A. 박태선/안해

안해는 또한 둘째가라면 서러워할 겁보다. 언젠가는 교통사고로 피를 흘리는 사람을 보고서는 졸도를 해버렸다. 바퀴벌레나 송충이는 물론이고 올 여름에는 개나리 가지에 들러붙어 있는 매미의 허물을 보고 소스라치게 놀라는 것이었다.

- 문학나무, ≪젊은 수필 2011≫

◎ B. 김창송/잊지 못할 고객들

지난 세월 동안 수많은 거래처가 있었지만 기억에 남는 몇몇 고객과 회사들은 영원히 잊을 수가 없다. ‖ 좋은 추억의 회사들 ‖

나쁜 추억들, 사례 (1)

네덜란드에 있는 A 완구 바이어는 수입한 후에도 대금을 입금하지 않고 있었다. ‖ 수입한 완구제품이 불량이라 창고에 그대로 재고로 있으니 대금을 보낼 수 없다는 것이다. 한번 와서 확인하라는 것이다. 나는 다른 일도 볼 겸 유럽 출장길에 나섰다. 독일에서 한 거래처와 상담하고 암스테르담에 가서 기차로 2시간 걸려 바이어가 있는 지역까지 갔다. 회사에 찾아가니 그는 시내에 완구 판매를 나갔다는 것이다. 낯선 길이지만 그곳까지 찾아가니 우리 제품을 가득 실어 놓고 노점 판매를 하고 있었다.

- 김창송, ≪1달러의 애상(哀想)≫

글A는, 안해는 겁보라고 한 말을 좀더 구체적으로 전달하기 위해서 안해가 졸도하고 소스라치게 놀란 일을 예시한 것이고, 글B는 나쁜 추억을 구체적으로 말하기 위해서 네덜란드 A 완구 바이어의 경우를 예로 든 것이다.

예시는 무엇을 구체적으로 이해시키는 데(자기가 한 말을 구체적으로 전달하는 데) 퍽 유용한 방법이다. 좀 어려운 내용이라 하더라도 적절한 예를 들어 보이면 독자는 쉽게 이해하는 것이다. 물론 그 든 예가 적절할 때이다.

확인하기

우리는 지금까지 설명의 이런저런 방법들에 관해 이야기해 왔다. 자, 글 한 편 읽고 마치자. 앞에서 말한 것들도 한 번 확인하고-.

정진권/순두부

① 나는 이따금 아내와 함께 도봉산(道峰山)엘 간다. 등산이라기보다는 그저 한 산책이다. 이 이야기 저 이야기 하며 걷다 보면 어느덧 점심때다. 그러면 내려와 순두부집엘 간다. 순두부는 영양가 높고 맛있고 값싼 음식이다. 아내는 순두부에 밥을 말아 맛있게 뜨고 나는 아내의 눈총을 받으며 순두부를 안주삼아 소주 한잔을 즐긴다. 겨우 순두부나 사 주는 내가 아내는 좀 섭섭할는지 모르겠다.

② 길을 가다가 친구를 만날 때가 있다. 그럴 때 제일 만만한 곳이 순두부집이다. 한낮에 해장국집 가자기도 그렇고, 그렇다고 가벼운 주머니로 비싼 집 가자고 할 수도 없는 노릇이다. 짜장면이 제일 쌀 것 같지만 중국집엘 가면 고량주에 안주 하나는 시켜야 한다. 어떻든 자글자글 끓는 순두부에 소주 한잔 땡 하고 나면 그렇게 마음이 편할 수가 없다. 내 친구도 별수 없이 그런 사람이다.

③ 내가 내 아내와 걷는 길에 순두부집이 있다는 것은 고마운 일이다. 내가 내 친구와 만나는 길에 순두부집이 있다는 것도 고마운 일이

다. 나는 이 두 길에 늘 순두부집이 있어, 내가 내 아내와, 내 친구와 언제든 갈 수 있기를 바란다.

- 정진권, ≪한 수필가의 짧은 이야기≫

우선 ①부터. 이 문단엔 나와 아내가 비교되어 있다. 공통점은 둘 다 순두부를 즐긴다는 것. 이 글엔 또 나와 아내가 대조되어 있다. 차이점은 아내는 식사로 순두부를 먹고 나는 안주로 순두부를 먹는다는 것. 이 글은 또 순두부란 어떤 것인가를 확인하고 있다. 대답은 영양가 높고 맛있고 값이 싸다는 것.

다음은 ②. 이 문단은, 제일 만만한 곳이 순두부집이라고 말한 원인을 분석한 것이다. 해장국은 원칙적으로 이른 아침에나 먹는 음식이니까 한낮부터 가자기가 좀 그렇다, 주머니가 가벼워서 비싼 집에 가잘 수도 없는 노릇이다, 짜장면이 제일 쌀 것 같지만 실은 돈이 많이 든다, 딱하게도 이것이 그 원인이다.

끝으로 ③. 이 문단엔 내가 아내와 걷는 길과 친구와 만나는 길이 비교되어 있다. 공통점은 둘 다 순두부집이 있다는 것과 둘 다 내가 그런 사실을 고마워한다는 점이다.

설명은 독자(청중)에게 무엇인가를 이해시키려 한다. 수필은 이와 달리 정서적 만족을 수여하려 한다(p. 49). 그러기 위해서는 부분부분 설명이 필요할 때도 있다. 그러나 지나치게 설명에 의존하면 그것은 곧 설명문이 되고 만다. 설명은 매우 중요한 진술방식이지만 수필을 쓴다면서 너무 이 설명에 의존해서는 안 된다.

2 논 증

논증은 필자의 주장(견해, 의견 등 포함)이 왜 타당한가를 논리적으로(論) 증명하여(證) 독자(청중)로 하여금 그의 신념이나 태도(행동)를 필자가 생각하는 방향으로 변화시키려는(최소한 필자의 생각이 옳다고 믿게 하려는) 진술방식이다.[7] 그러니까 설명의 목적이 독자를 이해시키는 데 있다면 논증은 변화시키는 데 있다고 할 것이다.

이런 논증을 바르게 하기 위해서는 명제(命題)와 논거(論據), 그리고 추론(推論)의 방법에 대한 이해가 있지 않으면 안 된다. 그러나 수필은 논증을 목적으로 하는 글이 아니므로 추론의 방법에 관한 논의는 생략하기로 한다.[8] 논증을 목적으로 한다면 그것은 논

---

7) 논증은 원래 논설문(논증문, 설득문)의 진술방식이다.

8) 이 주석은 아래의 명제와 논거를 공부한 뒤에 읽어보기 바란다.
명제를 세운 뒤 논거를 제시하면서 결론에 이르는 과정을 추론이라고 한다. 그 추론의 대표적 방법이 연역법과 귀납법이다(p. 161~162, 연역적 문단과 귀납적 문단 참조). 연역법은 일반적인 사실(원리)을 전제로 특수한 사례의 어떠함을 판단(추리)하는 방법, 귀납법은 특수한 사례들을 전제로 일반적인 사실의 어떠함을 판단(추리)하는 방법이다.

A. ① 어느 민족이든 그 고유의 문화가 있다. ② 따라서 우리가 미개하다고 흔히 흉을 보는 저 검은 대륙의 소수민족들에게도 그들 고유의 문화가 있을 것이다.

B. ① 참새도 알을 낳고 제비도 알을 낳는다. 닭도 알을 낳고 오리도 알을 낳는다. 비둘기도 알을 낳고 거위도 알을 낳는다. ② 새는 아마도 다 알을 낳나 보다.

우선 글A. 이 글의 ①은 일반적인 사실로서 전제, ②는 특수한 사례로서 결론, ①이 참이면 당연히 ②도 참이다. 그런데 다음 같은 경우는 어떨까?

① 알을 낳는 것은 모두 새다. ② 그러니까 개구리도 새다.

이 글은 ①이 전제고 ②가 결론이다. 그런데 틀린 결론이다. 왜 결론이 틀려졌을까? 전제가 잘못되었기 때문이다.
글B는, ①이 특수한 사실들로서 전제, ②가 일반적인 사실로서 결론이다. 그런데 그 결론은 단정적이지 않다. 알 못 낳는 새가 있을지도 모르니까. 귀납법은 이처럼 그 개연성만 추리한다. 그 개연성은 물론 그 특수한 사례의 많고 적음에 비례한다. 다음을 보자.

① 닭은 멀리 날지 못한다. 거위도 그렇고 타조도 그렇다. ② 아마도 모든 새는 다 멀리 날 수 없는 모양이다.

설문(논문)이 될 것이다.

(1) 명제와 논거

위에서 말한 대로 논증은 필자의 주장이 왜 타당한가를 논리적으로 증명하는 일이다. 따라서 필자의 주장이 분명하지 않으면 안 된다. 이 분명한 주장은 명제의 형식을 띤다. 명제란 어떤 판단(필자의 주장과 같은)을 한 문장으로 나타낸 것을 말한다. 명제는 반드시 평서문으로 진술한다. 예컨대 다음과 같은 것들이다.

A. 우리는 창조적인 민족이다.
B. 우리는 자연을 보호해야 한다.

그런데 이 둘은 다 판단을 한 문장으로 나타낸 것이지만 그 성격은 좀 다르다. 즉, A는 어떤 사실(우리가 창조적인 민족이라는 것)이 참(眞)이라는 것을 주장한 것이고, B는 어떤 행동(자연을 보호해야 한다는 것)이 바람직하다는 것을 주장한 것이다. A와 같은 명제를 사실명제(事實命題), B와 같은 명제를 정책명제(政策命題)라고 한다.[9]

---

①은 특수한 사례들인데 그 사례가 몇 되지 않는다. 그것도 멀리 날지 못하는 것만 들었다. 그랬기 때문이 결론이 잘못된 것이다. 이런 잘못을 귀납적 오류(歸納的誤謬)라고 한다.

9) 어떤 명제가 너무 포괄적이라고 생각되면 그 명제를 그보다 하위 단위의 명제로 분할하여 논증하기도 한다. 다음을 보자.

A. 우리는 자연을 보호해야 한다.
B. ① 우리는 매연을 내뿜지 말아야 한다.
　② 우리는 폐수를 함부로 버리지 말아야 한다.
　③ 우리는 동식물을 보호해야 한다.

A가 너무 포괄적인 명제여서 이를 세 갈래의 하위 단위로 분할한 것이 B다.

자, 위의 A, B를 다시 보자. A는 그것(우리가 창조적인 민족이라는 것)이 사실인가 하는 질문에, B는 왜 그래야(자연을 보호해야) 하는가 하는 질문에 봉착하게 된다. 따라서 그것이 사실이라는, 왜 그래야 하는가에 대한 논리적 근거를 제시하지 않으면 안 된다. 그 논리적 근거를 논거라고 한다. 다음은 그 논거의 예-.

A-1. ① 우리는 창조적인 민족이다. ② 온 세상이 다 아는 것처럼 우리는 일찍이 금속활자를 발명했다. 우리가 만든 한글(訓民正音)은 세계적인 문자로 각광받고 있다. 거북선의 발명도 획기적인 것이었다.

A-2. ① 우리는 창조적인 민족이다. ② 일찍이 서양의 문화비평가 K박사도 금속활자와 한글, 그리고 거북선을 들어, "한국민족은 매우 창조적이다." 라고 말한 바 있다.

B-1. ① 우리는 자연을 보호해야 한다. ② 자연은 우리 삶의 터전이요, 따라서 이것이 오염, 또는 훼손되면 우리가 쾌적한 삶을 누릴 수 없기 때문이다.

B-2. ① 우리는 자연을 보호해야 한다. ② 나는, 온 나라가 홍수에 잠긴 T국 C총리가 "이것은 인재(人災)다. 난개발로 자연을 훼손한 결과다." 하고 한탄하는 것을 본 일이 있다.

우선 글A-1. 이 글은 ①(사실명제)이 참이라는 것을 논증하기 위해서 세 가지 사실(②)을 논거로 제시했다. 이렇게 사실로써 제시하는 논거를 사실논거(事實論據)라고 한다. 그런데 A-2의 논거(②)는 사실이 아니라 남(K박사)의 말이다. 남의 말이나 글, 속담이나

이럴 때 A를 총괄명제(總括命題), A의 하위 단위 명제인 B(①, ②, ③)를 개별명제(個別命題)라고 한다. 이는 일반어와 특수어와의 관계와 유사하다(p. 132). 그러나 이런 논의는, 명제에 관한 이야기가 나온 김에 하는 말이지 수필을 쓰는 데 꼭 필요해서 하는 것은 아니다.

격언 같은 것으로 제시하는 이런 논거를 소견논거(所見論據)라고 한다.

다음은 B-1. 이 글은 ①(정책명제)이 참이라는 것을 논증하기 위해서 사실(②)로써 논거(사실논거)를 제시했다. 그런데 B-2의 논거는 사실이 아니고 남의 말(②)로써 논거(소견논고)를 제시했다.

명제를 세웠으면 반드시 논거를 제시해야 한다. 그것이 논리의 세계다. 그러나 모든 사람이 당연하다고 믿는 명제까지 논거를 제시할 것은 없을 것 같다. 다음과 같은 명제에도 논거가 필요할까?

A. 금강산은 참 아름다운 산이다. - 사실명제
B. 사람은 모름지기 그 부모를 공경해야 한다. - 정책명제

(2) 논증과 수필

수필은 논증하는 글이 아니므로 반드시 명제 + 논거(또는 논거 + 명제)의 짜임을 갖추어야 하는 것은 아니다. 그러나 수필에도 명제 또는 그 비슷한 문장이 등장할 때가 있다. 그럴 때 그 글들은 흔히 다음과 같은 모양으로 나타난다.

A. 양주동/면학(勉學)의 서(書)

독서의 즐거움은 현실파에게나 이상가에게나 다 공통히 발견의 기쁨에 있다. 콜럼버스적인 새로운 사실과 지식의 영역의 발견도 좋고, "하늘의 무지개를 보면 내 가슴은 뛰노나."식의 워즈워스적인 영감, 경건의 발견도 좋고, 더구나 나와 같이 에머슨의 말에 따라 "천재의 작품에서 내버렸던 자아를 발견, 인식함."은 더 좋은 일이다. 요컨대 부단의 즐거움은 맨처음 경이감에서 발원되어 진리의 바다에 흘러가는 것이다.

- 양주동, ≪국학연구논고(國學硏究論攷)≫

B. 법정/미리 쓰는 유서

<u>때로는 큰 허물보다 작은 허물이 우리를 괴롭힐 때가 있다.</u> 허물이란 너무 크면 그 무게에 짓눌려 참괴의 눈이 멀어 버리고 작을 때에만 기억에 남는 것인가? 어쩌면 그것은 지독한 위선일는지도 모르겠다. 그러나 나는 평생을 두고 그 한 가지 일로 해서 돌이킬 수 없는 후회와 자책을 느끼고 있다. 그것은 그림자처럼 따라다니면서 문득문득 나를 부끄럽고 괴롭게 채찍질했다.

중학교 1학년 때, 같은 반 동무들과 어울려 집으로 돌아오는 길에서였다. 엿장수가 엿판을 내려놓고 땀을 들이고 있었다. 그 엿장수는 교문 밖에서도 가끔 볼 수 있으리만큼 낯익은 사람인데 그는 팔 하나가 없고 말을 더듬는 불구자였다. 대여섯 된 우리는 그 엿장수를 둘러싸고 엿가락을 고르는 체하면서 적지 않은 엿을 슬쩍슬쩍 빼돌렸다. 돈은 서너 가락 치밖에 내지 않았었다. 불구인 그는 그런 영문을 전혀 모르고 있었던 것이다.

이 일이, 돌이킬 수 없는 이 일이 나를 괴롭히고 있다. 그가 만약 넉살 좋고 건강한 엿장수였더라면 나는 벌써 그런 일을 잊어버리고 말았을 것이다. 그런데 그가 반병신이었다는 점에서 지워지지 않은 채 자책은 더욱 생생한 것이다.

- 법정, ≪무소유(無所有)≫

C. 윤오영/방망이 깎던 노인

옛날부터 내려오는 죽기(竹器)는, 대쪽이 떨어지면 쪽을 대고 물수건으로 겉을 씻고 뜨거운 인두로 곧 다리면 다시 붙어서 좀처럼 떨어지지 않는다. 그러나 요사이 죽기는, 대쪽이 한 번 떨어지기 시작하면 걷잡을 수가 없다. 예전에는 죽기에 대를 붙일 때 질 좋은 부레를 잘 녹여서 흠뻑 칠한 뒤에 볕에 쪼여 말린다. 이렇게 하기를 세 번 한 뒤에 비로소 붙인다. 이것은 소라붙인다고 한다. 물론 날짜가 걸린다. 그러나 요새는 접착제를 써서 직접 붙인다. 금방 붙는다. 그러나 견고하지가 못하다. 그렇지만 요새 남이 보지도 않는 것을 며칠씩 걸려가며 소라붙일 사람이 있을 것 같지 않다.

약재(藥材)만 해도 그렇다. 옛날에는 숙지황(熟地黃)을 사면, 보통

의 것은 얼마, 그보다 나은 것은 얼마의 값으로 구별했고, 구증구포(九蒸九曝)한 것은 세 배 이상 비싸다. 구증구포란 아홉 번 쪄낸 것이다. 눈으로 봐서는 다섯 번을 쪘는지 열 번을 쪘는지 알 수가 없다. 말을 믿고 사는 것이다. 신용이다. 지금은 그런 말조차 없다. 어느 누가 남이 보지도 않는데 아홉 번씩 찔 이도 없고, 또 그것을 믿고 세 배씩 값을 쳐줄 사람도 없다.

옛날 사람들은 홍정은 홍정이요 생계는 생계지만, 물건을 만드는 그 순간만은 오직 아름다운 물건을 만든다는 그것에만 열중했다. 스스로 보람을 느꼈다.

-윤오영, ≪곶감과 수필≫

우선 글A. 이 글은 밑줄 친 부분이 명제다. 이 명제는 굳이 논증할 필요가 없으므로 다만 부연하는 말만으로 끝났다. 글B와 C 역시 밑줄 친 부분이 명제다. 이 명제는 그것이 사실이냐는 질문을 유발하기 때문에 논거(글A는 중학교 1학년 때의 이야기, 글B는 옛날의 죽기, 약재 이야기)를 제시한 것이다.10)

수필은 물론 논증을 목적으로 하는 글은 아니다. 그러나 필자의 어떤 명제(그 변형을 포함하여)가 독자로 하여금 의문이나 궁금증을 품게 한다면 그것은 독자에게 아무런 정서적 만족도 줄 수 없을 것이다. 산문은 뜻이 명료해야 한다.

확인하기

우리는 지금까지, 논증, 명제와 논거, 이런 말들을 이야기해 왔다. 다음 글을 읽으면서 우리가 이야기한 것들을 한 번 더 확인하고 마치자.

---

10) 글B는 명제+논거의 짜임, 글C는 논거+명제의 짜임이다.

◎ 정진권/어머니의 말

① 요 얼마 전 전철 안에서의 이야기다. 승객이 많지 않아 열차가 퍽 한산했다. 어느 역에서인지 젊은 여인 한 사람이 어린 아이 하나를 데리고 탔다. 네댓 살쯤 되어 보이는 귀여운 사내아이였다. 여인이 자리에 앉자 아이는 여인의 옆 자리로 올라가 마구 뛰었다. 그러나 여인은 아무 말도 하지 않았다. 보다 못한 앞자리 영감님 한 분이 아이를 보고 좀 조용히 앉아 있으라고 했다. 그러자 여인을 샐쭉하면서

"조용히 하라잖아? 넌 왜 만날 엄마를 속상하게 만드니?"

하고는 아이의 머리를 쥐어박았다. 아이는 금방 울음을 터뜨렸다. 조용히 앉아 있으라던 그 영감님은 말없이 눈을 감았다. 나는 그 여인을 다시 보며 엄마의 말이 왜 저럴까 하는 생각을 했다.

<u>엄마는 아이에게 가장 가까이 있는 존재임으로써 그 말 한마디 한마디는 그 아이의 성장에 결정적인 영향을 끼치는 것이다.</u> 우리는 이런 사례를 얼마든지 찾아볼 수 있다. 한둘 들어보자.

②-1 조선시대 명필 한석봉(韓石峰)의 일화는 우리가 다 잘 안다. 그러나 한번 상기해 보자. 그가 소년 때의 일이다. 십 년을 기약하고 글씨 공부를 떠났다. 그의 어머니는 떡장수였다. 그런데 석봉이 중간에 돌아왔다. 어머니가 물었다.

"왜 돌아왔느냐?"

소년 석봉이 대답했다.

"이제는 더 공부할 것이 없을 듯해서-."

어머니는 곧 석봉에게 글씨 쓸 준비를 하라고 했다. 그리고 자신도 떡 썰 준비를 했다. 다음에는 불을 끄고 떡을 썰며 석봉에게 글씨를 쓰라고 했다. 한참 후에 불을 밝혔다. 어머니가 썰어 놓은 떡은 크고 작은 게 없이 쪽 고른데 석봉이 써 놓은 글씨는 비뚤비뚤 참으로 말이 아니었다. 어머니는 조용히

"어서 가서 더 공부해라."

했다. 석봉은 크게 깨닫고 다시 떠나 천하의 명필이 되었다.

자, 생각해 보자. 중간에 돌아온 석봉은 자만에 빠져 있었다. 어머니는 그런 아들을 깨우쳐 다시 공부를 떠나게 한 것이다. 그때 만일 그 어머니가

"잘 왔다. 넌 워낙 재주가 있으니까 십 년까지 갈 것 없지."
했다면 어찌 되었을까? 명필은 태어나지 못했을 것이다.

②-2 옛날 중국에 손숙오(孫叔敖)라는 재상이 있었다. 그가 어릴 때의 일이다. 어느 날 밖엘 나갔다가 시름에 싸여 돌아왔다. 그 어머니가 물었다.

"무슨 일이 있었느냐?"

어린 재상이 대답했다.

"오늘 밖엘 나갔다가 양두사(兩頭蛇)를 보았습니다. 예부터 이 뱀을 보면 죽는다고 했으니 저는 머잖아 죽을 것입니다."

"그 뱀은 지금 어디 있느냐?"

"다른 사람이 보면 또 죽을 것이므로 기왕에 본 제가 잡아서 땅에 묻었습니다."

이 말을 들은 어머니는 어린 재상을 꼭 안고

"너는 죽지 않는다. 내가 들으니, 남모르게 덕을 베푼 사람은 반드시 그에 대한 보답이 있고, 숨어서 선행을 한 사람은 반드시 그 이름이 드러난다(有陰德者必有陽報, 有隱行者必有昭名- ≪淮南子≫)고 하더라. 네가 선행을 했는데 왜 죽겠느냐?"
했다. 이 말에 소년은 두려움을 떨치고 재상이 되었다.

또 생각해 보자. 양두사를 본 어린 손숙오는 두려움에 빠져 있었다. 그 어머니는 그런 아들에게 용기를 주어 두려움을 벗어나게 한 것이다. 그때 만일 그 어머니가

"누가 나돌아 다니랬니? 그나저나 이거 참 큰일이네."
했다면 어찌되었을까? 재상은 태어나지 못했을 것이다.

③ 전철에서 본 그 젊은 엄마, 누가 말하기 전에 아이를 꼭 안고, 그리고 가장 따뜻한 어조로

"여러 사람이 함께 타는 차는 조용히 앉아 가는 거야. 다른 사람들에게 불편을 주면 안되겠지?"
했다면 어찌되었을까? 그 아이가 장차 명필이 될지 재상이 될지 그것은 알 수 없지만 공중도덕 한 가지는 지켜가며 사는 사람은 될 것이다.

- 정진권, ≪수필쓰기의 이론≫ p.164

이 글은 ①의 밑줄 친 부분이 명제,
②-1과 ②-2, 이 두 이야기는 이 명제에 대한 논거다.

거듭 말하거니와 수필은 논증하는 글이 아니다. 다만 명제 또는 그 비슷한 문장을 썼을 때, 그리고 그것이 독자로 하여금 의문이나 궁금증을 품게 할지도 모른다고 생각할 때 유의하면 그것으로 족하다.

3 묘 사

A. 분이 시집가던 날, 푸른 하늘에 흰 구름 한 덩이가 외로웠다.
B. 그날 밤, 삼돌이의 가슴엔 싸늘한 바람만 일었다.

글A는 분이 시집가던 날의 하늘의 모양(빛깔도 함께)을, 글B는 그날 밤, 삼돌이의 가슴의 어떠함(황량함)을 그려 보인 것이다.

묘사는 이처럼 어떤 대상(하늘, 삼돌이의 가슴 같은)의 어떠함(흰 구름 한 덩이가 외로웠다, 싸늘한 바람만 일었다 같은)을 말로 본뜨고(描) 그려 보이는(寫) 진술방식이다. 이런 묘사를 보다 잘 하기 위해서는 묘사의 목적, 묘사의 갈래, 그리고 그 지배적 인상에 대한 이해가 필요하다.

(1) 묘사의 목적

어떤 대상을 말로 본뜨고 그려 보이는 것은, 독자로 하여금 그 그린 바를 머릿속에 떠올리게 하려는 것이 목적이다. 그러나 단순히 떠올리게 하는 데서 끝나지 않고, 그 대상에서 필자가 받은 인상 또는 느낀 정서를 함께 받고 함께 느끼게 하려는 데 더 큰 목적이 있다.[11] 다음을 보자.

A. 안인찬/소나기

갑작스런 나들이라서 그런 것일까? 소나기는 걸음부터 허둥거린다. 호박 잎사귀 몇 번 툭툭 튀겨 보고 나서는 이내 떼거리로 우르르 몰려든다. 장대를 꽂듯 급한 걸음이 댓돌 위로 성큼 올라선다. 그냥 두면 안방까지 들어설 것처럼 저돌적이다. 놀라서 현관문을 닫을라치면 몇 줄기는 끈질기게 문을 두드리고 발 빠른 걸음은 지붕 위로 올라가 이내 물기둥이 되어 추녀 밑에 쏟아진다.

- 안인찬, ≪꽃 피는 봄날에≫

B. 박규환/파고다공원

놀랍도록 많은 노인들이었다. 일언이폐지(一言以蔽之)해서 공원이라기보다 노인 수용소란 느낌인데 자의(自意)인가 타의(他意)인가만 다를 뿐이다.

하늘엔 6월의 태양이 이글거리는데 짙은 나무 그늘에 놓인 벤치마다에 무더기 무더기 앉아 있다. 생각하면 얼마 남지 않은 여생이어서 그 1분 1초가 피처럼 아까운 세월일 텐데 소일(消日)이란 이름으로 이렇게 보내야 되는 나날이 생각하면 얼마나 아픈 일인가?

그들은 한결같이 별로 대화가 없다. 발등을 밝힌다거나 담배를 피울 성냥이 필요할 때 같은 부득이한 경우가 아니면 되도록 말은 절약하기로 되어 있는 듯하다. 결국은 잃어야 될 대화이기에 미리 예행하는 것일까?

- 박재식, ≪좋은 수필 감상≫

---

11) 묘사 중에는 필자의 주관적인 인상이나 정서를 철저히 배제하고 대상을 사실 그대로 그려 보이는 것이 있다. 가령 다음과 같은 경우다. 이 묘사는 어떤 대상(여기서는 타조)을 이해시키려는 데 그 목적이 있다. 이런 묘사를 설명적 묘사라고 한다.

• **타조(駝鳥)** : 타조과에 속하는 새, 현생(現生)의 조류 중 가장 커서 키가 2~2.5m, 체중은 136kg, 머리가 작고 눈이 크며 부리는 넓적하고 다리와 목이 매우 길다. 발가락은 두 개이고 날개는 퇴화하여 날지 못하나 다리가 매우 튼튼하고 길어서 시속 90km로 달린다.

- 어느 국어사전

글A는 소나기가 지나가는 모양을 묘사한 것이다. 그 지나가는 모양에 대한 필자의 인상(성급하고 저돌적이라는)이 중심을 이루고 있다. 글B는 파고다공원에 모여 있는 노인들의 모습을 묘사한 것이다. 그 노인들에 대한 필자의 정서(연민의 정을 느끼는)가 중심을 이루고 있다.

(2) 묘사의 갈래

묘사는 그 묘사하려는 대상이 감각적 대상인가 비감각적 대상인가에 따라 감각적(시각적, 청각적, 미각적, 후각적, 촉각적) 묘사와 비감각적(심리, 성격 등) 묘사의 둘로 나누어 볼 수 있다. 다음을 보자.

A. 정목일/수로부인(水路夫人)과 헌화가(獻花歌)

* 신라 성덕왕 때 순정공(純貞公)이 강릉태수로 부임하러 가는 길에 일행이 바닷가에서 점심을 먹게 되었다. 공의 부인 수로(水路)는 절세의 미인이었다. 그곳은-.

푸르디푸른 바다 빛과 깎아지른 듯한 흰 절벽이 마주하고 있었다. 산에선 여인의 속살 같은 신록이 향유를 바른 듯 햇살 속에 빛나고 산새들이 홍겹게 지저귀고 있었다. 숲속엔 산수유, 진달래 등 온갖 봄꽃들이 다투어 피어나 있었다. 마치 수로부인을 영접하는 듯했다.

강릉태수 일행은 모두 감탄하며 선경(仙境)에 빠졌다. 기기묘묘한 벼랑 가운데엔 붉은 철쭉꽃이 피어 농염을 한껏 뽐내고 있었다. 쪽빛 푸른 바다와 흰 바위 절벽, 그리고 붉은 철쭉꽃이 어울리는 눈부신 색채미(色彩美)-.

- 정목일, ≪내가 갖고 싶은 것들≫

B. 이경희/현이의 연극

*현이는 초등학교에 다니는, 지은이의 어린 딸이다. 오늘 시민회관에서 현이네 학교 예술제가 있다. 현이는 〈숲속의 대장간〉이라는 연극에 출연한다. 연극은 제2부 첫 순서에 있다.

① 풀잎 역을 하게 되었다는 현이가, 그 동안 매일 학교에서 늦게 오고 휴일에도 학교에 나가 연습을 하곤 할 때에는 별로 관심이 없었는데, 막상 공연하는 날이 되니까 이상하게도 가슴이 두근거렸다. 마치 현이 혼자의 발표회나 되는 것처럼 흥분되어 2부 순서를 기다리는 동안 무척 초조했다.

*연극이 시작되었다. 그러나 현이는 눈에 띄지 않았다. 현이가 맡은 풀잎 역은 대사도 동작도 별로 없는, 엑스트라나 다름없는 단역 중의 단역이었다.

② 조금 전만 해도 주위의 모든 관객들이 현이를 보러 온 것 같았는데, 그 사람들은 다 지금 한 가지씩을 연기하고 있는 아이의 가족들이고 나만 그렇지 않은 것 같아서 서글픈 생각마저 들었다. 어쨌든 나는 무대 위에서 벌어지는 중요한 장면을 보는 대신 다닥다닥 두 줄로 붙어 앉은 풀잎의 움직임만을 보았다.

- 이경희, ≪세계를 떠돈 어릿광대, 나의 젊은 날의 삶≫

C. 이양하/경이, 건이

*경이, 건이는 내(이양하) 친구의 아들이다. 경이는 다섯 살, 건이는 세 살, 그런데 형인 경이는 말도 건이처럼 잘 하지 못한다. 그런가 하면 이 집 저 집 돌아다니며 자명종도 뜯어 놓고 분갑도 엎어 놓는다. 경이는 이 동네에서 한 불량소년이 되어 있다.

바로 뒤에 있는 내 집이 이 악소년의 습격에서 자유로울 리가 없다. 일요일 같은 때 집안에 들어앉아 있노라면 이놈 헐떡이며내 집 문밖에 와서는 문을 덜렁거리며

"나 드가여. 문 열어여."

하고 야단한다. 이놈이 또 왔구나.

"이놈, 어떤 놈인고?"

나는 고함을 벼락처럼 지르며 방문을 열고 마루에 쑥 나선다. 경이는 태연하다. 여전히 문고리를 쥐고 덜그럭거리며

"나요, 나요. 조금만 드가여." ‖

이러는 동안에 경이는 어느새 마루에 올라서 쏜살같이 내 방으로 들어간다. ‖ 그리고는 스토브에 달려들어 부저를 덜그럭거리며 문을 열었다 닫았다, 위 뚜껑을 들었다 놓았다, 스토브의 모든 비밀을 샅샅이 캐낸다. 그리고 스토브가 끝나면 다음엔 테이블로 달려든다. 테이블에는 나 보기에도 참말로 많은 물건이 놓여 있다.

"이거 뭐요?"

"그거 시계다. 어비다."

"이거 뭐요?"

"그건 잉크병. 그것두 어비다."

- 어문각, ≪수필선집≫

우선 글A. 이는 어느 바닷가와 그 주위의 경치를 묘사한 것이다. 선경(仙境) 같다는 것이 필자의 인상이다. 감각적(주로 시각적) 묘사의 한 예다. 다음은 글B. 이 가운데 ①은 2부 순서를 기다리는 동안의, ②는 현이의 단역을 본 순간의 자신의 심리를 묘사한 것이다. 필자의 주된 정서는, ①은 흥분과 초조, ②는 서글픔. 글C는 경이의 성격(그의 말과 행동을 통하여)을 묘사한 것이다.[12] 필자의 주된 인상은, 경이는 호기심이 끝없는 아이라는 것. 글B, C는 비감각적 묘사의 예다.

(3) 묘사의 관점

묘사에는 고정된 자리에서 그 묘사하려는 대상을 바라보는 관점과 대상이 이동함에 따라 함께 이동하며 바라보는 관점이 있다.

12) 이 글은 다소 서사적인 데가 있지만 성격묘사는 주로 인물의 말과 행동을 통해서 이루어지기 때문에 부득이한 일로 이해해 두자.

앞엣것을 고정적 관점(fixed point of view), 뒤엣것을 이동적 관점(moving point of view)이라고 한다. 다음을 보자.

A. 황정희/친정집 골목길

친정으로 가는 골목길은 큰길에서 시작해 친정집 앞에서 끝이 난다. 수레도 다니지 못하는 좁은, 그야말로 골목이지만 열대여섯 가구가 모두 이 골목을 향해 대문을 내고 이 골목을 오가며 살고 있다.

새벽이 되면 우물에서 물 긷는 소리, 그릇 딸그락거리는 소리, 아이들 깨우는 소리들로 골목은 소란해지기 시작한다. 맨 먼저 시부모님을 모시고 사는 부지런한 용범이 엄마가 이른 아침을 마치고 콩나물 동이를 이고 시장으로 팔러 나가고, 뒤따라 정식이 아버지가 소를 몰고 일하러 나간다. 그리고 학교 선생님인 훈이 아빠를 비롯해 어른들이 각자의 일터로 나가고, 초등학생부터 교복차림인 중고등학교 학생들이 학교로 가고 나면 한동안 골목은 적막감에 휩싸인다.

- 황정희, ≪괜찮은 남자를 놓칠 뻔했다≫

B. 정진권/영동기(嶺東記)

- 10시 03분 : 용인(龍仁)에서 양지(陽智)로 달리다. 추수가 끝난 들의 가을볕, 지붕까지 해 인 볏짚가리, 볕 좋은 마른 잔디 위에선 황소 한 마리가 심심했다. ‖

- 10시 37분 : 여주(驪州)를 지난다. 물이 맑았다. 손이라도 담가보고 싶었다. 들에는 흰 수건을 쓴 아낙네들이 고추밭에 앉아서 홋물을 따고 있었다. 흰 수건, 흰 치마, 그것은 언제나 우리를 감싸는 어머니의 모습이다.

- 10시 45분 : 버스는 드디어 가원도로 들어섰다. 가을볕 아래 펼쳐진 사과밭의 그 알알이 익은 사과알들이 탐스러웠다. ‖

- 정진권, ≪비닐우산≫

글A는 고정된 한 자리에서 새벽(새벽에서 이른 아침) 골목길을 묘사한 것이고, 글B는 용인에서 양지로, 다시 여주를 지나 강원도로 이동하며 차창 밖으로 펼쳐지는 들을 묘사한 것이다. 글A와 같은 관점이 고정적 관점, 글B와 같은 관점이 곧 이동적 관점이다. 위에서 본 정목일의 〈수로부인과 헌화가〉, 이경희의 〈현이의 연극〉은 전자의 예, 이양하의 〈경이, 건이〉는 후자의 예(문 밖에서 내 방으로)다.

(4) 지배적 인상

우리가 이미 경험했듯이 묘사에는 그 묘사되는 대상 전체가 주는 인상이 있다. 이 인상을 지배적 인상(dominant impression)이라고 한다. 황정희의 글A는 새벽(이른 아침) 골목길의 활기참, 정진권의 글B는 가을 들녘의 풍요로움, 이것이 이 묘사들이 주는 지배적 인상이다. 한 번 더 확인하고 넘어가자.

정봉구/서리 온 날 아침에

이른 아침에 책보를 둘러메고 가는 마을길, 서리를 밟고 가다가 때로는 걸음을 늦추기도 하였다. 잎이 떨어진 가지뿐인 감나무에 꼬치에 꿰어놓은 것처럼 매달린 불그스레한 감, 그것들은 홍시를 만들기 위하여 서리를 맞히려고 따지 않고 둔 감들이었다. 개중에는 벌써 주홍색으로 물든 것도 있었다. 말할 수 없이 아름다웠다.

우리 집 울타리 뒤 밭둑과 논둑길 위에 연해 서 있는 그림 같은 감나무들, 고목처럼 검은 가지에 붉은 감이 매달린 광경, 더구나 그 밑에 헝클어진 가시덤불이며 엉성한 풀섶에 내린 무서리, 마을을 품어 안고 있는 듯싶은 매봉산도 그런 날 아침이면 내 어린 눈에 한결 우람하였고 그 일대가 모두 선경(仙境)만 같았다.

- 정봉구, ≪종이배를 접으며≫

이 묘사가 주는 지배적 인상은 서리 온 날 아침의 감나무의 아름다움이다. 이 묘사에는 물론 책보를 둘러메고 가는 마을길, 헝

클어진 가시덤불 같은 것이 주는 인상도 있다. 그러나 그것들은 지배적 인상에 대하여 부수적이다. 물론 이 부수적인 인상들이 지배적 인상을 훼손하는(~과 어긋나는) 것이어서는 안 된다.

확인하기

자, 글 한 편 읽고–.

목성균/세한도(歲寒圖)

* 지금 나(목성균)는 아버지와 함께 작은증조부께 세배를 드리러 가는 길이다. 강을 건너야 한다. 그런데 배가 강 건너편에 있다. 아버지가 손을 나팔처럼 모아 대고 "사공-, 강 거너 주시오." 하고 사공을 부른다.

건너편 강 언덕 위에 뱃사공의 오두막집이 납작하게 엎드려 있다. 노랗게 식은 햇살에 동그마니 드러난 외딴집, 지붕 위로 하얀 연기가 저녁 강바람에 산란하게 흩어지고 있었다. 그 오두막집 삽짝 앞에 능수버드나무가 맨 몸뚱이로 비스듬히 서 있었다. 둥치에 비해서 가지가 부실한 것으로 보아 고목인 듯싶었다. 나루터의 세월이 느껴졌다.

강심만 남기고 강은 얼어붙어 있었고, 해가 넘어가는 쪽 컴컴한 산기슭에는 적설이 쌓여서 하얗게 번쩍거렸다. 나루터의 마른 갈대는 서걱서걱 아픈 소리를 내면서 언 몸을 회리바람에 부대끼고 있었다. 마침내 해는 서산으로 떨어지고 갈대는 더 아픈 소리를 신음처럼 질렀다.

\- 목성균, ≪돼지불알≫

이 묘사는 사공네 집 근처와 나루터의 정경을 그린 것이다.

이 묘사는 감각적(시각적) 묘사의 한 예다.

이 묘사는 어떤 대상을 단순히 그려 보이는 것, 그리하여 독자로 하여금 그 그린 바를 머릿속에 떠올리게 하는 데서 그치지 않고, 거기서 받은 필자의 인상 또는 거기서 느낀 필자의 정서를 독자도 똑같이 받고 느끼게 하려는 데 그 목적이 있다. 그것은 외로움 또는 쓸쓸함이다. 이것은 곧 이 묘사가 독자에게 주려는 지배적 인상이기도 하다.

이 묘사는 고정적 관점에서 이루어졌다.

묘사는 설명이나 논증과 달리 수필에서 매우 중요하게 쓰이는 진술방식이다. 이런 묘사가 성공을 거두려면 무엇보다도 필자의 참신한 눈(산뜻한 인상이나 정서를 이끌어내는 등의)이 필요하다. 아무 새로운 발견도 없는 그저 그런 상투적인 말이나 늘어놓는다면 그것은 독자를 피곤케 할 뿐이다.

4 서 사

A. 흐려지는 눈을 까물까물하다가 허 생원은 경망하게도 발을 빗디뎠다. 앞으로 꼬꾸라지기가 바쁘게 몸째 풍덩 빠져 버렸다.

- 이효석, 〈메밀꽃 필 무렵〉

B. 맞은 편 집 사랑 툇마루에 웬 노인이 한 분 책상다리를 하고 앉아서 달을 보고 있었다. 나는 걸음을 그리로 옮겼다.

- 윤오영, 〈달밤〉

글A는 소설이라는 이름의 이야기, 글B는 수필(서사수필)이라는 이름의 이야기다.[13] 그러니까 모두 이야기다. 이야기는 사건의 진행이다.

사건의 진행, 서사는 바로 이 사건(事)의 진행을 서술하는(敍) 진술방식이다. 그 서술을 보다 효과적으로 수행하기 위해서는 당

---

13) 신화, 전설, 전기, 수기, 동화 같은 것도 다 서사의 예다.

연히 서사의 목적, 서사를 구성하는 요소, 이런 것들에 대한 이해가 있지 않으면 안 된다.

(1) 서사의 목적

어떤 사건의 진행(이야기)을 서술하는 것은, 독자로 하여금 그 사건의 진행을 머릿속에 떠올리게 하려는 것이 목적이다. 그러나 단순히 떠올리게 하는 데서 끝나지 않고, 그 사건에 대한 필자의 해석, 그 사건에서 느낀 필자의 정서를 공유하게 하려는 데 더 큰 목적이 있다.[14] 다음을 보자.

---

14) 서사 중에는 묘사의 경우와 마찬가지로 필자의 주관적인 해석이나 정서 같은 것을 철저히 배제하는 것이 있다. 가령 다음과 같은 경우다. 이 서사는 그 사실을 이해시키려는(또는 전하려는) 데 그 목적이 있다. 이런 서사를 설명적 서사라고 한다. 역시 설명적 서사는 수필에 잘 쓰이지 않기 때문에 이 책에서는 다루지 않기로 한다.

• **태종무열왕(太宗武烈王) 2년 정월** : 이찬(伊湌) 김강(金剛)을 상대등(上大等)에, 파진찬(波珍湌) 문충(文忠)을 중시(中侍)에 임명했다. 고구려가 백제와 말갈과 연합, 북쪽 변경 33성을 공취했다. 이에 왕이 당(唐)에 사신을 보내 구원병을 청했다.

- ≪삼국사기≫신라본기

이 글은 사실을 사실대로 기록한 것이다. 기록자의 주관적인 해석이나 정서 같은 것은 전혀 개입된 게 없다. 그러나 역사적 기록이라고 해서 다 그런 것은 아니다. 다음에 보이는 글도 물론 사실의 기록이지만 이 기록 속엔 임금은 이래야 한다, 유리이사금은 참으로 백성을 사랑했다, 기록자의 이런 뜻이 숨어 있다.

• **유리이사금(儒理尼師今) 5년 겨울 10월** : 임금이 국내를 순행하다가 한 노파가 굶주리고 얼어서 장차 죽게 된 것을 보고 말하기를 "내 작은 몸(眇身)으로 위에 거(居)하여 능히 백성을 기르지 못하고 늙은이와 아이들로 하여금 이 지경에 이르게 하니 이는 나의 죄다." 하고, 옷을 벗어 노파를 덮고 밥을 가져다 그를 먹였다.

- ≪삼국사기≫신라본기

A. 김국자/귀여운 이웃들

서쪽 담 너머에는 세영이네가 살고 있다. 처음 세영이네가 이사 왔을 때는 한동안 서먹하게 지냈다. 그런데 어느 날 세영이 엄마가 담 너머로 고개를 내밀었다. 그리고 말했다.

"달걀 세 개만 꾸어주시겠어요?"

나는 달걀 세 개를 담 너머로 넘겨주었다. 잠시 후 칼국수 한 그릇이 담을 넘어왔다. 그 후 아예 담을 터서 쪽문을 내고 그리로 들락거리며 함께 살고 있다. 세영이 엄마가 대문을 잠그고 외출하고 없을 때면 그 집 식구들은 그 쪽문을 통해서 자기네 집으로 들어간다. 밤비(세영이네 강아지)까지 쪽문으로 들어가는 길을 알고 있다.

- 김국자, ≪왼손 오른손≫

B. 김규련/거룩한 본능

* 화전민의 후예들이 살고 있는 작은 마을-.

어느 해 봄 이 마을에 황새 한 쌍이 날아들었다. 마을 사람들은 이를 길조로 여기고 막연한 기대에 부풀었다. 황새 한 쌍은 물방앗간 옆 노송에 둥우리를 틀었다. 그런데 낙엽이 질 무렵, 지나가던 밀엽꾼이 총을 쏘아, 총 맞은 한 마리는 선지피를 흘리며 억새풀 위에 쓰러지고 살아남은 한 마리는 어디론지 날아가 버렸다. 밀렵꾼은 물론 마을 사람들에게 쫓겨 도망을 가고.

마을 사람들은 그 다친 황새를 정성을 다해 치료를 하고, 다 나을 때까지 물방앗간 옆 뜰 소나무 밑에 갖다 두고 보호하기로 했다. 물론 둥우리도 만들고 모이 그릇도 마련했다. 그러나 황새는 움직이질 못했다. 그날 밤, 구장 집 사랑에 마을 사람들이 모였다. 다음은 그 뒷이야기-.

밤바람이 일기 시작했다. 지창에 갈잎이 날려 와 부딪힌다. 그런데 귀에 설은 애달픈 새의 울음소리.

끼룩끼룩 끼 끼룩 끼루루.

가슴을 깎는 처절한 이 울음소리를 듣고 모두들 말없이 뜨락으로 나왔다. 가을 밤 하늘에 찬란한 별들, 그 별빛에 흰 깃을 번쩍이며 황새 한 마리가 물레방아 주위를 이리저리 애타게 날고 있는 것이 아닌가. 총소리에 놀라 도망갔던 황새가 돌아온 것이다. ‖ 가슴이 뭉클해진

마을 사람들은 자리를 피해 주려고 묵묵히 저마다 집으로 돌아갔다. ‖ 그날 밤 늦도록 화전민 후예들의 지붕 밑엔 초롱불이 꺼지지 않았다.

이튿날 날이 밝자 이들은 그 부상당한 황새를 그들의 둥우리가 있던 노송 밑에 갖다 뒀다. 가련한 황새가 사람의 눈을 피하여 서로 어울리도록 하기 위함이었으리라.

그러던 며칠 뒤, 무서리가 몹시 내린 어느 날 아침, 기이하고 처참한 변이 또 생긴 것이다. 이들이 그렇게도 알뜰히 보살펴 온 그 한 쌍의 황새가 서로 목을 감고 싸늘하게 죽어 있는 것이 아닌가. 소문을 듣고 달려 나온 마을 사람들은 이 슬픈 광경을 보자 갑자기 숙연해졌다.

- 김규련, ≪즐거운 소음≫

글A는 사람 이야기다. 이야기(사건)의 내용은, 담 너머로 달걀과 칼국수를 주고받았다는 것, 이 이야기에 대한 지은이의 해석은, 작은 달걀 몇 개가 두 집 사이의 서먹함을 뚫었다, 그리고 마침내 그 가로막은 담을 헐었다는 것이다. 나는 글A를 읽고, 작은 것(달걀)의 위대함, 이런 말을 생각한 일이 있다.

글B는 짐승(황새) 이야기다. 이야기(사건)의 내용은, 황새 한 마리가 제 다친 짝을 떠나지 못하고 함께 죽었다는 것, 이 사건이 드러내는 지은이의 정서는 슬픔이다.[15] 슬픔 중에서도 아름다운 슬픔, 사람을 숙연케 하는 그런 슬픔이다. 나는 글B를 읽고, 사랑의 숭고함, 이런 말을 생각한 일이 있다.

(2) 서사의 구성요소

여러분은 아마 글쓰기에 관한 여러 이론서에서 서사의 3요소란 말을 본 일이 있을 것이다. 나도 전에 쓴 ≪수필쓰기의 이론≫이란 책에서 이 3요소의 개념을 말한 바 있다. 그 후 나는 그 요소를 4개로 했으면 어떨까 하는 생각을 하게 되었다. 하나씩 살펴보

---

15) 물론 사랑은 숭고하다는 지은이의 해석도 읽을 수 있다.

기로 한다.

1) 서사의 3요소

이는 서사를 구성하는 움직임(movement, acting), 시간(time), 의미(meaning)의 세 요소를 말한다. 서사는 위에서 말한 대로 사건의 진행을 서술하는 것이다. 이들은 모두 무엇인가의 움직임이다. 그런데 움직임은 반드시 시간의 추이에 따르게 마련이다. 따라서 움직임과 시간은 서사를 구성하는 가장 기초적인 요소가 된다.

그러나 서사는 단순히 시간의 추이에 따라 어떤 움직임을 그려 보이는 데서 끝나는 것은 아니다. 즉, 직접적이든 간접적이든 그 움직임이 무엇인가 의미(필자의 해석이든 정서든)를 드러내는 것이 아니면 안 된다. 그렇지 않으면 그것은 한낱 무의미한 움직임이 되고 만다.

우리는 좋은 수필의 요건을 이야기할 때 피천득의 〈인연〉을 요약해 본 일이 있다(p. 56). 서사의 3요소를 확인하기 위해서 한 번 더 보기로 한다.

① **첫 번째(수십 년 전)**

내가 간 이튿날 아침, 아사꼬는 스위트피를 따다가 화병에 담아 내가 쓰게 된 책상에 놓아 주었다. 스위트피는 아사꼬같이 어리고 귀여운 꽃이라고 생각하였다.

내가 동경을 떠나던 날 아침, 아사꼬는 내 목을 안고 내 뺨에 입을 맞추고, 제가 쓰던 손수건과 제가 끼던 반지를 이별의 선물로 주었다.

② **두 번째(그 십여 년 후)**

아사꼬는 어느덧 청순하고 세련되어 보이는 영양(令孃)이 되어 있었다. 그 집 마당에 피어 있는 목련꽃과도 같이.

아사꼬와 나는 밤늦게까지 문학 이야기를 하다가 가벼운 악수를 하고 헤어졌다.

③ **세 번째(또 십여 년 후)**

그 집에 들어서자 마주친 것은 백합같이 시들어 가는 아사꼬의 얼굴이었다.

아사꼬와 나는 절을 몇 번씩 하고 악수도 없이 헤어졌다.

④ 아사꼬와 나는 세 번 만났다. 세 번째는 아니 만났어야 좋았을 것이다

이 글은 아사꼬와 나의 움직임을 서사한 것이다. 그것은 입을 맞추고, 가벼운 악수를 하고, 절을 몇 번씩 하고 헤어지는 그런 움직임이다. 이 움직임이 없다면 물론 서사일 수 없다. 이 글(서사)은 시간의 흐름에 따르고 있다. 수십 년 전, 그 십여 년 후, 또 십여 년 후로 흐르는 시간이다(이 글 전체는 현재에서 과거로 돌아갔다가 다시 현재로 돌아오는 시간이다.). 그렇다면 이 두 인물의 움직임(사건), 즉 입맞춤→악수→절로 변하는 이 움직임이 드러내는 의미는 무얼까? 그것은 이미 앞에서 말한 대로 두 사람의 멀어지는 구조, 곧 결합할 수 없는 운명을 의미하는 것이다.

자, 이번엔 우리가 앞에서 본 김국자의 〈귀여운 이웃들〉로 가보자. 이 글은 다음과 같이 정리할 수 있다.

시 간 : 어느 날(움직임이 시간의 흐름을 따른다.).
움직임 : 나와 세영이 엄마가 달걀과 칼국수를 주고받는다.
의 미 : 작은 달걀 몇 개가 두 집 사이를 소통케 했다.
또는 작은 것의 위대함.

다음은 김규련의 〈거룩한 본능〉-.

시 간 : 봄에서 가을까지(역시 움직임이 시간의 흐름을 따른다.).
움직임 : 한 황새가 제 다친 짝을 떠나지 못하고 함께 죽는다.

의　미 : 그 죽음은 슬픔, 아름답고 사람을 숙연케 하는 슬픔이다. 또는 사랑의 숭고함.

이 세 요소 가운데 우리가 더 중요하게 생각해야 할 것은 역시 의미가 아닐까 한다. 비록 평범한 움직임(사건)에서일지라도 거기서 참신한 의미를 발견해 낼 때 그 글은 수필로서 빛나는 것이다.

2) 서사의 4요소[16)]

이는 서사를 구성하는 인물(character), 배경(setting)[17)], 행위(action), 의미(meaning)의 네 요소를 가리킨다. 다 아는 바와 같이 서사는 사건의 진행을 서술한다. 사건이 진행되려면 당연히 그 사건을 진행시키는 인물이 있어야 한다. 또 그것이 진행되는 배경도 있어야 한다. 물론 사건은 인물의 행위로 이루어지므로 행위 없는 사건은 있을 수 없다.

인물의 행위(움직임, 사건)가 직접적이든 간접적이든 어떤 의미를 드러내야 한다는 것은 우리가 앞에서 서사의 3요소를 이야기할 때 이미 말한 바 있다. 그럼 다시 위에 보인 피천득의 〈인연〉, 그리고 김국자와 김규련의 글로 돌아가 보자.

우선 피천득의 〈인연〉-.

---

16) 움직임, 시간, 의미의 세 요소만으로도 서사를 이해하는 데 아무 불편이 없다. 그럼에도 인물, 배경, 행위, 의미의 네 요소를 말하는 것은, 이렇게 이해하는 것이 더 편리할 것 같아서(저자의 체험) 그러는 것이다. 물론 이것은, 인물과 행위는 움직임으로, 배경은 시간으로 환치시킬 수 있다.
이 가운데 인물과 그 행위와 배경은 일찍부터 서사문학의 3대요소로 일컬어져 왔다고 한다. -이상섭 ≪문학비평용어사전≫배경.

17) 배경은 시간이나 공간 외에 그 역사적 전통이나 사회적 관습, 특수한 분위기 등, 사건이 일어나는 모든 바탕을 의미한다. 여기서는 그냥 시간과 공간만 말하기로 한다.

인 물 : 나와 아사꼬.
배 경 : 시간 – 수십 년 전, 그 십여 년 후, 또 십여 년 후.
공간 – 아사꼬가 자라던 집, 아사꼬가 살림하는 집.
행 위 : 입맞춤, 악수, 절.
의 미 : 멀어지는 구조, 결합할 수 없는 운명.

다음은 김국자의 〈귀여운 이웃〉-.

인 물 : 나와 세영이 엄마.
배 경 : 시간 – 어느 날.
공간 – 두 집을 가로막은 담.
행 위 : 나, 달걀 세 개 꾸어주고 칼국수 한 그릇 받는다. 세영이 엄마, 달걀 세 개 꾸어 받고 칼국수 한 그릇 갚는다.
의 미 : 작은 달걀 몇 개가 두 집의 막힘을 헐었다.
또는 작은 것의 위대함.

끝으로 김규련의 〈거룩한 본능〉-.

인 물 : 황새 한 쌍.
배 경 : 시간 – 봄에서 가을.
공간 – 화전민 마을.
행 위 : 한 황새가 제 다친 짝을 떠나지 못하고 함께 죽는다.
의 미 : 그 죽음은 슬픔, 아름답고 사람을 숙연케 하는 슬픔이다.
또는 사랑의 숭고함.

확인하기

우리는 지금까지 서사에 관한 이런저런 많은 이야기를 해 왔다. 이제 글 한 편 읽고 마치자(다음 페이지). 지금까지 해 온 이야기도 한 번 더 확인할 겸–.

◎ 정태헌/봄 풍경

"어디 보자-. 무슨 띠라고 했수?"

사인펜을 쥔 손에 힘을 가하며 노인은 여인의 과거를 풀어내고, 곁에 앉은 젊은 여인은 미간을 좁혀 노인이 쓴, 알 수 없는 글씨를 따라가며 미래를 기대한다. 봄바람 한줌 달려와 여인의 머리카락을 풀썩거리더니 노인의 책을 뒤척이다 달아난다. 햇살이 은행나무 잎 새로 잔잔히 부서지는 길가 한켠에서 머리를 맞댄 두 사람의 눈빛이 진지하다. ‖

"캬 이런, 잘 했어. 기다리길 잘 했어. 당장 혼수 준비하셔."

"…?"

"아니, 뭣하고 있는 겨?"

햇살처럼 밝게 번지는 여인의 표정, 그때서야 재빨리 지갑을 꺼내 파란 만 원짜리 두 장을 노인 앞에 두 손으로 고이 놓는다.

"동쪽에서 온 사람을 절대 놓치지 말라구. 동쪽이야, 알았남!"

여인이 일어나 꾸벅 절을 올리자 노인네는 위엄 있게 한 마디 더 보탠다.

"꿈이 있어야 사람은 앞날이 보이는 벱이여. 올 가을엔 반드시 올 테니 기다리슈."

여인의 얼굴엔 홍조가 흐르고 노인네의 표정은 넉넉하기만 하다. 올해는 노처녀를 면해 짝이라도 찾을 수 있을지, 사주팔자에 은근히 기대어 본 걸까. 버스를 기다리다 엿본 분홍 꿈 한 자락이 내 가슴까지 분홍빛 물을 들인다.

- 월간문학 출판부 ≪5매 수필의 멋과 맛≫

이 글은-.

인　물 : 사주보는 노인과 노처녀.
배　경 : 시간 - 어느 봄날.
　　　　공간 - 길가(버스정류장) 한켠.
행　위 : 노인은 사주를 보아주고 처녀는 사례를 한다.
의　미 : 사람은 꿈이 있어야 한다.[18)]

자, 참고로 짐승이 인물로 등장하는 글 한 편 읽어 두자. 각자 읽고 인물, 배경, 행위, 그리고 의미를 생각해 보기 바란다. 이 가운데 배경은 분명치 않으나 '어느 날, 외양간' 쯤으로 이해할 일이다.

신길우/고양이와 범괴 소와

소가 새끼를 낳는다. 저인이 수건으로 송아지의 물기를 닦아 준다. 어미 소는 그러는 주인을 바라보며 태를 먹어치운다. 어린 송아지는 두어 번 비실거리다가 쓰러지더니 이내 곶추 선다. 어미 소는 그러는 모습을 그냥 바라보고만 있다. 나가 어미 소에게 물었다.

"넌 어떻게 갓 난 네 새끼를 돌볼 생각을 않니?"

그러나 어미 소가 이렇게 대답했다.

"나보다 더 잘 해주는 사람이 있는데 구태여 내가 나설 것이 없지요. 그러면 오히려 사람들이 못마땅하게 여기니까요."

그러면서 이렇게 중얼거렸다.

"잘 하는 이에게는 잘 하게 그냥 내버려 두는 것이 잘 하는 일이지."

- 신길우 수필 53

서사도 묘사처럼 수필에서 매우 중요하게 쓰이는 진술방식이다. 이런 서사가 성공을 거두려면 역시 묘사와 마찬가지로 참신한 눈이 필요하다. 이렇다 할 의미(행위에 대한 필자의 해석이나 정서)도 드러내지 못하는 그저 그런 아둔한 이야기, 상투적인 이야기나 늘어놓는다면 이 바쁜 세상에 누가 그걸 읽겠는가?

---

18) 노인이 한 말은 다 허황된 것이다. 그런데도 사실처럼 천연스럽게 말한다. 벌어먹기 위해서 그럴 것이다. 그러나 자신의 철학 때문에 더 그럴 수도 있을 것 같다. 사람은 꿈이 있어야 한다는 것. 그래서 그는 노처녀에게 그 허황된 말로 시집갈 꿈을 심어주는 것이다.
물론 의미를 달리 파악할 수 도 있다. 노인은 지금 거짓말을 하고 있다, 그 거짓말에 노처녀는 얼굴에 홍조를 띤다, 그러니까 때로는 거짓말이 사람을 생동케도 한다, 이렇게-.

수필쓰기의 과정

우리는 지금까지 수필 또는 산문과 관련된 여러 가지 사실들을 이야기했다. 이제는 이런 사실들을 바탕으로 해서 수필쓰기의 과정을 살펴보기로 한다. 이 과정은 대체로 주제의 설정과 소재의 선정, 구성, 집필과 퇴고의 단계로 이루어진다. 제목을 붙이는 것도 중요한 과정이지만 그것은 어느 단계에서 해도 무방하다.

1 주제의 설정과 소재의 선정

주제란 한 편의 글이 드러내는, 또는 함축한 그 필자의 핵심적인 사상이나 정서를, 소재는 그 주제를 구현하기 위해서 선정한 재료(글감)를 말한다. 비유컨대 주제가 영혼이라면 소재는 피와 살이라고 할 수 있다. 하나씩 살펴보자.

(1) 주제의 설정

주제를 설정한다는 것은, 바로 그 필자가 표현하려는 핵심적인 사상이나 정서를 확정한다는 뜻이다. 다음 A는 사상적(知的)인 주제, B는 정서적(情的)인 주제의 한 예다. 물론 잘 구분되지 않는

경우도 있지만 그런 것까지는 아직 생각지 말자.

A. 훌륭한 대통령은 편을 가르지 않는다.
B. 어머니가 그립다.

사상적인 주제는 대체로 논리적 산문 또는 논리적인 경향의 산문으로 표현되는 경우가 많다. 여기서 논리적 경향의 산문이란 정서 쪽보다 논리 쪽으로 더 기운 산문을 말한다. 정서적인 주제는 물론 정서적인 산문 또는 정서적인 경향의 산문으로 표현된다. 다음을 보자. 글A는 위의 주제A, 글B는 주제B를 표현한 것이다.

◎ A. 김태길/편 가르기에 골몰할 때인가

조무래기들은 모이면 편을 가른다. 그러나 어른스러운 부모는 편을 가르지 않는다. 열 손가락 깨물어서 아프지 않은 손가락 없는 것이 부모의 마음이다. 아들만 귀여워하는 부모는 어른스러운 부모가 아니며, 공부 잘 하는 아이만 예뻐하는 부모도 어른스러운 부모가 아니다. 어리석은 부모는 자식들의 편 가름을 조장하고 슬기로운 부모는 융합을 조장한다.

한 나라에서 가장 높은 자리를 차지한 사람은 대통령이다. 대통령은 누구보다도 어른스러워야 하며 누구보다도 너그러워야 한다. 어른스럽고 너그러운 대통령은 결코 주민을 쪼개어 편을 가르지 않는다. 후보 자리에 있을 때는 네 편과 내 편이 있었다. 그러나 일단 대통령의 자리에 오른 뒤에는 편 가르기의 사슬에서 벗어나야 한다.

- ≪계간수필≫ 2008년 가을호

◎ B. 김예경/어머니의 빨간 스웨터

비가 오는 날이면 나는 빨간 색깔의 옷이 입고 싶어진다. 그리고는 돌아가신 친정어머니를 생각한다. 빨간 스웨터를 입은 내 어깨에 한쪽 손을 가볍게 얹고 상체를 약간 뒤로 젖히며 내 옷과 얼굴을 번갈아 살펴본 후에 "됐다." 하고 만족해하시던 어머니의 표정을 떠올린다.

어려서부터 병약해서 얼굴색이 창백했던 내게 어머니는 빨간색이나 분홍색 같은 붉은 색깔의 옷을 주로 입히셨다. 특히 진달래색을 잘 어울린다고 하셨다. 내 볼에 진달래색 분홍빛이 비쳐 발그레해 보이는 것에 만족하며 "됐다. 보기 좋구나." 하면서 옷매무새를 잡아주곤 하셨다. 특히 비가 오거나 흐린 날은 "날씨가 안 좋을 때는 빨간색 옷을 입으면 기분이 밝아진다."라고 이르셨다.

- 김예경, ≪수탉도 수탉 나름≫

우선 글A부터. 이 글의 주제는 훌륭한 대통령은 편을 가르지 않는다는 것, 이 글의 문장은 논리적 경향의 산문이다. 이런 경우 그 주제는 흔히 글의 표면에 드러난다. 글B는, 주제는 어머니가 그립다는 것, 문장은 정서적 산문이다. 이런 경우 주제는 흔히 글 속에 함축된다.[1]

더러, 이렇다 할 주제의식 없이 그저 쓰다 보면 한 편의 글이 이루어지는 경우가 있다. 그러나 그것은 한낱 우연에 지나지 않는다. 설령 그런 글이 더러 나온다 하더라도 수필쓰기를 공부하는 우리가 그런 데 기대를 걸 것은 아니다.

(2) 소재의 선정

소재를 선정한다는 것은 이미 설정한 주제를 구현하기 위해서 필요한 재료(글감)를 고른다는 뜻이다. 위에서 본 글들을 다시 보자. 여기 보이는 소재들은 다 그 주제를 구현하기 위해서 선정된 것들이다.

---

1) 사상적인 주제는 글의 표면에 드러나고 정서적인 주제는 글 속에 함축된다는 것은 그런 경향이 있다는 것이지 언제나 그렇다는 것은 아니다. 반대의 경우도 있을 수 있다.

◎ 김태길/편 가르기에 골몰할 때인가

주제 : 훌륭한 대통령은 편을 가르지 않는다.

소재 : 대통령, 손가락, 부모, 자식 등.

◎ 김예경/어머니의 빨간 스웨터

주제 : 어머니가 그립다.

소재 : 비 오는 날, 친정어머니, 빨간 스웨터, 빨간 옷 등.

한 주제를 구현하기 위해서 선정된 소재는 그 수에 제한이 없다. 제한이 없다는 것은 많을 수도 있고 적을 수도 있다는 뜻이다. 그런데 그 소재들 중에는 그 소재들 전체를 대표하는 소재가 있을 수 있다. 그 소재를 중심소재, 나머지를 주변소재라고 한다. 김태길의 〈편 가르기에 골몰할 때인가〉의 경우 그 중심소재는 대통령, 김예경의 〈어머니의 빨간 스웨터〉의 경우는 빨간 옷이다.

소재는 주제를 구현하는 데 꼭 필요한 것만 선정해야 한다. 소재가 아깝다고 해서 주제와 어긋나거나 무관한 것을 섞어 쓰면 우스운 글이 되고 만다.[2]

(3) 주제와 소재의 선후 문제

우리는 지금까지 주제를 먼저 설정하고 그 다음에 소재를 선정하는 경우를 염두에 두고 논의를 진행해 왔다. 그러나 수필쓰기의 실제에 있어서는 소재가 앞서고 주제가 뒤따라오는, 즉 소재에서 주제를 이끌어내는 경우가 많다.

다음은 나의 경우-.

---

2) 우리는 좋은 문단의 요건을 이야기할 때 그 요건의 하나로 통일성을 든 일이 있다(p. 165). 참고하기 바란다.

묘목설(苗木說)

종로에는 묘목이 많았다. 나는 회초리만 한 감나무 묘목 한그루를 샀다. 그리고 역시 고만한 대추나무도 두 그루 샀다. ‖

집에 돌아와서 나는 그 어린 나무들을 정성을 다해 심었다. 심고 보니 너무 작은 것을 사 왔나 하는 생각도 들었다.

"이놈들이 언제 큰다?"

그러나 틀림없이 클 것이다. 나무를 키우는 것은 하느님의 일이므로 내 책임은 아니다. 나는 다만 나무가 크리라는 믿음만 가짐으로써 족하다. 하지만 하느님께서 키우신다 하더라도 필요한 시간은 있어야 한다. 그러니 조급하게 생각할 것은 없다.

"이놈들도 때가 되면 열매를 맺을까?"

크는 과정에서 병들지 않으면 좋은 열매를 많이 맺을 것이다. 하느님은 물론 병들지 않게도 하실 수 있지만, 그러나 그것은 나무를 가꾸는 사람이 책임질 일이다. 자식을 기르는 부모가 책임질 일이다.

- 정진권, ≪중전과 시녀≫

이 글은 묘목이라는 소재에서 부모의 책임이라는(자식이 병들지 않게 하는)이라는 주제를 이끌어낸 경우다. 물론 어느 쪽이 더 좋다고 말할 성질의 것은 아니다. 필자의 성향에 따라, 같은 필자라도 경우에 따라 서로 다를 것이다. 내 경우는 소재에서 주제를 이끌어내는 일이 더 많은 듯하다.

확인하기

지금까지 우리는 주제와 소재에 관해서 이야기했다. 글 한 편 읽으면서 그 이야기한 바들을 한 번 확인해 보자.

김동석/나팔꽃(전문)

한 달이나 두고 날마다 바라보며 얼른 자라서 꽃피기를 기다리던

나팔꽃이 오늘 아침에 처음으로 세 송이 피었다. 분에 심어서 사랑 담에다 올린 것이다. 가장자리로 삥 돌아가면서 핀 진보랏빛 꽃이다.

안마당에다 심은 나팔꽃은 땅에다 심어서 그런지 햇볕을 더 많이 쪼여서 그런지 사랑 것보다 훨씬 장하게 자랐다. 그런데 꽃은 한 송이도 피지 않았다. 바야흐로 꽃망울이 자라고 있다.

나는 시방 세 송이 나팔꽃을 바라보고 있다. 참 아름답다. 하지만 나의 마음은 이에 만족하지 않고 안마당 꽃 피기를 바란다. 왜 그럴까, 세 송이 꽃이 부족해서일까?

씨 뿌리고는 떡잎 나오기를 기다렸다. 떡잎이 나오니까 어서 어서 원잎과 넝쿨이 나와서 자라기를 기다렸다. 이리하여 나의 마음은 나팔꽃 넝쿨의 앞장을 서서 뻗어나갔다. 그러면 나의 마음은 꽃에 이르러 머물렀을까?

시방 내 눈앞에 세 송이 나팔꽃은 아침 이슬을 머금고 싱싱하다. 그러나 이 아침이 다 못 가서 시들고 말 거다. 그리하여 씨가 앉고 나면 나팔꽃이 보여주는 '극(劇)'에 막이 내려지는 것이다. 그러나 그때에도 나의 마음은 나팔꽃 아닌 또 무엇을 추구하고 있겠지….

마음은 영원히 뻗어가는 나팔꽃이다.

- 김동석, ≪해변(海邊)의 시(詩)≫

이 글의 주제는, 내 마음은 끝없이 무엇인가를 추구한다는 것, 문장은 정서적이지만 주제는 사상적이다. 이 글의 중심소재는 나팔꽃, 주변소재는 사랑 담, 안마당, 꽃망울, 아침 이슬 등.

지은이가 이 주제를 구현하기 위해 나팔꽃이라는 소재를 선정했는지, 나팔꽃이라는 소재에서 이 주제를 도출해 냈는지는 알 수 없다. 그러나 내 경험으로 보면 나팔꽃 넝쿨이 뻗어가는 것을 보고 이 주제를 생각했을 것 같다.

자, 한마디 더-.

앞에서 말한 대로 주제는 글의 영혼이다. 영혼은 건강해야 한다. 건강한 주제는 사람을 감동케 하고 공감케 하고 미소를 머금게 한다.[3] 소재는 피와 살이다. 피와 살도 건강해야 한다. 병든 소재[4]로는 건강한 주제를 뒷받침하지 못한다.

2 구 성

구성은 짠다(엮는다)는 뜻, 짠다는 것은 무질서하게 산재(散在)한 여러 요소들(널려 있는 소재들, 언어들)에 질서를 부여하여 그 요소들로 하여금 하나의 유기적인 통일체(한 편의 글)를 이루게 한다는 뜻이다.[5] 주제가 영혼, 소재가 피와 살이라면 구성은 골격이라고 할 수 있다.

나는 이제 이런 구성을 보다 잘 이해하기 위해서 그 기본구조, 그 여러 방식, 그리고 구성의 기본형식이라고 할 수 있는 3단구성에 관해서 이야기해 볼까 한다.

(1) 구성의 기본구조

수필의 구성방식을 살펴보면 그 구성에 어떤 기본구조가 보인다. 우선 다음을 읽고 논의를 진행하자.

---

3) p. 49, '(4) 독자' 참조.

4) 선정적(煽情的)이거나 퇴폐적(頹廢的)인 것, 이 밖에 독자들에게 혐오감(嫌惡感)을 주는 것 등.

5) 구성이란, 작가의 입장에서 보면 글의 내용 짜기(동사), 독자의 입장에서 보면 글 속에 담긴 그 내용들의 짜임(명사)을 뜻한다.

A. 이수태/사물은 다면적이다

① 군대 생활을 할 때니까 옛날이야기다. 입대 동기인 최 병장은 고등학교를 졸업한 뒤 잠시 우편집배원 생활을 한 적이 있었다고 했다. 하루는 배달하는 우편물 가운데 전사통지서가 한 통 들어 있었다. 월남전이 한창일 때였다.

② 종일 망설이다 할 수 없이 그 통지서를 가족에게 전해 준 그는 오열하는 가족들의 모습을 보고 그날 밤 잠을 이루지 못했다고 한다. 그런데 며칠 후 그의 우편낭에 자그마치 열네 통의 전사통지서가 할당되었다. 그는 다른 우편물을 다 돌리고 나서 마지막 남은 그 열네 통의 전사통지서를 움켜쥔 채 고민에 빠졌다. 도저히 그것을 돌릴 자신이 없었던 그는 어느 야산 기슭의 개울가에서 그 전사통지서들을 모두 태워 흙속에 파묻어 버렸다. 그날로 집배원 생활을 그만두어 버렸다는 것이다.

③ 세월이 오래 흘렀지만 그의 이야기는 마음속에 여전히 안쓰러운 여운으로 남아, 며칠 전 저녁식사를 하며 그 이야기를 우처와 아이놈에게 들려주었다. 그랬더니 아이놈이 뜻밖에 최 병장의 행동을 험하게 공격했다. 이 녀석의 논리는 간단했다. 아무리 그래도 신분이 우편집배원이라면 전사했다는 사실을 가족에게 알려 주었어야 했다는 것이다. 알려 주지 않는다 해서 전사한 사람이 다시 살아나지도 않을 텐데 공연히 그 통지서를 태워 버리면 아무리 세월이 흘러도 가족들은 아직 그가 살아 있는 줄로만 알 게 아니냐는 것이었다.

- 이수태, ≪누룩곰팡이의 노래≫

B. 정진권/귀여운 아이들

① 돌이는 초롱초롱한 두 눈이 귀엽고, 순희는 옴폭 패인 보조개가 귀엽다. 철이는 펑퍼짐한 코가 귀엽고, 선아는 꼭 다문 입이 귀엽다.

② 돌이는 아무 거나 잘 먹어서 귀엽고, 순희는 옷을 탓하지 않아서 귀엽다. 철이는 동무 애들과 잘 놀아서 귀엽고, 선아는 아기를 잘 보아서 귀엽다.

- 정진권, ≪수필쓰기의 이론≫구성의 기본구조

C. 정진권/내가 어려서 자란 마을

① 내가 어려서 자란 마을 뒤에는 야트막한 산이 있었다. 나는 거기서 소도 뜯기고 동무 애들과 씨름도 했다. 그러다가 문득 바라보면 마을에는 어느새 점심 연기가 보얗게 피어오르고 있었다. 갑자기 속이 허전했었다.

② 내가 어려서 자란 마을 앞에는 맑은 물이 흘렀다. 나는 거기서 동무 애들과 피라미도 쫓고 멱도 감았다. 그러다가 갑자기 소나기가 쏟아지면 옷을 그러안고 동구 밖 느티나무 아래로 뛰었다. 모두 입술이 파래져 있었다.

- 정진권, 위 책

우선 글A부터. 이 글은 그 내용(우편집배원과 내 아들 이야기)이 어떤 가닥 위에서 유기적으로 꼬리를 물고 이어지는 구조다. 그러니까 ①이 ②를 불러오고 ②가 ③을 불러오는(①이 없으면 ②가 올 수 없고 ②가 없으면 ③이 올 수 없는) 그런 구조다. 즉, ①→②→③‖→사물은 다면적이다(주제)의 짜임이다. 나는 이런 짜임을 직렬구성(直列構成)이라고 부른다.

글B는 네 어린이의 귀여운 점을 말한 것으로 ①, ② 두 문단으로 되어 있다. 그러나 이 글은 ①이 ②를 불러오는(①이 없으면 ②가 올 수 없는)게 아니고 ①, ②가 각각 독자적으로 존재하는 구조다. 즉, ①+③→네 아이가 귀엽다(주제)의 짜임이다. 나는 이런 짜임을 병렬구성(竝列構成)이라고 부른다.

글C는 내가 어려서 자란 마을을 그린 것으로 역시 ①, ② 두 문단으로 되어 있다. 우선 각 문단을 들여다보자. 각각 네 문장으로 된 이 두 문단은 다 직렬구성이다. 그런데 ①, ② 두 문단은 ①이 ②를 불러오는 것(①이 있어야 ②가 올 수 있는 것)이 아니고 각각 독자적으로 존재하는 구조다. 두 방식을 겸한 이런 짜임을 나는 혼합구성(混合構成)이라고 부른다. 그러나 병렬구성 또는 혼합구성은 퍽 희귀하다.

(2) 구성의 여러 방식

이제 나는 구성의 여러 방식에 관하여 이야기하려고 한다(이 논의는 직렬구성을 전제로 한다. 보다 일반적이니까). 구성방식은 크게 자연적 질서에 따르는 것, 논리적 질서에 따르는 것, 상념의 순서에 따르는 것, 이렇게 세 갈래로 나누어 볼 수 있다.

1) 자연적 질서

자연적 질서란 자연에 의존하는 질서, 곧 시간적 질서와 공간적 질서를 말한다. 이 시간적 질서에 따르는 구성을 시간적 구성, 공간적 질서에 따르는 구성을 공간적 구성이라고 한다.

가) 시간적 구성

시간적 구성은 시간의 흐름(推移)에 따르는 구성을 말한다. 이에는 시간의 흐름에 그대로 따르는 구성과 현재에서 과거로 돌아가는(과거로 돌아갔다가 다시 현재로 돌아오기도 하는) 구성이 있다. 다음을 보자.

A. 신정자/감 익는 계절이 오면

봄이 되어 감나무에 새순이 돋아나면 내 어린 날의 추억도 함께 돋아난다. 어린 시절 우리 집 뒤뜰에는 감나무 두 그루가 있었다. 초여름이 되면 하얀 감꽃이 피어나고 그 뒤를 이어 열매가 맺히면서 감꽃이 떨어지기 시작한다. 새벽에 일어나 뒤뜰에 나가 보면 잇,f을 머금은 하얀 감꽃이 소복하게 떨어져 있다. ‖

여름이 오면 감은 푸르게 제 크기만큼 커진다. 장마가 시작되면 습기가 많은 무더운 날씨 때문에 풋감들은 더러 벌레가 먹고 지레 홍시가 되어 땅에 떨어진다. 그 풋감을 주워서 반으로 갈라 속살을 골라 먹으면 제법 먹을 만했다.

-≪홍익병원≫ 2010년 가을호

B-1. 최순희/식탁

① 서둘러 수저를 놓은 남편은 베란다로 나가 등을 보이며 선다. 평소엔 즐겨 설거지를 도맡아하던 그는 지금 주방 근처에는 얼씬도 하지 않는다. ‖ 성난 눈빛과 낮게 으르렁거리는 목소리보다도 주방과의 멀어진 거리가 그의 분노를 더 웅변으로 말해 주는 듯하다. ‖

② 열흘 전 저녁식탁에서 아내는 머뭇머뭇 운을 떼었다.

나 어딜 좀 가고 싶은데….

어디를? 며칠이나?

원주…, 토지문학관에….

거기가 뭐 하는 덴데?

왜 있잖아요, 박경리 선생님이 하시는, 작가들에게 무상으로 숙식을 제공하고 석 달간 방을 빌려준대요, 글 쓰라고…. ‖

그러니까 이미 혼자 다 결정해 놓고 이제 와서 통보한다는 거야?

- 최순희, ≪그 집은 그곳에 없다≫

B-2. 한경선/바위취가 엿들은 말

① 주르륵 두레박줄이 손바닥을 타고내 안의 우물 속으로 미끄러진다. 손바닥에 열기가 짧게 스칠 때쯤 텅하고 두레박이 물에 닿는다. 유물처럼 남아 있는 우물을 깨운다. 긴장하고 있다가 순간 손에 힘을 주어 기억의 줄 끝을 붙잡는다. ‖ ② 어렸을 때 우물을 들여다보는 일은 무서웠다. 깊이를 알 수 없는 어두운 우물 끝에 설핏 비치는 하늘 조각은 어지럼증을 일으켰다.

- ≪좋은수필≫ 2015년 7월호

B-3. 김희재/수선화처럼

① 지하주차장 입구에 있는 커다란 바위 주변에 초록색 이파리가 뾰족뾰족 올라오고 있었다. 얼른 뛰어가서 그 앞에 쪼그리고 앉아 유심히 들여다보았다. 우와, 수선화다.

② 작년 봄이었다. 내가 수선화를 좋아한다고 하자 거제도에 사는 후배가 자기네 마당에서 캔 수선화 뿌리를 한 박스 보내주었다. 덕분에 우리 베란다는 함초롬하고 조신해 보이는 황금빛 수선화로 가득

찼다. 그런데 정말 환상적으로 곱던 그 꽃이 가버리자 잎줄기가 힘없이 아무렇게나 드러누웠다. 손을 넣어 만져보니 뿌리도 물컹했다. 화분에다 그대로 두면 죽을 것 같기에 다 뽑아서 신문지에 둘둘 말아들고 나갔다. 우리 집에서 내려다보이는 양지바른 바위 옆에 자리를 보아두고, 경비에서 큰 삽을 빌려다가 겁도 없이 잔디밭을 팠다. 축축 처진 잎줄기를 잘 추슬러 세워 나란히 심어 주며 정성껏 흙을 도닥도닥 해줬다. 하지만 수선화는 얼마 가지 않아서 흔적도 없이 사라졌다. 죽은 줄 알고 못내 서운했다.

③ 그랬었는데, 살아 있었던 거야? 나는 두 손으로 땅을 짚고 납작 엎드려 그 뾰족한 잎리 끝에 입을 맞추었다.

- ≪계간수필≫ 2015년 봄호

우선 글A. 이 글은 시간의 흐름을 그대로 따르고 있다 즉, 봄→초여름→여름의 짜임이다. 이런 구성은 독자에게 안정감을 준다. 글B-1, 2는 다 ①은 현재, ②는 과거, 그러니까 현재에서 과거로 돌아가는(B-1은 한 편의 글에서, B-2는 한 문단에서) 짜임이다. 글B-3은 현재(①)에서 과거(②)로 돌아갔다가 다시 현재(③)로 돌아오는 짜임이다. 이런 구성들은 독자에게 변화감을 준다.[6]

그런데 좀 특이한 경우도 있다.

A. 정정자/지난날의 짧은 이야기 셋-시골버스

① 한 시간에 한 번 뜨는 시골버스, 놓치면 지각이다.

눈 뜨자 동동거리며 아무리 바삐 움직여도 아침 시간은 늘 모자란다. 이제 첫차 뜰 시간까지는 30분밖에 남지 않았다. 바르는 둥 마는 둥 화장 5분, 뜨는 둥 마는 둥 식사 5분, 새벽바람 가르며 헐레벌떡 뛰어가는 정거장 길에 한없이 마음은 바쁘고‖.

6) 현재에서 과거로 돌아간다든지 돌아갔다가 다시 현재로 돌아온다든지 하는 것은 본래의 시간적 질서에는 어긋나는 것이다. 이것은 사람이 만든 질서다. 이런 구성을 플래시백(flash-back)이라고 한다. 흔히 회상하는 글에 쓴다.

매일 타던 사람이 혹 안 보이면 무슨 일이 있나, 다만 몇 분이라도 기다려주는 그 시골버스에 오르면 휴우 가쁜 숨부터 고른다. ‖ 덜컹거리며 달리는 자갈길에 살랑살랑 바람 시원히 창가로 새어들면 눈꺼풀은 사정없이 내려앉고 어느새 단잠에 빠져든다.

"이봐요, 아가씨. 안 내려요? 오늘은 숙박비까지 챙겨 내슈."

기사양반 농담에 얼굴이 붉어진 아가씨, 허겁지겁 버스를 뛰어내린다.

② 지금은 잘 포장된 그 길을 좌석버스가 시원히 내닫는다.

딸네 집에 가는 한 초로의 여인이 내릴 때를 지나칠까 안내방송에 귀를 기울이면서도 연신 창밖을 내다본다. 자갈길을 덜컹거리던 그 길을 생각하면서.

- 정정자, ≪기러기를 찍는 남자≫

B. 김애자/새 소리

제 오지랖의 범위가 너무 넓어졌나 봅니다. ① 이번 장날에는 토마토와 가지 모도 사다가 심을 요량입니다. ② 열무와 아욱과 상추 씨는 호미로 골을 타고 노가리로 파종했습니다. ③ 모를 심고 씨를 파종하는 이 사소한 일상이 제게는 더없이 소중합니다. 하나를 심어 열을 얻는 생산의 원칙 때문만은 아닙니다. 흙에 생명을 심는다는 것이 마냥 좋을 뿐입니다.

- 김애자, ≪수렛골에사 띄우는 편지≫

우선 글A. 이 글은, 앞부분 ①은 어느 아가씨 이야기, 뒷부분 ②는 한 초로의 여인 이야기다. 이 여인은 물론 옛날의 그 아가씨다. 그런데(그 동안 시간이 많이 흘렀는데) 두 이야기가 다 현재형으로 진행된다. 즉, 이미 먼 과거의 일이 된 아가씨 이야기까지 현재형으로 진술한 것이다. 과거가 현재처럼 생생하게 느껴진다.

글B는, ①은 이번 장날에 할 일(미래)을, ②는 이미 한 일(과거)을, 그리고 ③은 지금 내가 생각하는 것(현재)을 말한다.[7] 과거,

7) ③은 무시제(無時制)처럼도 보이나 현재로 보는 것이 자연스러울 것 같다.

현재, 미래가 한 문단에 어우러진 희귀한 예다. 이 글은 ③을 말하기 위해서 ①, ②를 앞에 제시한 것, 즉, ①+②→③의 짜임이다. 서정 속에 흐르는 논리가 퍽 탄탄해 보인다.

그런데 우리는 대체로 시간적 구성이라고 하면 서사(敍事)를 생각하는 듯하다. 서사의 3요소(p. 209) 중의 하나가 시간임을 생각하면 이것은 퍽 자연스러운 일이다. 그러나 서정(敍情)의 경우에도 있을 수 있다는 점을 이해해 두자. 다음 글은 서정이면서도 봄(봄비) → 여름(소나기) → 가을(서늘한 바람) → 겨울(흰 눈)의 짜임이다.

◎ 이선화/뚝배기 같은 사람

투박하기 뚝배기 같은 그녀지만, 그러나 사물을 대하는 예민한 감각과 그 잔잔한 낭만은 어느 누구에게도 뒤지지 않는다. 봄비 내리다 그친 긴 둑길에 잔디 푸르면, 소나기 한 줄기 시원히 지나간 높푸른 하늘에 흰 구름 둥둥 흘러가면, 길가에 핀 하양 분홍 코스모스들이 서늘한 바람에 하늘거리면, 그리고 눈 하얗게 쌓인 달 밝은 밤이면, 내 휴대폰에는 그녀의 문자 메시지가 어김없이 들어와 있다.

- ≪수필과 비평≫ 2009.년 11·12호

나) 공간적 구성

공간적 구성은 공간의 이동(移動)에 따르는 구성을 말한다. 공간의 이동이란 한 지점(위치)에서 다른 지점으로 옮겨간다는 뜻이다. 그 이동의 방향은 수없이 많다. 다음은 그 몇 예-.

◎ 김녹희/골목길 풍경

우리 집 골목길엔 비 오는 날만 빼곤 언제나 웨딩드레스를 입은 신부와 턱시도를 걸친 신랑의 모습이 보인다. 웨딩사진 스튜디오가 있어서 신랑각시가 길 위에서 갖가지 포즈로 사진을 찍기 때문이다. ‖ 사진의 주인공들을 바라본다. 풋풋하다. ‖

신랑신부를 잠시 구경하다가 골목 네 개가 동시에 만나는 작은 네거리에 다다른다. 이름난 양식 일식 중식당들이 모여 있다. 젊은 손님들이 수시로 드나드느라 언제나 복잡하다. 그 나이에 고급식당을 애용한다는 걸 의아해하다가 문득 깨닫는다. 내 눈엔 웬만한 연령의 사람들이 이제 다 젊은이로 보인다는 걸. ∥.

왼쪽 골목길로 내려간다. 오랫동안 화랑이었다가 지금은 히피가 입을 것 같은 야릇한 옷을 파는 담쟁이덩굴 건물이 나타난다. 거기만 가면 동창이며 화가였던 점선이가 생각난다. ∥ 점선이의 어눌하면서도 정열에 찬 말소리가 생생하게 들려온다. ∥

비탈길을 오른다. ∥ 수많은 나뭇잎이 무늬처럼 찍혀 있다. 도르르 구르던 낙엽을 지나다니는 차들이 아스팔트에 꼭꼭 박아 놓았다. 얇게 펴진 잎들은 오톨도톨한 길 표면을 따라 잘게 갈라져서 흡사 박수근 화백의 그림 같다.

- ≪계간수필≫ 2011년 여름호

이 글은 어느 골목길을 걸으며 보고 생각하고 회상하고 느낀 바를 말한 것이다. 우리 집 골목길 → 작은 네거리 → 왼쪽 골목길(담쟁이덩굴 건물) → 비탈길의 짜임(이동)이다. 이런 글을 읽노라면 마치 지은이를 따라가며 함께 보고 함께 느끼는 듯하다. 그러나 모든 공간이 다 이 글처럼 큰 공간(또는 지리적인 공간)인 것은 아니다. 다음은 학생들에게 보이려고 내가 만들어 본 예문-.

◎ 놀부의 얼굴

훌렁 벗어진 이마는 남 골려 줄 궁리로 늘 찌푸려 주름살이 깊고, 치뜬 두 눈은 남의 것 못 빼앗아 핏발이 서 붉다. 코는 꼭 고구마 같은 것이 심술 사납게 비스듬히 누워 있고, 그 아래 함지박만 한 입에서는 금방이라도 온갖 욕설이 다 튀어나올 것만 같다.

- 정진권, ≪문장론 연습≫p.91

이 글은 놀부의 얼굴을 묘사한 것이다. 이마→두 눈→코→입의 짜임(이동)이다. 이것은 위에서 아래로의 순서에 따른 것이다.

2) 논리적 질서

논리적 질서에 따른다는 것은 필자의 사고(思考)가 논리의 흐름을 좇는다는 뜻이다. 논리의 흐름을 좇는 구성엔 연역적(演繹的) 구성, 귀납적(歸納的) 구성, 인과적(因果的) 구성 같은 것이 있다.

가) 연역적 구성

연역적 구성은 주제를 글의 앞부분에 제시하고(또는 함축하고) 글을 풀어나가는 구성, 즉, 주제적 언어(주제를 나타내거나 함축한 언어) → 뒷받침 언어(주제를 구현하는 데 동원되는 언어)의 짜임을 말한다.[8)] 다음을 보자.

A. 문석홍/술 때문에

술은 잘 마시면 약이요, 잘못 마시면 독이라고 한다. ‖ 술은 알코올이라는 성분 때문에 마시면 취하게 된다. 그 취하는 정도는 마신 술의 양에 비례하기 때문에 적절히 취하면 기분이 좋아지고 혈액 순환을 활발히 하게하고 식욕도 돋우는 등 체내 생리 기능 촉진에도 도움을 주는 물질임에는 틀림이 없다. 그러나 그 해독도 만만치 않다.

- 문석홍, ≪한마디 말이 모자라서≫

---

8) 나는 자신의 ≪한국수필문학의 이해≫에서 이 짜임을 주제적 언어+예시적 언어라고 말한 바 있다(p. 168). 이제 다시 생각해 보니 예시적 언어보다 뒷받침 언어가 더 적절할 것 같아 이렇게 고치기로 한다. 이 책 p. 160, 소주제문의 위치와 문단 참조. 나는 그 주석에서 연역적 및 귀납적 문단에 관해서 비교적 상세히 설명한 바 있다. 연역적 문단은 연역적 구성으로 된 문단을, 귀납적 문단이란 귀납적 구성으로 된 문단을 말하는 것이다.

B. 신현복/당신은 언제 행복했나요

슈퍼마켓에서 찬거리를 살 때 시간이 많이 걸린다.

가족을 위한 먹을거리가 종류나 양이 많아서가 아니라 질이 좋고 맛이 있어 보이는 것을 이것저것 뒤적이며 고르기 때문이다. ‖ 이것을 고르면 다른 것이 맛있어 보이고, 그래서 그것을 집으면 또 다른 것이 더 싱싱해 보이고….

-신현복, ≪나의 사랑하는 금붕어≫

글A의 주제적 언어는 술은 잘 마시면 약이요, 잘못 마시면 독이라고 한다, 글의 앞부분에 제시되어 있다. 그 뒤를 뒷받침 언어가 따른다. 글B의 주제적 언어는 슈퍼마켓에서 찬거리를 살 때 시간이 많이 걸린다, 역시 글의 앞부분에 제시되고 그 뒤를 뒷받침 언어가 따른다. 이런 짜임이 연역적 구성이다.

연역적 구성은 처음부터 독자에게 강한 인상을 주거나 그들의 관심(글의 주제나 중심소재에 관한)을 유발하는 데 효과적이다.

나) 귀납적 구성

귀납적 구성은 그 사고(思考)의 전개가 연역적 구성과 역(逆)으로 진행되는 구성, 즉 주제를 글의 뒷부분에 제시(또는 함축)함으로써 글을 맺는 구성을 말한다. 그러니까 뒷받침 언어 → 주제적 언어의 짜임이다. 다음을 보자.

A. 윤모촌/산마을에 오는 비

광복 다음 해, 그해 여름은 한 달 내내 비가 내렸다. ‖ 하숙을 하던 사랑방에서 하는 수 없이 한 달 동안을 갇혀 지냈다. 흙내가 나는 방이었지만 주인영감이 넣어주곤 해서 부숭부숭하게 지낼 수가 있었다. 그는 담뱃대에 부싯돌을 쳐서 불을 붙여 물고는, 객지에선 몸이 성해야 한다면서 한사코 나를 아랫목으로 다가앉으라 하였다. ‖

농촌 사람들은 봄비는 잠비요 가을비는 떡비라고 했다. 그러나 지

금은 그 춘곤(春困)을 풀어주던 봄비가 낮잠을 자게 하는 여유의 구실을 하지 않는다. 비닐하우스로 삶의 내면이 각박해져 가는 농촌 인심, 울타리와 사립문 대신 시멘트 블록담이 높아진 농촌에는 지난날의 빗소리가 주던 서정이 사라졌다. 객지에선 몸 성해야 한다며 나를 아랫목으로 앉히던 늙은 농부-. 산마을엔 지금도 비가 올 테지만 마음을 적셔주던 그 노농(老農)의 인정(人情)의 비를 맞고 싶다.

- 윤모촌, ≪실락원≫

B. 장생주/추워 보이지 않니(전문)

그녀는 초등학교 6학년을 가르치는 선생님입니다. 그리고 글을 쓰는 문인입니다. 그녀는 어느 날 아들아이와 함께 재래시장에 갔습니다. 이것저것 물건을 고르고 값을 깎느라 꽤 시간이 걸렸습니다.

아들아이는 엄마가 답답해 보였습니다. 단돈 몇 백 원에 저리도 실랑이를 벌리나 싶어 엄마가 얄미웠습니다. 그러나 내색은 않고 엄마가 사주신 물건을 들고 엄마를 따라 시장 밖으로 나왔습니다.

길가에는 남루한 옷을 입은 할머니 한 분이 나물 한 바구니를 팔고 있었습니다. 그녀와 아들은 그 앞을 지나갔습니다. 그러다 그녀가 뒤돌아보았는데, 그 할머니가 자꾸만 손을 흔들었습니다. 와서 좀 도와달라는 그 손짓, 어쩌면 저리도 측은해 보이는가. 그녀는 되돌아가 그 나물 한 바구니를 모두 사버렸습니다.

"엄마, 왜 값을 깎지 않았어?"

"응, 추워 보이지 않아, 할머니가-."

- 월간문학 출판부, ≪5매 수필의 멋과 맛≫

글A의 주제적 언어는 그 노농의 인정의 비를 맞고 싶다.[9], 글의 뒷부분에 제시되어 있다. 그 앞에 진술된 것은 다 이 주제를 위한 뒷받침 언어. 글B의 주제적 언어는 응, 추워 보이지 않니, 할머니가-.[10], 역시 글의 뒷부분에 제시되어 있다. 그 앞에 진술

9) 이 주제적 언어에 함축된 주제는, 남을 배려하는 옛날의 농촌 인심에 대한 그리움이다. 옛날은 물론 비닐하우스, 블록담이 설치되기 이전.

된 것은 물론 이 주제를 위한 뒷받침 언어. 이런 짜임이 귀납적 구성이다.

귀납적 구성은 차근차근 자신의 내면을 고백하거나 독자를 설득해 가거나 하는 데(그래서 무리 없이 주제에 이르게 하는 데) 효과적이다.

우리는 지금까지 연역적 구성과 귀납적 구성을 이야기해 왔다. 그러나 모든 수필이 다 주제적 언어→뒷받침 언어(연역)의 짜임이거나 뒷받침 언어→주제적 언어(귀납)의 짜임인 것은 아니다. 뒷받침 언어만으로 된 구성도 있을 수 있다. 이것은 주제가 글 속에 함축되어 있다는 뜻이다. 다음을 보자.

◎ 노천명/대동강변(大同江邊, 전문)

강물은 조는 듯 흘러서 가고 어부는 배를 타고 오늘도 한가하다.

능라도(綾羅島)에 실버들이 이처럼 좋게 어리우면 하얀 함박 수건을 쓰고 머리뽕 위로 새빨간 댕기를 뽑아내는 이 고장 색시들은 앞산놀이를 가느라고 나룻배마다 꽃들을 피운다.

유리같이 맑은 물속에 흰 구름을 보는 때면 첨교는 사람을 건넬 것도 잊어버리고 저 건너 흰 모래 사장, 언젠가 누구들이 조금 슬픈 얘기와 함께 남기고 간 발자국들을 물끄러미 바라보며 엎드려 있는 한낮-.

심순애(沈順愛)[11]의 기념비 하나 얻어 보지 못한 채 이 강변 기슭을 지나는 행인들은 곰팡난 얘기를 번번이 꺼낸다.

-노천명, ≪노천명 수필집≫

이 글은 주제적 언어가 없다. 주제가 어떤 한두 문장이 아니라 글 전체 속에 함축되어 있기 때문이다.[12] 그 함축된 주제는, 대동

---

10) 이 주제적 언어에 함축된 주제는 딴 데는 아끼지만 어려운 사람은 배려하는 따뜻함이다. 딱 한 줄이면서도 퍽 감동적이다.

11) 조중환의 신소설 ≪장한몽(長恨夢)≫의 여주인공. 이 소설의 주요 배경의 하나가 대동강변이다.

강변의 한낮은 퍽도 평화롭다는 것, 어부는 한가롭고, 색시들은 즐겁고, 첨교는 회상에 잠기고, 행인들은 수없이 해 온 심순애 이야기를 또 하고-.

3) 인과적 구성

인과적 구성은 인과관계에 따르는 구성, 즉 원인(이유) → 결과의 짜임이거나 결과 → 원인(이유)의 짜임을 말한다. 우리가 앞에서 본 문석홍의 〈술 때문에〉나 신현복의 〈당신은 언제 행복했나요〉는 결과 → 원인의 짜임, 윤모촌의 〈산마을에 오는 비〉나 장생주의 〈추워 보이지 않니〉는 원인 → 결과의 짜임이다. 몇 예 더 보자.

A. 이귀복/토끼는 어디로 갔을까

내가 사는 동네를 사랑하게 된 것은 순전히 마을 한가운데 넓고 아름다운 공원이 있기 때문이다. 공원 숲길에는 사람을 경계하지 않는 청설모와 다람쥐들이 날마다 소나무에서 미끄럼을 탔다. 모습이 비슷한 모습이 비슷한 두 녀석들을 자연스럽게 구별할 무렵, 이번에는 숲길 곳곳에서 토끼들을 만나게 된 것이다. 비록 방목된 토끼들이었지만 그들이 뛰어다니는 모습을 바라보노라면 숲길마다 고즈넉한 평화가 피어났다.

- 이귀복, ≪사금 한 조각≫

B. 정재호/안동국시

*안동 양반 댁의 며느님이자 명망 있는 대학교수의 부인인 안동댁이 남편 몰래 국숫집을 차렸다. 다음은 그 무렵의 이야기-.

① 간판을 걸고 첫 손님을 맞는 날, 안동댁은 긴장을 하여서 그랬는지, 국수를 삶아내었는데 마음에 미흡하다고 하면서 쓰레기통에 쏟아부었다. 그런 줄도 모르는 손님 중 몇은 화를 내며 가버리고 손님 한

12) 이 글은 그 문장 하나하나가 다 주제적 언어처럼도 보인다.

사람이 남아 있었는데, 두 번째 국수도 버리고 세 번째로 삶은 국수를 손님에게 가져다주고는 어떤 반응이 나오나 하고 가슴을 졸이고 있었다. ② 다 먹고 난 손님은 자기 평생에 먹어본 국수에 비하면 이 집 국수 맛은 특별한 감칠맛이 있다며 다음에 친구를 많이 데리고 오겠다고 하는 것이 아닌가.

③ 그날부터 안동국시는 입소문을 타고 널리 알려져 어떻게 알았는지 청와대까지 알게 되어 대통령 내외분까지 그곳을 찾아오는 바람에 서울 장안에서 유명한 국숫집이 되었다.

- 정재호, ≪친구냐 원수냐≫

글A의 밑줄 친 부분은 한 문장이지만 그 자체로서 결과(동네를 사랑하게 된 것) → 원인(아름다운 공원이 있어서)의 짜임이다. 나머지 문장들은 또 내가 공원을 아름다운 곳으로 생각하게 한 원인(이유)이라고 볼 수 있다. 글B는 ①이 원인(미흡한 국수를 버린 것), ②와 ③이 그 결과(손님의 좋은 반응, 유명한 국숫집이 된 것)이다.

인과적 구성은, 문단 단위에서는 흔히 발견되지만, 한 편의 글 전체를 지배하는 경우는 보기 어렵다. 그러나 우리는 수필쓰기를 공부하는 사람들이니 한번 실험해 보는 것도 좋겠다. 다음은 나의 실험-.

A. 말이 막힐 때

중국 초(楚)나라에 창(矛)과 방패(盾)를 파는 사람이 하나 있었다. 그는 먼저 그의 방패를 치켜들고

"이 방패의 견고함을 보시오. 이 세상의 어느 창으로도 이 방패는 뚫지 못합니다. 자, 방패요, 방패."

하고 외쳤다. 그 다음에는 창을 들고

"이 창의 예리함을 보시오. 이 세상의 어느 방패도 이 창으로 뚫지 못할 것이 없습니다. 자, 창이요, 창."

하고 외쳤다. 그때 한 구경꾼이

"그럼 그 창으로 그 방패를 찌르면 어찌되오?"
하고 물었다. 방패와 창을 팔던 그 사람은 아무 말도 하지 못했다.

한비자(韓非子)의 이 이야기는 세상에 널리 퍼져서, 그 초나라 사람은 이웃 나라의 어린 중학생들에게까지 조롱을 받는 딱한 신세가 되고 말았다. 그러나 나는 그런 그에게 호감이 간다. 구경꾼이

"그럼 그 창으로 그 방패를 찌르면 어찌되오?"
하고 물었을 때, 창과 방패를 파는 모든 초나라 사람들이 다 그 사람처럼 말을 못 했을까? 어떤 사람은

"그러니까 한 벌을 다 사세요. 그러면 내 창으로 내 방패를 찌를 까닭이 없잖습니까?"
했을 것도 같고, 또 어떤 사람은

"가만히 계세요. 장사 끝나면 내 술 한잔 살 테니."
했을 것도 같다. 또 어떤 사람은 눈을 딱 부릅뜨고

"그 양반 별 참견 다 하네. 남의 장사 망치지 말고 저리 비켜요."
했을지도 모른다.

물론 어제는 방패를 치켜들고 어떤 창이든지 다 막을 수 있다고 했다가 오늘은 창으로 바꾸어 들고 어떤 방패든지 다 뚫을 수 있다고도 할 수 있다. 그러나 오늘의 그의 말이 설득력을 발휘하기 위해서는, 첫째 그의 창에 뚫린 그의 방패를 보여주고, 둘째 어제의 말이 잘못되었음을 고백하는 진지한 절차가 있어야 한다.

한 벌을 사면 아무 문제가 없다는 궤변, 장사 끝나면 술 한잔 사겠다는 홍정, 남의 장사 망치지 말고 저리 비키라는 억지, 이런 것으로 모순(矛盾)을 덮으려 해서는 안 된다. 구경꾼은 혹 착각 때문에, 혹은 술 한잔 때문에, 또는 다소 겁이 나서 더는 말을 하지 않을 수도 있겠지만, 그러나 그가 그런다고 해서 그의 질문이 취소되는 것은 아니다. 위와 같은 절차를 밟을 수 없다면 차라리 저 초나라 사람처럼 입을 다무는 것이 훨씬 더 양심적이다.

- 정진권, ≪열쇠와 자물쇠≫

말(言)에 관하여

어느 날 봉이 김 선달이 팥죽을 사 먹으러 갔더니 주인이 울상이 되어 있었다. 까닭을 물은즉 팥죽의 일부가 쉬어서 버리게 되었다는 것이다. 주인은 무슨 좋은 방도가 없겠느냐고 물었다. 물론 김 선달을 적당한 조건 아래 아이디어 하나를 제공했다.

이윽고 손님이 하나 둘 들어오기 시작했다. 팥죽 값은 어제와 다름없이 한 그릇에 천 원인데 천오백 원짜리 특제품 광고가 나붙어 있었다. 호기심 많은 몇 손님이 그 특제품을 주문했다. 주인은 싱글벙글 웃으며 그 쉰 팥죽을 떠다 주었다. 한 손님이 한 숟가락 뜨고는 이맛살을 찌푸리며

"팥죽이 왜 이렇게 십니까?"

하고 물었다. 그러자 주인은

"그야 당연하지요. 초를 많이 쳤으니까요. 이 신맛이 바로 이 특제품의 진미예요. 이 맛을 모르신다면…."

하고 정색을 했다. 손님들은 혹 무시당하기가 싫었든지 너도나도 그 특제품을 달라고 아우성이었다. 순식간에 쉰 팥죽이 동이 나고 말았다.

참 절묘한 사기다. 버려야 할 쉰 팥죽을 돈 더 받고 다 팔았을 때 그 팥죽집 주인은 얼마나 흐뭇했을까? 그러나 그 뒤로는 두 번 더 그 특제품을 사 먹으러 간 사람이 있을 것 같지 않다. 아니, 쉬지 않은 팥죽도 그 집으로 사 먹으러 간 사람은 다시 없었을 것이다. 사람은 본의 아니게 거짓말을 하는 경우가 더러 있다. 듣는 사람도 그 진의가 밝혀지면 흔히들 양해를 한다. 그러나 그런 양해를 하는 사람들도 쉰 팥죽을 특제품이라고 속이는 사람들에 대해서는 고개를 가로저을 것이다.

- 정진권, 위 책

우선 글A. 이 글은 나는 아무 말도 못 한 그에게 호감이 간다(결과). → 왜냐하면 다른 세 사람에 비해서 그가 훨씬 더 양심적이기 때문이다(원인, 이유).로 되어 있다. 즉, 결과 → 원인(이유)의 짜임이다. 이런 짜임은 연역적 구성과 같은 효과를 준다.

다음은 글B. 이 글은 쉰 팥죽을 특제품이라고 속여 팔았다(원인). → 때문에 그 후로는 손님들의 발길이 끊어졌을 것이다(결과).로 되어 있다. 그러니까 원인 → 결과의 짜임이다. 이런 짜임은 귀납적 구성과 같은 효과를 준다.

3) 상념의 순서

상념의 순서에 따른다는 것은 상념이 이어지는 순서에 따른다는 뜻이다. 상념은 대체로 논리적 경향의 것과 정서적 경향의 것으로 나누어 볼 수 있다. 물론 그 중간에 드는 것도 무수히 많을 것이다.

A. 강돈묵/선

점들이 모여서 손을 잡으면 선이 된다. 그 점들이 하나의 통제 속에 일정한 규칙을 가지고 모이면 직선이 되고 자유분방하게 어깨동무하면 곡선이 된다. ||

선은 두 세계를 이어주는 역할을 한다. 뚝 떨어진 두 세계를 이어주는 선은 신비롭기까지 하다. 전혀 관계가 없는 세계라 할지라도 선이 끼어들면 서로 친근해진다. 제아무리 지위가 높고 낮음이 있어도 이 선이 이어주면 함께 어우러진다. 강물이 갈라놓은 두 지역이라 해도 다리의 선으로 연결되면 마음대로 왕래할 수 있다. 높은 지붕과 절벽 아래의 구렁텅이라도 사닥다리의 선으로 걸쳐놓으면 그들은 쉽게 관계하고 동질감을 갖기 위해 노력한다. 제아무리 흩어져 있는 사물이라도 둥글게 원의 곡선으로 둘러치면 한 덩어리가 되고, 무지개 선이 드리우면 하늘과 바다가 함께 논다.

- 강돈묵, ≪감주와 설탕물≫

B. 유병근/봄비

봄비는 삭은 짚신을 끌고 온다.

밖에서는 부슬부슬 비가 오고 있는데 아무도 비 오는 기척을 알지 못했다. 유리문에 앉은 몇 방울 작은 얼룩을 보고 비로소 마당을 둘러

본다. 비는 벌써 마당을 적시고 파릇파릇한 어린 나뭇가지를 흔들고 있다.

비에 떨어지는 목련꽃이 유달리 희다. 빗속을 걸어가는 연약한 소복의 여인 같다. 떨어진 꽃잎은 손바닥에 올려놓았다. 내가 겪은 실연의 아픈 상처를 쓰다듬듯 나는 꽃잎을 어루만졌다.

신이 내리는 소리처럼 봄비는 오고 있다. 아늑하고 경건한 기도, 성구 한 구절을 외며 온다. ∥ 봄비 속에는 몽롱한 마취제가 들어 있는지 언덕마다 푸석푸석 얼굴이 뜬다. 그 아픔이 비를 타고 온 공간에 잠기니까 산과 들이 보얀 빛깔을 쓰고 드러눕는다.

- 수필문우회편 ≪山처럼 사노라면≫

우선 글A. 이 글의 상념은 퍽 논리적이다. 첫 문단은 점과 직선과 곡선에 관한 상념, 둘째 문단은 선의 이어줌에 관한 상념이다.

글B의 상념은 퍽 정서적이다. 이 글은 봄비에 관한 상념, 그것은 <u>삭은 짚신 → 소복의 여인 → 실연의 상처 → 기도 → 성구 → 몽롱한 마취제</u>로 이어진다.[13]

자, 상념의 순서에 따른 글 한두 편 더 읽어 두자.

A. 윤재천/사랑은 고귀한 생명체

사랑은 삶의 원칙이며, 행동에 역동성을 부여한다. 한 인간의 삶을 지탱하는 근본은 그의 가슴에 살아 있는 사랑이다. 사랑은 삶을 싱싱하게 만드는 묘한 힘을 가지고 있다.

그것은 많은 아픔을 동반한다. 이제까지 범상(凡常)의 범위를 넘지 못하던 것을 그 이상의 존재로 격상시키고, 버릴 수 있는 것조차 오랫동안 지키게 하며, 생명처럼 지니고 있던 것을 버리게도 한다. ∥

한 인간의 가슴에 소담하게 피어 있는 사랑, 그것은 안타까움이라

13) 이 글은 공간적 질서도 아우르고 있다. 즉, <u>유리문 안 → 마당 → 언덕, 산과 들</u>의 순서, 그러니까 가까운 데서 먼 곳으로의 이동이다.

는 햇볕과 그리움이라는 수분을 통해 성장한다.

- 윤재천, ≪도반(道伴)≫

B. 김진섭/백설부(白雪賦)

나는 겨울을 사랑한다. 겨울의 모진 바람 속에 태고의 음향을 찾아 듣기를 나는 좋아하는 자이기 때문이다. 그러나 무어라 해도 겨울이 겨울다운 서정시(敍情詩)는 백설, 이것이 정숙히 읊조리는 것이니, 겨울이 익어 가면 최초의 강설(降雪)에 의해서 멀고 먼 동경의 나라는 비로소 도회에까지 고요히 고요히 들어오는 것인데, 눈이 와서 도회가 잠시 문명의 구각(舊殼)을 탈(脫)하고 현란한 백의(白衣)를 갈아입을 때, 눈과 같이 온 이 넓고 힘세고 성스러운 나라 때문에 도회는 문득 얼마나 조용해지고 자그마해지고 정숙해지는지 알 수 없는 것이지만, 이때 집이란 집은 모두가 먼 꿈속에 포근히 안기고 사람들 역시 희귀한 자연의 아들이 되어 모든 것은 일시에 원시시대의 풍속을 탈환한 상태를 정(呈)한다.

- 김진섭, ≪생활인의 철학≫

글A는 사랑에 관한 상념, 논리적이다.
글B는 눈(雪)에 관한 상념, 정서적이다.

확인하기

우리는 지금까지 구성에 관한 여러 이야기를 해 왔다. 글 한 편 읽으면서 그 사실들을 확인하고 마치자.

피천득/오월

① 오월은 금방 찬물로 세수를 한 스물한 살 청신한 얼굴이다.
하얀 손가락에 끼어 있는 비취가락지다.
오월은 앵두와 어린 딸기의 달이요, 오월은 모란의 달이다.
그러나 오월은 무엇보다도 신록의 달이다. 전나무의 바늘잎도 연한 살결같이 보드랍다.

② 스물한 살 나였던 오월, 불현듯 밤차를 타고 피서지에 간 일이 있다. 해변 가에 엎어져 있는 보우트, 덧문이 닫혀 있는 별장들, 그러나 시월같이 쓸쓸하지 않았다. 가까이 보이는 섬들이 생생한 색이었다.

得了愛情痛苦,
失了愛情痛苦.
* 얻어도 잃어도 사랑은 다 괴롭다는 뜻. -저자

젊어서 죽은 중국 시인의 이 글귀를 모래 위에 써 놓고, 나는 죽지 않고 돌아왔다.

③ 신록을 바라다보면 내가 살아 있다는 사실이 참으로 즐겁다.

내 나이를 세어 무엇 하리. 나는 지금 오월 속에 있다.

연한 녹색은 나날이 번져가고 있다. 어느덧 짙어지고 말 것이다. 머문 듯 가는 것이 세월인 것을. 유월이 되면 원숙한 여인같이 녹음이 우거지리라. 그리고 태양은 정렬을 퍼붓기 시작할 것이다.

밝고 맑고 순결한 오월은 지금 가고 있다.

- 피천득, ≪금아문선(琴兒文選)≫

이 글은 세 부분으로 나누어 볼 수 있다.

이 가운데 ①은 구성의 기본구조로 볼 때 병렬구성이다. 5개의 문장이 나란하다(독자적이다). 모두 상념의 순서를 따르고 있다. 그 상념이 정서적이다.

②는 직렬구성이다. 현재에서 과거로 돌아간다(시간적 구성). 공간적 이동(지은이의 시선의 이동, 해변→별장→섬들)도 보인다(공간적 구성).

③은 병렬구성에 약간의 직렬적 요소가 가미되어 있다. ①처럼 역시 상념의 순서, 그 상념이 정서적이다. 이 글은 서정수필로 분류된다.

(3) 3단구성

서두, 본문, 결말, 이렇게 세 부분으로 이루어지는 짜임을 3단구성이라고 한다. 이 3단구성은 구성의 기본형식이라고 할 수 있다.14) 다음은 3단구성의 한 예, 함께 읽고 논의를 진행하기로 하자.

정진권/山길에서-가을

① 우리 집은 山 밑이다.

불볕에 소나기 그리 퍼붓더니 벌써 또 가을이다.

②-1. 비가 내린다, 조금은 쓸쓸히. 비가 그친다, 없던 일처럼. 가을비는 그렇게 내리다가 그렇게 그친다. 지금은 오후 두시 반, 포켓용 소주 한 병 잠바 주머니에 찔러 넣고 집을 나선다. 드디어 山이다. 햇볕 속, 온 山이 청랑하다. 하늘은 아스라이 푸르러 어지러운데. 바람이 살랑 인다. 살랑 이는 바람에 우수수 낙엽이 진다. ∥

②-2. 숲길을 걷는다. 어라, 이게 무슨 소리야? 뭐가 툭 떨어지네. 심심한 듯 툭, 또 툭 툭-. 아하, 굴밤이구나. 아니, 이건 산밤 아냐? 옛날 내 고향 안산 밑 그 밤나무들도 아람 떨어지는 소리가 툭 툭 이랬다. 그대 참나무, 산밤나무여, 그대들은 저 폭풍과 폭양과 폭우의 험난을 견디며 이렇듯 풍요로운 가을을 이루었다. 아, 이제 그대들은 한 점 회한 없이 안식에 들겠구나.

②-3. 또 숲길을 걷는다, 천천히. 길가에 들국화가 하늘거린다. 함초롬히 비 맞은-. 가녀린 몸짓이다. 애수가 어린다. 넌 어쩌다 열매 한

---

14) 3단구성은 여러 산문들에 공통으로 나타나는 경향이 있다. 이런 경향으로 해서 나는 이 3단구성이 구성의 기본형식처럼 느껴진다.

- 논　문 : 서론 + 본론 + 결론
- 설명문 : 서론 + 본론 + 결론
- 논설문 : 서론 + 본론 + 결론
- 소　설 : 발단 + 전개(절정) + 결말
- 감상문 : 서두 + 본문 + 결말
- 기행문 : 서두 + 본문 + 결론

수필 중에는, 서두는 없고 본문과 결말만 있는 경우, 서두와 본문만 있고 결말이 없는 경우, 서두와 결말이 다 없고 본문만 있는 경우도 있다. -정진권의 ≪한국수필문학의 이해≫p.119 참조. 그러나 우리는 세 부분을 잘 갖춘 글을 공부하기로 하자.

톨 못 맺었니? 연민이 인다. 사위가 가을비처럼 쓸쓸하다. 바위에 앉아 병마개를 딴다. 속이 짜르르하다. 다시 들국화를 본다. 아냐, 아니야. 이 가을에 꽃 피운 것 하나만으로도 너는 너의 삶을 잘 살아 온 거야. 열매 없다고 무슨 연민이니?

③ 누구나 다 열매 풍성히 맺을 수는 없어.

가녀린 꽃이나마 피워낸 것도 감사할 일이라네.

- ≪에세이문학≫ 2011년 봄호

이 글은 ①, ②, ③의 세 부분으로 되어 있다. ①이 서두, ②가 본문, ③이 결말이다. 3단구성의 본문은 다시 몇 부분으로 분화되기도 한다. 이 글의 본문은 ②-1, 2, 3의 세 부분으로 분화되어 있다. 자, 그럼 한 부분씩 그 구실을 검토해 보자.

1) 서 두

서두는 이야깃거리를 제시하는 구실을 한다. 위에 보인 〈山길에서〉의 서두는 이 글의 중심소재로써 이야깃거리를 제시한 것이다. 그 중심소재는 가을이라는 계절이다. 그러나 이야깃거리를 제시하는 방식은 무제한으로 다양하다, 다음은 그 몇 예-.

A. 김 광/논쟁시대(論爭時代)

잠결이지만 무슨 소리를 들었다. 문자메시지다. "나 조금 전에 죽었다. 문상 와서 놀다 가라. 다른 형제들에게도 네가 연락 좀 해주라."라는-. 이게 뭔가. '설마' 하면서도 전화부터 해본다. 새벽에 갔다는 친구 부인의 대답이 아득하게 들려온다. 미리 입력해 놓은 메시지를 아들이 발송했단다. '림프종'이라는 놈이 그를 괴롭히긴 했지만 너무 갑작스럽다.

- ≪계간수필≫ 2016년 겨울호

B. 최원현/자전거를 타며

자전거를 탄다. 힘차게 페달을 밟아 바람을 가르며 달린다. 두 개의 바퀴에 몸을 싣고 이렇게 달릴 수 있다는 것이 신기하다. 넘어질 듯하면서도 넘어지지 않고 달리는 자전거, 어찌 보면 대단히 불안한 탈것 아닌가. 그러나 사람들은 이 두 개의 바퀴로 잘도 속도를 즐긴다. 거기다 몇 단의 기어까지 있어 웬만한 오르막길도 큰 어려움 없이 오를 수 있다.

- 최원현 ≪행복의 강≫

글A는 〈山길에서〉의 서두처럼 중심소재로써 이야깃거리를 제시한다. 그것은 죽은 친구라는 인물이다. 이 글의 본문은 그 친구 이야기로 되어 있다. 글B 역시 중심소재로써 이야깃거리를 제시한다. 그것은 자전거 타기라는 행동이다. 이 글의 본문은 자전거를 타며 인생을 생각하는 것으로 짜여 있다. 두어 예 더 보자.

C. 정광애/동해로 간 아이

스산한 산바람에 물든 잎이 떨어지고 있다. 여기저기서 서성이고 있는 사람들의 머리 위로 발 아래로 제멋대로 휘날린다. 아이는 4번 번호표를 달고 그곳으로 들어간 지 한 시간이 넘었다. 세상에서 가장 긴 이별의 길이다. 주위 사람에게 많은 상처를 남기고 아이는 저만의 자유를 찾아 훨훨 날아갔다.

- 정광애, ≪어느 햇빛 좋은 날≫

D. 윤온강/따뜻한 강

내가 근무하는 수련기관에서 실시하는 프로그램 중에 '별칭 짓기'라는 것이 있다. 수련생 스스로가 자기 별칭을 지어서 명찰에 쓰고는 그 명찰을 수련기간 내내 붙이고 다니는 것이다. 거기 있는 동안 새 이름으로 사는 것이니 기분도 훨씬 새롭고 새 사람이 된 것 같은 느낌도 갖게 된다. 참 재미있는 착상이다.

사람은 늘 새로워지기를 바란다. 어제의 나보다 오늘 더 나아지고 싫어 한다. 이름만이라도 새것이니 얼마나 좋은가? 더구나 자기가 지은 이름이요, 자기가 불리고 싶은 대로 짓는 것이니 이 또한 자기 확인이요 자기표현의 좋은 방법이라 아니 할 수 없다.

-윤온강, ≪따뜻한 강≫

E. 김소경/세월 2

농장에서 주말을 보내고 돌아와 보니 현관문이 전 같지 않다. 누군가 밤새 열어 보려고 애를 쓴 흔적이 역력하다. 뒤울안에 담배꽁초가 흩어져 있고, 창틀이 하나 둘 빠져 있다.

-월간문학 출판부, ≪5매 수필의 멋과 맛≫

글C도 그렇다. 그것은 한 아이의 죽음이라는 사건이다. 이 글의 본문은 그 아이의 죽음에 관한 이야기로 이어진다. 글D의 서두는 글A~C와 달리 주제로써 이야깃거리를 제시한다. 밑줄 친 부분 사람은 늘 새로워지기를 바란다는 것이 이 글의 주제다. 이 글의 본문은, 별칭(별명, 아호, 필명, 영문 이니셜 등)을 짓는 것은 그 새로워지기를 바라는 데 연유한다, 그래서 나도 온강(溫江, 따뜻한 강)이라는 필명을 지었다, 이런 내용으로 되어 있다.

글E는 특별히 중심소재랄 것도 주제랄 것도 드러낸 것이 없다. 그냥 한 상황 묘사다. 그럼에도 이 서두를 읽으면 본문이 궁금해진다. 그 본문은, 작지만 대문 열어 놓고 살던 옛 집과 크지만 대문 잠그고 사는 지금 집과의 대조, 그리고 옛날이 더 행복했다는 내용으로 짜여 있다.

이 밖에도 여러 다른 모양으로 서두를 마련할 수 있을 것이다. 그러나 무엇보다도 서두는 본문을 자연스럽게 끌어오는 것이거나 본문을 궁금하게 만드는 것이 아니면 안 된다.

2) 본 문

본문은 서두를 이어서 본격적으로 이야기를 풀어가는 구실을 한다. 〈山길에서〉의 본문은 낙엽과 밤(굴밤, 산밤, 아람)과 들국화에 대한 서정으로 가을(인생의 가을)을 풀어간다. 물론 그 풀어가는 방식도 다양하다. 다음은 그 대표적인 몇 예다. 우리는 수필의 갈래를 이야기할 때 서정수필, 서사수필, 설리수필이라는 말을 쓴 일이 있다.[15] 여기서 한번 상기해 주기 바란다.

A. 김이경/도살풀이

*서두의 대강 : 나는 지금 살풀이춤의 한 가지인 도살풀이를 보고 있다. 무희(舞姬)의 속눈썹까지 보일 듯한 가까운 거리다. 곱게 빗질해 쪽찐 머리의 단정한 가르마, 꼭 다문 입술, 허공을 바라보는 그윽한 눈, 그녀의 표정은 바다 한가운데 떠 있는 조각배 같다.

아쟁이 더욱 음울한 울음을 머금어, 젓대는 단장(斷腸)의 흐느낌을 토한다. 이어 장구가 가슴을 친다. 내 안의 시간들이 손톱을 세운다. 아버지를 여읜 유년이 젓대를 따라 울고, 꿈으로만 남은 초련(初戀)은 장구 밑에서 부서진다. 기억 속에 묻혔던 시간들, 열어 보지 못한 나의 시간들은 가슴에 묻힌 한(恨)이었고 그것이 모인 게 살(煞)이었다. ||

명주 수건 한 자락 끝을 잡고 묶여 있는 여인, 아무도 그녀를 결박하지 못한다. 제 스스로를 결박할 뿐이다. 그녀는 그 자락을 놓고는 춤출 수가 없는 것이다. 그것이 그녀의 춤이고, 삶이고, 살인 것이다. 그녀의 운명이다. 내려놓을 수 없는 질긴 한의 끈이 내 허리를 감아온다. 뜨거운 기류가 몸을 훑어 내린다. 내외간의 연(緣)도 살붙이의 연도 모두 벗어날 수 없는 운명적 사슬인가? 아, 벗어나고 싶다.

- 김이경, ≪가끔씩은 흔들리지 않아 보는 거야≫

---

15) p. 17, 18, 19, 우리는 그때 조한숙의 〈새들은 어디서-(서정)〉, 정선모의 〈아리롱 할머니(서사)〉, 염정임의 〈작은 상자, 큰 상자(설리)〉를 읽은 바 있다.

B. 김우종/이끼 낀 풍경

*서두의 대강 : 나는 동부전선 어느 고지에서 사선을 넘나들었다. 그러기를 거의 두 달, 결국 중상을 입고 포로가 되어 저들의 야전병원에 입원을 했다. 병실은 어느 민가의 문간방을 빌린 것이었다. 나는 거기서 한동안 간호원 동무에게 업혀 다녔다. 그녀의 등은 참으로 따뜻하고 포근했다.

이틀쯤 뒤 나는 들것에 실려 40리 먼 곳의 다음 야전병원으로 떠나게 되었다. 그녀가 반 쪼가리 낡은 담요를 덮어주며 말했다.

"동무 고향이 어디죠?"

"서울이오."

"밤에는 꽤 추워질 거예요. 잘 가세요. 죽지 마세요."

담가(들것)병이 나를 들고 일어나자 그녀는 가볍게 내 손을 쥐어 주었다.

- 김우종, ≪그 겨울의 날개≫

C. 홍혜랑/이집트에서 장자(莊子)를 듣다

*서두의 대강 : 나는 지금 이집트를 여행하고 있다. 그 역사의 광장, 나는 거기서 잠시 역사, 사가(史家), 역사학에 대한 사색에 잠긴다.

사가(史家)들 딴에는 역사를 있는 대로 기록한다고 해도 어차피 우리는 그들이 골라서 던져주는 떡을 받아먹을 뿐이다. 그들이 추켜세운 호걸영웅의 마음속에도 소인배의 편린은 있었을 것이고, 정죄된 극악무도한 폭군의 심장에도 한 가닥 살가운 인간적 체취는 있었으련만 역사는 그렇게 기록하지 않는다. 인간의 유형, 시대의 유형에 이름을 붙이고 범주를 정하고 틀 짜기를 좋아하는 역사학의 버릇에 우리는 너무나 익숙해져 있다. 입구도 출구도 알 수 없는 방대한 고대 이집트의 역사광장에 서니 더구나 그런 생각이 들었다.

- 홍혜랑, ≪자유의 두 얼굴≫

글A는 〈山길에서〉처럼 서정이다. 어느 무희의 도살풀이를 보며 느끼는 긴장, 허리를 감아 오는 삶의 질긴 한의 끈, 내 몸을 훑어

내리는 뜨거운 기류, 모든 인연의 사슬에서 벗어나고 싶은 욕망, 그러나 〈山길에서〉와 달리 퍽 격정적이다.

글B는 서사다. 전시라는 시간적 배경, 야전병원이라는 공간적 배경이 있고, 나와 간호원 동무라는 인물이 있고, 내가 다른 야전병원으로 떠날 때 간호원 동무가 반 쪼가리 낡은 담요를 덮어 주는 사건이 있다. 이 사건은 사건이랄 것도 없는 아주 사소한 것이지만 퍽도 아름다운 휴머니즘(사건의 의미)을 드러낸다.

글C는 설리다. 이집트라는 거창한 역사의 광장에 서서, 역사, 사가(史家), 역사학에 대하여 사색한 바(지적 감상)를 적은 것이다. 그 사색의 내용에 동의하고 안 하는 것은 물론 여러분의 자유다.

이 밖에도 여러 가지 다른 방식을 생각할 수 있을 것이다. 그러나 어떤 경우든 본문은 주제를 구현하는 데 공헌하는 것이 아니면 안 된다. 소재가 아깝다 해서 주제와 관련 없는 것을 늘어놓으면 이상한 글이 되고 만다.

3) 결 말

결말은 글을 맺는 구실을 한다. 〈山길에서〉는 가녀린 꽃이나마 피워낸 것도 감사할 일이라네(이렇게나마 살아온 것도 고맙게 생각하라.)라는 주제를 드러냄으로써 글을 맺는다. 물론 그 맺는 방식도 다양하다. 다음은 그 몇 예-.

A. 박영수/물 쓰듯 아껴 쓴다

*본문의 대강 : 지난달 유럽 여섯 나라를 여행했다. 찬란한 문화 유적, 오묘한 자연 경관 앞에 감탄을 금할 수가 없었다. 그런데 물 때문에 고생이 많았다. 호텔의 식당에서도 사 먹어야 하는데 그 물 값이 금값이다. 한 병에 5불을 받는 데도 있다. 지구촌의 물 사정이 점점 나빠져 가고 있다. 우리나라도 이제 물 부족 국가로 분류된다고 한다.

이제 몇 년 안에 부닥칠 물 기근 현상을 대비하기 위해서는 ‖ 우리들의 물에 대한 인식을 바꾸는 일이 더 중요한 과제라 생각된다. ‖ 이제 "물 쓰듯 펑펑 쓴다."라는 우리네의 사고방식은 "물 쓰듯, 아껴 쓴다."로 고쳐져야 한다. 그래서 물 절약이 이 시대 새로운 덕목으로 자리매김되어야 할 일이다.

-박영수, ≪망초꽃 핀 언덕≫

B. 유병석/조랑말은 달리고 싶다

*본문의 대강 : 나(유병석)는 대학교수였다. 조랑말(포니)을 몰고 출근을 했었다. 그러다 불행한 시국을 만나 해직 교수가 되었다. 해직된 지 벌써 2년이다. 조랑말은 갈 데가 없다. 그러니 달릴 일도 없다.

다시 나의 조랑말을 내려다보았다. 여전히 먼지를 덮어쓰고 고즈넉이 엎드려 있었다. 그러나 달리게 해 달라고, 제발 좀 달리게 해 달라고 ‖ 온갖 몸짓으로 애원하고 있었다. 나의 조랑말은 눈이 커서 슬프다. 커다란 눈만 멀뚱멀뚱 말이 없어 슬프다.

오늘 따라 비가 갠 6월의 하늘은 가없이 푸르고, 더욱 싱그러운 초하의 녹음은 뭉게구름을 머리 위에 인 채 멀리서 손짓하고 있다. 조랑말은 달리고 싶어, 달리고 싶어 칭얼대고 있었다. 그것은 기수(騎手)에게나 조랑말에게나 견디기 어려운 형벌이다.

-유병석, ≪어디서 무엇이 되어 다시 만나랴≫

C. 라대곤/피아노 치던 소녀

*본문의 대강 : 내(라대곤) 친구인 K시 경찰서 서장이 자기 관사에서 저녁이나 먹자고 전화를 했다. K시 서장 관사? 소년 시절, 나는 그 관사 앞을 지나다가 비행기처럼 날아오는 목련꽃잎을 주웠다. 그때 그 관사에서 피아노 소리가 은은히 들려왔다. 나는 넋을 잃었다. 그 피아노는 어쩌면 선녀 같을 소녀가 치는 것이었을 터, 나는 그 소녀가 보고 싶어 그 관사 주위를 배회했다. 그러나 만남은 이루어지지 않았다.

이제 나이를 먹어 그 아름다웠던 일들이 모두 잊혀가고 있는데 오늘 친구의 전화로 아련한 그리움을 다시 찾은 것이다. 지금도 서장 관

사에는 목련꽃잎이 휘날리고 있을까? 비록 옛 모습 그대로 남아 있다 한들 피아노 치는 소녀가 그곳에 살고 있지 않을 그 관사가 내게 무슨 의미가 있을까? 나는 애써 마음을 가라앉히면서 K시를 향해 차를 몰았다.

-라대곤, ≪내 가슴 속의 수채화≫

글A는 〈山길에서〉처럼 주제를 드러냄으로써 글을 맺는다. 이 글의 주제는 물 절약이 이 시대 새로운 덕목으로 자리매김되어야 한다는 것, 물 부족 현상을 실감하지 못하는 세태에 대한 경종이다.

글B는 중심소재(서 있는 조랑말, 해직당한 자신)에 대한 감상과 희원을 드러냄으로써 글을 맺는다. 감상은, 조랑말이 달릴 수 없는 것(교수가 학교에 갈 수 없는 것)은 형벌이라는 것, 희원은 다시 달리고 싶다(학교에 가고 싶다)는 것이다. 퍽 짠하다.

글C는 과거(본문에서 말한)를 회상함으로써 글을 맺는다. 목련꽃, 피아노 소리, 이 두 낱말은 이 글의 핵심어다. 아련한 그리움이 여운으로 남는다.

이 밖에도 여러 다른 방식이 있을 것이다. 그러나 어떻게 맺든 그것은 독자가 자신의 감상(그 글이 제시한 내용에 대하여 느끼고 생각하고 상상하는 등의)을 정리하는 데 도움이 되는 것이 아니면 안 된다.

확인하기

자, 3단구성의 짧은글 한 편 읽고 마치자.

정진권/낙화대(落花臺)

① 소년의 고향, 푸른 물 길게 휘돌아 흐르는 산 높은 곳에 큰 바위 하나가 우뚝 솟아 있다. 사람들은 이 바위를 낙화대라고 부른다.

② 옛날 교양과 지조를 갖춘 미모의 기녀(妓女) 하나가 이 고을 젊은 원님과 깊은 사랑을 나누었다. 아리따운 기녀, 준수한 원님, 그러나 그들의 사랑은 오래 가지 못했다. 원님이 서울로 떠나게 된 것이다. 기녀는 떠나는 원님을 조금이라도 더 오래 보려고 이 바위에 올랐다. 그리고 얼마나 지났을까, 원님의 행차가 시야에서 사라지자 저 아래 푸른 물에 몸을 던졌다.

③ 소년은 이 바위를 바라보며 막연하게나마 사랑의 기쁨과 슬픔을 생각하고, 꽃처럼 진 한 여인에게 안타까운 연민의 정을 느끼곤 했다.

- 정진권, ≪한 수필가의 짧은 이야기≫

이 글의 서두(①)는 중심소재로써 이야깃거리를 제시한다. 중심소재는 <u>낙화대</u>다. 물론 꽃 진 대(臺)라는 뜻이다. 이 글의 본문(②)은 한 기녀의 슬픈 사랑 이야기로 이어진다. 꽃처럼 진 기녀…. 이 글의 결말(③)은 한 비극적인 사랑에 대한 소년(지은이)의 감상(사랑의 기쁨과 슬픔, 여인에 대한 연민)으로 맺는다.

3 집필과 퇴고, 그리고 제목 붙이기

집필(執筆)은 글을 쓴다, 퇴고(推敲)는 그 쓴 글을 고친다는 뜻이다. 비유하자면 집필은 지금까지 마련한 영혼(주제)과 피와 살(소재), 그리고 뼈(구성)를 가지고 새로운 한 생명체(작품)를 탄생시키는 일이요, 퇴고는 그 생명체에 결함이 있을 때 이를 수술하는 작업이라고 할 수 있다.

여기서는 집필을 하거나 퇴고를 할 때 유의할 점을 몇 가지 살펴보고, 끝으로 제목붙이기에 대하여 잠시 생각해 보기로 한다.

(1) 집 필

집필은 수필쓰기의 전 과정 중 가장 중요한 단계다. 이때 유의

해야 할 것은 수필쓰기의 여러 이론들, 특히 좋은 수필의 요건이다(p. 54). 그 요건은 언어, 구성, 화자의 목소리, 소재와 관련된 것들이었다.

이 밖에 다음과 같은 점에도 유의했으면 한다.

우선 냉정할 것. 수필은 설명문처럼 객관적인 글이 아니고 서정시처럼 주관적인 글이다. 따라서 냉정하지 않으면 자기가 쓰는 글에 스스로 도취되어 갑자기 흥분하거나 공연한 감상에 빠지기 쉽다. 그러면 독자의 눈에 우습게 보인다.

다음은 겸손할 것. 수필은 흔히 자기 이야기를 쓰는 글이다. 그러다보니 자기도 모르는 사이에 가령 나는 이렇게 유식하다, 내 취미는 이렇게 고상하다, 나는 이렇게 도덕적이다, 우리 집은 이렇게 행복하다(남편 자랑, 아내 자랑, 자식 자랑) 등등, 이런 내용들을 내비치기 쉽다. 자기의 실패담을 말한다면서 은연중에 제 자랑을 늘어놓는 경우도 있다. 이런 글은 독자가 외면한다.

집필을 할 때 유의할 점이 물론 이에 한하는 것은 아니다. 그러나 무엇보다 중요한 것은, 새로운 한 생명체를 탄생시킨다는 **치열한 창조정신**을 잊지 않는 일일 것이다. 시쓰기를 공부하는 사람, 소설쓰기를 공부하는 사람, 그들에 비하여 수필쓰기를 공부하는 우리의 치열성이 어떤지도 반성해볼 일이다.

(2) 퇴 고

이제 우리는 퇴고를 할 때 유의할 점을 살펴볼 차례다. 자, 우선 머리도 식힐 겸 옛 이야기 하나 읽고 지나가자. 이것은 퇴고란 말의 유래에 관한 것이다.

중국 당(唐)나라 때 가도(賈島)라는 유명한 시인이 있었다. 어느 날 그는 노새를 타고 가다가 다음과 같은 시구(詩句)를 얻고 큰 고민에 빠졌다.

鳥宿池邊樹(조숙지변수) : 새들은 연못가 나무 위에 잠들고,
僧推月下門(승퇴월하문) : 스님은 달빛 아래 절간 문을 미네.

즉, 僧推月下門의 推(밀다)가 마음에 안 드는 것이다. 해서 敲(두드리다)로 고쳐보았다. 이번에는 또 推가 아까웠다. 어느 쪽이 나을까? 그 생각에 골몰하다가 가도는 그만 경윤(京尹, 서울시장)의 행차와 부딪혔다. 경윤이 까닭을 물었다. 그가 사실대로 말했다. 경윤이 말을 세우고 한참 생각하다가

"推보다 敲가 낫겠소."

했다. 경윤, 그가 당대 시문(詩文)의 대가인 한유(韓愈)다. 이윽고 두 사람은 고삐를 나란히 하고 시도(詩道)를 이야기했다. 推敲란 말을 여기서 나온 것이다.[16]

퇴고는 수필쓰기의 과정 중 마지막 단계다. 집필이 아무리 만족스럽게 이루어져도 나중에 다시 읽어보면 고칠 데가 눈에 띄게 마련이다. 그렇다면 퇴고를 할 때 유의할 점은 무엇인가?

첫째는 수필쓰기의 이론에 따르라는 것이다. 우리가 지금까지 공부해 온 이 이론은 집필상의 유의점이자 퇴고상의 유의점이다. 이것은 퇴고의 순서와 관련되므로 약간의 설명을 보태기로 한다. 물론 퇴고의 순서가 일정하게 고정되어 있는 것은 아니지만, 우선 글 전체를 살피고 그 다음에 문단 단위로 고쳐 나가는 것이 일반적이다. 그 전체를 살필 때는 다음 사항에 유의한다.

① 주제를 구현하는 데 불완전하거나 결여된 내용은 없는가.
② 주제에 어긋나거나 무관한 내용은 없는가.
③ 글의 각 부분(문단들)의 이음새는 유연한가.

---

16) 이 이야기는 ≪사원(辭源)≫에서 옮긴 것.

글 전체를 살피는 이 과정에서는 우리가 집필상의 유의점에서 언급한 바에 따라 다음 사항에도 유의한다.

① 냉정을 잃어 흥분하거나 감상에 빠진 데는 없는가.
② 제 자랑으로 받아들여질 곳은 없는가.

문단 단위로 퇴고를 할 때는 다음 사항에 유의한다.

① 소주제를 구현하는 데 불완전하거나 결여된 내용은 없는가.
② 소주제와 어긋나거나 무관한 내용은 없는가.
③ 문장들의 이음새는 유연한가.
④ 문장은 정확하고 분명한가.
⑤ 단어는 정확하고 알맞은가.
⑥ 심상(심상이 있는 경우)은 선명하고 표현은 참신한가.
⑦ 맞춤법과 띄어쓰기는 다 정확하고, 오자나 탈자는 없는가.

둘째는 냉정하고 과감하게 고치라는 것이다. 좀 아까운 내용이라 해서 주제와 별 상관없는 것을 그냥 두면 안 된다. 있으나마나 한 내용은 잘라내야 한다. 다음은 그런 한 예-.

윤오영/마고자 A

① 나는 마고자를 입을 때마다 한국여성의 바느질 솜씨를 칭찬한다.
② 남자의 의복에서 가장 사치스러운 호사가 마고자다. 바지, 저고리, 두루마기 같은 다른 옷보다 더 값진 천을 사용한다. 또, 남자의 옷의 패물이라면 마고자의 단추다.
③ 마고자는 방한용이 아니요 모양새다. 방한용이라면 덧저고리가 있다. 화려하고 찬란한 무늬가 있는 비단 마고자나 솜 둔 것은 촌스럽고, 청초한 겹마고자가 원격(原格)이다. 그러기에 예전에 노인네가 겨울에 소탈하게 방한삼아 입으려면, 그 대신 약식(略式)인 반배(半褙)

입었던 것이다.

④ 마고자는 섶이 조금만 벌어지거나 조금만 여며져도 표가 나고, 섶귀가 조금만 무디어도 청초한 맛이 사라진다. 깃은 직선에 가까워도 안 되고 너무 둥글어도 안 되며, 조금 더 파도 못쓰고 조금 덜 파도 못쓴다. 안이 속으로 짝 붙으며 앞뒤가 상그럽게 돌아가야 하니, 깃 하나만 보아도 마고자는 바느질 솜씨를 몹시 타는 까다로운 옷이다.

⑤ 마고자는 원래 중국의 마괘자(馬褂子)에서 왔다 한다. 귀한 사람은 호사스러운 비단 마고자를 입고, 그렇지 못한 사람은 청마괘자(靑馬褂子)를 걸치고 다녔다. 이것이 우리나라에 들어와서 마고자가 됐다는 것이다.

⑥ 그러나 마고자는 마괘자와 비슷도 아니한 딴 물건이다. 한복에는 안성맞춤으로 어울리는 옷이지만, 중국옷에는 입을 수 없는, 우리의 독특한 옷이다. 그리고 그 마름새나 모양새가 한국 여인의 안목과 솜씨를 제일 잘 나타내는 옷이다. 그 모양새는 단아하고 아취가 있으며, 그 솜씨는 섬세하고 교묘하다. 우리 여성들은 실로 오랜 세월을 두고 이어받아 온 안목과 솜씨를 지니고 있던 까닭에 어느 나라 옷을 들여오든지 그 안목과 그 솜씨로 제게 맞는 제 옷을 지어냈던 것이다. 만일 우리 여인들에게 이런 전통이 없었던들 나는 오늘 이 좋은 마고자를 입지 못했을 것이다.

⑦ 문화의 모든 면이 다 이렇다. 전통적인 안목과 전통적인 솜씨가 있으면, 남의 문화가 아무리 거세게 밀려든다 할지라도 이를 고쳐서 새로운 제 문화를 이룩하는 것이다. 송자(宋瓷)에서 고려의 비취색(翡翠色)이 나오고 구전(古篆) 금석문(金石文)에서 추사체(秋史體)가 탄생한 것은 우연이 아니다.

⑧ 귤이 회수(淮水)를 건너면 탱자가 된다는 말이 있다. 예전엔 남의 문물(文物)이 해동(海東)에 들어오면 해동 문물로 변했다. 그러나 그것은 탱자가 아니라 진주였다. 그런데 근래에는 반드시 그렇지만은 않은 것 같다. 남의 것이 들어오면 탱자가 될 뿐만 아니라 내 귤까지 탱자가 되는 것 같아 안타까울 때가 있다.

-문교부, 인문계고등학교 ≪국어 2≫. 1974년

그러나 이 글이 본래부터 이런 모습은 아니었다. 이 글은 8개의 문단으로 되어 있지만 원문은 13개의 문단으로 되어 있다. 다음에 보이는 것은 그 원문이다.[17] 오른쪽의 번호는 앞에 보인 〈마고자(수정본)〉의 문단 번호다.

◎ 마고자 B

원문	처리
① 나는 마고자를 입을 때마다 한국여성의 바느질 솜씨를 칭찬한다.	무수정 → ①
② 남자의 의복에서 가장 사치스러운 호사가 마고자다. 바지, 저고리, 두루마 기 등, 다른 옷감보다 마고자에 값진 천을 사용하고, 남자 옷에 패물이라면 마고자 단추다.	수정 → ②
③ 원래 한복은 바지저고리가 제격이요, 조끼는 풍신이 없어 소년 아닌 노인 신사에게는 품이 없다. 다만 호주머니가 필요해서 입는 것이니 위에 마고자가 필요한 이유다.	삭제
④ 마고자는 방한용이 아니요 모양새다. 방한용이라면 덧저고리가 있고 잘덧저고리도 있다. 화려하고 찬란한 무늬가 있는 비단이나 솜마고자는 촌스럽고 청초한 겹마고자가 원격이다. 그러기에 예전에 노인네가 소탈하게 방한삼아 입으려면 약식인 반배를 입었던 것이다.	수정 → ③
⑤ 마고자는 바느질 솜씨를 몹시 타는 옷이다. 말하자면 짓기가 까다롭고 솜씨에 따라 맵시가 달라진다.	삭제

17) 당시 나는 이 교과서의 편찬 책임자(편수관)였다. 본래 교과서에 실으려 했던 글은 다음에 보이는바 이 글의 원문인 〈마고자 B〉다. 그런데 심의까지 마친 B를 지은이가 이렇게 고친 것이다. 조금 더 고쳤더라면 심의를 다시 할 뻔했다.

⑥ 섶이 지나치게 벌어지거나 지나치게 여며져도 안 되고 섶귀가 날렵하고 예뻐야 한다. 깃이 직선에 가까워도 안 되고 너무 둥글어도 안 된다. 얕게 파지지도 않고 깊이 파지지도 않게 눈썰미 있게 지어야 하고, 안이 속으로 짝 붙으며 앞뒤가 상그럽게 돌아가야 한다. 옷 중에서는 맵시를 몹시 타는 까다로운 옷이다. 수정 → ④

⑦ 그런데 이 마고자란 원래 중국의 마괘자였었다. 중국인들이 걸치고 댕기는 옷이다. 귀한 사람은 호사스런 비단 마괘자를 입었고 가난한 평민들도 청마괘자를 걸치고 댕겼다. 그것이 우리나라로 들어와서 오늘의 마고자로 변한 것이라고 한다. 수정 → ⑤

⑧ 그러나 마괘자와 마고자는 비슷도 아니한 딴 물건이다. 한복에는 안성맞춤으로 필요한 옷이나 양복이나 일복(日服)에는 물론, 중국옷에도 입을 수 없는 한국의 독특한 옷이다. 그리고 그 마름새(재단법)나 모양새가 한국 여인의 독특한 솜씨다. 그 모양새는 단아하고 아취가 있고 그 솜씨는 섬세하고 교묘하다. 이것은 그들이 몇 백 년 이어받아 온 안목과 솜씨를 지니고 있었던 까닭에 어느 나라 옷을 들여오든지 자기의 익힌 솜씨로 자기 안목에 맞도록 제것을 만들어 놨던 것이다. 수정 → ⑥

⑨ 문화의 모든 면이 다 그렇다. 전통적인 안목이 있고 전통적인 솜씨가 있으면, 자기 문화에 조화되고 자기 개성에 맞는 새 문화로 발전시키어 나가는 것이다. 송자에서 고려의 비취색이 되고 고전 금석문에서 추사체의 글씨가 탄생한 것은 한갓 우연이 아니다. 수정 → ⑦

⑩ 근래에 외래 문물을 선진 문화라고 추종하는 조류가 있는가 하면, 또 주체성을 들고 나오는 풍조도 뒤섞여 있다. 그러나 내 것도 아니고 남의 것도 아닌

얼치기 조제품(粗製品)이 많다. 전통적인 내 안목을 잃어버린 주체성이란 허무한 관념이요, 2, 3년간 외국을 다녀와서 외래문화를 체득한 체하는 어처구니없는 무지다. 내 전통과 내 개성을 잃으면 스스로 존재 가치를 잃은 것이요, 세계성과 시대성에 어두우면 생존 가치가 없는 것이다. 얼치기란 언제나 조악(粗惡)한 것이다. — 삭제

⑪ 귤이 회수를 건너면 탱자가 된다는 말이 있다. 예전엔 외래 문물이 해동에 들어오면 해동 문물로 변했다. 그러나 그것은 매양 탱자 아닌 진주였다. 그런데 근래는 남의 것이 들어오면 그것이 탱자가 될 뿐 아니라 내 귤까지 탱자가 되고 마는 것 같아 안타까울 때가 많다. — 수정 → ⑧

⑫ 요새 우리 사회에 범람하는 문장들만 읽어봐도 그렇다. 외국 문체도 아니요 국문 표현법도 아닌 생면부지의 괴문(怪文)들이 횡행하여 국어 문장의 혼란이 극심함을 본다. 어떤 글은 외래 숙어 직역과 우리 글에 없는 서술법으로 학식을 가장하고, 어떤 글은 한자어를 구축하고 순수 국어를 애용한답시고 전에 없는 언어를 임의로 만들어 문리(文理)에도 맞지 않는 어색한 문장을 들고 나와 언어와 문장을 퇴화시키는 경향을 볼 수 있다. 이것은 다 우리 민족 문화 발전을 저해하는 중대한 요인이 될 것이다. — 삭제

⑬ 나는 이런 생각을 하고 아내가 내다주는 마고자를 입으며 "부끄러운 일이오." 했다. "뭐가요?" 하기에 "당신 마고자만 한 글을 나는 아직 한 편도 못 써냈구려." "아이 참, 마고자가 글과 같애요? 바느질하는 여자 쳐놓고 마고자야 다 하게 마련이이지요." "그건 그렇지." 사실 그렇다. 더욱 글로 쓰라거나 기술적 창작을 하라면 별문제지만 제나라 말을 알고 제나라 글을 — 삭제

배웠으면 제나라 글을 제나라 식에 맞게 써야 될 일이다. 나는 다시 장난조로 마고자 섶을 들어보며 "참 당신 바느질 솜씨가 이쁘오. 나도 당신 솜씨를 배워야겠소." "원 저 양반이 생곱스럽게, 며느리가 들으면 늙은 시부모가 젊은 애들처럼 기롱한다고 흉보겠소." "아, 그러면야 참 재미있는 가정이지." 하고 껄껄 모든 것을 웃음 속에 말아 두기로 했다.

-≪수필문학≫ 1974년 1월호.

13개의 문단 중 무수정은 하나뿐, 모두 수정을 거쳤을 뿐만 아니라 삭제가 다섯 문단이나 된다. 참으로 과감한 퇴고다. A가 B보다 비교도 안 될 만큼 탁월한 것은 이런 과감한 퇴고의 결과다.

나는 위에서 퇴고를 할 때 유의할 점으로 두 가지를 들었다. 그러나 무엇보다 중요한 것은 자기가 탄생시킨 한 생명체를 보다 완벽한 것으로 만들겠다는, **역시 치열한 창조정신**일 것이다.

(3) 제목 붙이기

이제 우리는 제목 붙이기에 관해서 잠시 생각해 볼 차례다. 그러나 제목을 붙이는 데 무슨 원칙이 있는 것도 아니니 그냥 생각나는 대로 생각해 볼 수밖에 없다. 그럼 생각해 보자.

첫째, 제목이 하는 구실은 무엇일까? 두 가지쯤 생각해 볼 수 있을 것 같다. 그 하나는 그 글이 그 글임을 표시하는 구실이다. 즉, 이름으로서의 구실이다. 그러니까 가능한 한 다른 사람이 쓴 제목과 중복되지 않는 것이 좋을 것 같다. 또 하나는 독자의 시선을 끄는 구실이다. 즉, 상표로서의 구실이다. 그러니까 독자로 하여금 읽고 싶은 충동을 느끼게 하는 매력 있는 제목이 좋을 것이다.

둘째, 사람들은 글의 제목을 어떻게 붙일까? 물론 매력 있는 제목을 붙이려 할 것이다. 그러나 매력은 사람마다 달리 느끼니 일

률적으로 말할 수가 없다. 다만 몇 가지 유형은 찾아볼 수 있을 것 같다.

그 하나는 글의 중심소재로써 제목을 삼는 경우다. 예컨대

정선모 : 〈아리롱 할머니〉, p. 18
안인찬 : 〈소나기〉, p. 198

같은 것들이다. 제일 흔한 경우가 아닌가 한다. 다른 하나는 글의 주제를 나타내거나 암시하는 말로 제목을 삼는 경우다. 가령

김태길 : 〈편 가르기에 골몰할 때인가〉, p. 216
이수태 : 〈사물은 다면적이다〉, p. 222

같은 것들이다. 그런데 중심소재로써 제목을 삼으면서 동시에 주제를 드러내거나 암시하는 경우도 있다. 예를 들면

신정자 : 〈감 익는 계절이 오면〉(그리움), p. 224
한형주 : 〈연못 속의 붕어〉(연민의 정), p. 183

같은 것들이다. 지금까지 예시한 것은 중심소재나 주제를 염두에 두고 붙인 제목들이다. 물론 이에 구애받지 않고 붙인 제목들도 얼마든지 있다. 다음은 그런 예다.

박영자 : 〈무사경 고람수가〉, p. 37
이향아 : 〈그대 보소서〉, p. 44

이 밖에 다음과 같은 예도 있다. 여기서 부(賦)니 설(說)이니 또는 기(記)이니 하는 것은 옛 한문의 문체 이름이다.[18] 그러나 혹

진부해서일까, 요즈음엔 별로 눈에 띄질 않는다.

김진섭 : 〈백설부(白雪賦)〉, p. 240
정진권 : 〈묘목설(苗木說)〉, p. 219

결국 글의 제목은 그 필자가 붙이고 싶은 대로 붙이는 수밖에 없다. 제목을 단다면서 〈무제(無題)〉라고도 하고, 비극적인 이야기를 잔뜩 써놓고서 〈비극은 없다〉고도 하니까-. 그러나 그렇다 하더라도 시종 진지하게 생각하고 퇴고 과정에서 확정할 것이다.

---

18) 다음은, 부분적이기는 하나 우리가 이미 읽은 글들이다. 모두 그 원문이 한문이다. 한문은 대체로 그 문체 이름(밑줄 친 부분)을 제목 끝에 붙인다.

- 임 제 : 〈전동군서(餞東君序)〉 p. 100
- 서거정 : 〈편복부(蝙蝠賦)〉 p. 77
- 이 첨 : 〈야계당명(野桂堂銘)〉 p. 67
- 김수온 : 〈금헌기(琴軒記)〉 p. 5
- 이규보 : 〈주뢰설(舟賂說)〉 p. 13
- 최 해 : 〈예산은자전(猊山隱者傳)〉 p. 83

VI 맺음말

우리는 앞에서, 우리가 수필쓰기의 이론을 공부하는 것은 좋은 수필을 쓰기 위해서라고 말한 바 있다. 해서 나는 좋은 수필을 쓰는 데 유용하다고 생각되는 이론들을 가리고 정리해서 여러분에게 보여 주었다. 그러나 무엇보다 중요한 것은 앞에서 말한 대로 자신의 수필쓰기가 하나의 창조행위라는 확신을 가지고 치열한 창조정신을 발휘하는 일일 것이다.

마침 이에 관한 내 글이 한 편 있기로 여기 보여 맺음말에 대신하고자 한다. 제목은 한 창조행위로서의 수필쓰기. 부제는 체험의 해석, 그 선택과 배열에 관하여, 그 전문은 다음과 같다.

나는 많은 수필을 썼지만 내 수필쓰기에 무슨 가본 틀 같은 것이 있는 것 같진 않다. 한 가지 있다면, 수필쓰기는 하나의 창조행위라는 신념뿐. 나는 그 신념의 구체적인 실현 방법으로 체험의 해석, 그 선택과 배열을 생각하고 있다.[1] 오늘은 나의 작가 노트라는 이름으로 그 이야기를 좀 해볼까 한다.

---

1) 이 밖에 체험의 수정, 보완, 재구성 같은 것도 생각하고 있지만 이것은 다른 데서 이미 비슷하게 말한 바 있으므로 여기서는 생략하기로 한다. 졸고 『수필문학의 허구성 고찰』 참조.

■ **체험의 해석**

수필을 일러 체험의 문학이라고 한다. 여기서 말하는 체험은 수필가가 실제로 겪은바 사실을 뜻한다. 어떤 수필가가, 그의 수필 쓰기가 참으로 창조적인 것이 되기를 바란다면 그는 그의 실제적 체험에 대한 참신한 해석(또는 의미부여)이 있지 않으면 안 된다는 것이 내 생각이다. 다음은 어느 특강에서 내가 한 말의 한 부분.

여기 산이 하나 있다. 찬바람이 몰아친다. 꽁꽁 얼어붙었다. 그러나 작가의 해석에 따라 그것은 침묵하는 죽음의 산일 수도 있고 봄을 잉태한 생명의 산일 수도 있다. 이 죽음의 산, 생명의 산은 찬바람에 얼어붙은 실제의 산이 아니다. 작가가 그의 해석을 통해서 새로이 창조한 산이다.

전에 내가 살던 집 뜰에 모과나무와 감나무, 목련나무가 각각 한 그루씩 서 있었다. 가을이 되면 모과나무는 노란 모과를, 감나무는 붉은 감을 매달았다. 그러나 목련나무는 열매 한 알 맺지 못했다. 나는 어느 가을날 그 목련나무를 보고 젊은 날을 허송한 한 노년을 생각했다. 그리고 수필 한 편을 썼다. 서정(抒情, 敍情)수필-.

◎ 가을 목련나무

뜰에 어느덧 바람이 인다.
목련 잎새가 우수수 진다. 썰렁하다.
"맺은 게 없으니 얼마나 쓸쓸할까?"

지난 봄, 목련나무는 자랑스럽게 꽃을 피웠다. 화사한 그 꽃은 많은 사람의 칭송을 받기에 부족함이 없었다. 그러나 이 가을에 목련나무는 못생긴 모과 한 알, 떫은 땡감 한 개 달린 게 없다. 이제 잎새마저 바람에 다 흩날리고 나면 빈 가지만 앙상하게 남을 것이다. 약간의 명성에 자만하다 젊은 날을 허송한 사람의 뒷모습처럼 쓸쓸하기만 하다.

-≪한 수필가의 짧은 이야기≫

이 글은 다음과 같은 요소들로 짜여 있다.

대상(내가 체험한) - 가을 목련나무
정서(내가 일으킨) - 대상에 대한 연민(憐憫).
주제(의미) - 젊은 날을 허송치 말라.
글의 표면으로는, 허송하면 노년이 쓸쓸하다.

그러니까 서정수필의 구성요소는 그런대로 갖춘 셈이다.[2)]

이 구성요소들 중 대상(체험)에 대한 작가의 정서는 매우 중요하다. 그것이 곧 주제(의미)의 모태(母胎)가 되기 때문이다. 이 글을 지배하는 정서는 이미 말한 대로 가을 목련나무에 대한 내 연민의 정이다. 이런 정이 일게 된 것은 내가 그 열매 없는 가을 목련나무를, 젊은 날을 허송한 한 노년의 뒷모습으로 해석(의미를 부여)한 데 연유한다.[3)] 이 연민의 정이 곧 젊은 날을 허송치 말라는 주제를 낳은 것이다.

■ 체험의 선택과 배열

나는 위에서, 실제적 체험으로 수필쓰기의 창조성을 획득하기 위해서는 그 체험에 대한 작가의 참신한 해석(또는 의미부여)이 있

2) 문장론(文章論)은 글(말)의 진술방식으로 설명(exposition), 논증(argument), 묘사(description), 서사(narration)의 넷을 가르친다(p. 172). 그러니까 서정(抒情, 敍情)에 관한 언급은 없다. 그러나 있든 없든 그것은 당연히 대상(소재)과 정서, 그리고 주제(의미)로 짜일 것이다.

3) 이 목련나무를 아무 가진 것 없는 성자의 모습으로 해석할 사람도 있을 수 있다. 똑같은 가을 목련나무가 쓸쓸한 노년이 되고 가진 것 없는 성자가 되는 것은 체험(가을 목련나무를 본)에 대한 서로 다른 해석의 결과다. 그러니까 쓸쓸한 노년으로서의 목련나무는 내가 만든 것, 성자로서의 목련나무는 그렇게 본 사람이 창조한 것이 된다. 마치 어떤 작가가 겨울 산을 그의 해석에 따라 죽음의 산, 생명의 산으로 다시 만든 것처럼.

어야 한다고 했다. 그만큼 또 중요한 것이 곧 체험의 선택과 배열이다. 다음도 어느 특강에서 내가 한 말-.

피천득(皮千得) 선생의 〈인연(因緣)〉을 보면 화자인 나는 아사꼬와 세 번 만나고 세 번 헤어진다. 첫 번째 만나고 헤어질 때는 입을 맞추고, 두 번째는 가벼운 악수, 세 번째는 악수도 없이 절만 한다. 입 맞추고 악수하고 절만 하는 아사꼬의 행동(지은이의 체험)은 아사꼬의 많은 행동들 중 지은이가 선택, 그런 순서로 배열한 것이다. 하필 그런 행동을 선택, 그렇게 배열했을까? 이것은 두 인물이 멀어지는 구조다. 결합할 수 없는 운명을 나타내기 위해서 그런 것이다. 실제(사실)의 아사꼬야 어디서나 그 아사꼬지만 결합할 수 없는 운명의 여인으로서의 아사꼬는 지은이가 창조한 인물이다.

전에 내가 살던 집 뜰, 여름이면 나는 그 뜰의 잡초를 맸다. 불볕이 쏟아졌다. 그러다 갑자기 소나기가 퍼붓기도 했다. 그런 어느 날, 나는 문득 내 어린 시절을 떠올렸다. 우리 옛 마을도 그렇게 불볕 쏟아지고 소나기 퍼부었다. 그러면서 나는 사람 삶의 고락(苦樂)이 저렇지 싶었다.[4] 불볕 같은 삶, 불볕에 소나기 같은 삶, 이들은 서로 대조(對照)를 이룬다. 그래 수필 한 편 썼다. 이번엔 서사(敍事)수필-.

◎ 불볕과 소나기

소년의 옛 마을 그 여름날.

구름 한 조각이 없다. 바람 한 점이 없다. 불볕 하늘이다. 밭가의 감나무 잎새는 미동도 않고 돌무더기 호박잎은 축축 늘어진다. 하늘과 땅이 온통 불길 속이다. 소 몰고 콩밭 타는 삼돌이의 얼굴이 땀범벅이다.

"사람 죽겠네."

---

4) 불볕과 소나기를 삶의 고락으로 본 것은 그 둘에 대한 내 해석.

그때 먹구름이 모여든다. 소나기가 퍼붓는다. 감나무 잎새는 빗속에 통통거리고 호박잎은 다시 생기를 되찾아 너울거린다. 산과 들이 온통 소나기로 부옇다. 소 몰고 콩밭 타는 삼돌이의 맥고자에도 빗방울이 튄다.

"살 것 같네."

불볕만 있고 소나기가 없었다면 어찌 살았을까?

소년의 옛 마을 그 여름날. (이 책 p.32)

- 위와 같은 책

이 글은 다음과 같은 요소들로 짜여 있다.

- 배경 - 여름날의 농촌, 그 하늘과 땅, 산과 들.
- 인물 - 젊은 농부 삼돌이.
- 사건 - 삼돌이가 콩밭을 타며 한 마디씩 내뱉는다.
- 주제 - 우리들 삶에 있어서 불볕 같은 괴로움(苦)만 있다면 어떻게 살겠는가, 그래도 소나기 같은 즐거운(樂) 순간이 있어서 이렇게 사는 것이다.

그러니까 서사수필의 구성요소는 미미한 대로 갖춘 셈이다.[5]

그럼 우선 배경부터-. 여름날의 농촌, 나는 어린 시절 거기서 겪은 바가 수없이 많다. 이 글에 들어난 체험(주로 내가 본 것)은 그 중에서 내가 선택, 다음과 같이 배열한 것이다. 이 배열은 대조(다음 -표 왼쪽과 오른쪽)라는 구조를 가지고 있다.[6]

---

5) 문장론은 이른바 서사의 3요소라 하여 움직임(movement), 시간(time), 의미(meaning)의 셋을 든다. 나도 학생들의 문장론 시간에 이 세 요소를 가르쳤다. 그러나 내 경험에 따르면 그보다는 배경, 인물, 사건, 주제(의미)의 네 요소로 이해하는 것이 서사적인 글을 쓰는 데 더 유용할 것 같다(p. 211).

6) 이 글에 드러난 농촌은 실제의 농촌 그대로가 아니다. "불볕만 있고 소나기가 없었다면 어떻게 살았을까?" 하는 관점(불볕과 소나기에 대한 내 해석)에서 내가 재현한 농촌, 곧 내가 만든 농촌이다.

- 불볕 - 소나기
- 미동도 않는 감나무 잎새 - 통통거리는 감나무 잎새
- 축축 늘어진 호박잎 - 빗속에 생기를 되찾아 너울거리는 호박잎
- 온통 불길 속인 하늘과 땅 - 온통 소나기로 부연 산과 들

다음은 인물과 사건-. 여름날 삼돌이가 산과 들에서 하는 일은 수없이 많다. 나무하기, 논매기, 밭매기, 풀 깎기, 또 무엇. 이는 다 내가 본 것들이다. 나는 이 체험들(본 것들) 중 둘을 선택, 이 글에 다음과 같이 배열했다. 이 둘 역시 대조라는 구조를 가지고 있다.[7)]

삼돌이가 불볕에 콩밭 타며 "사람 죽겠네."한다. -
삼돌이가 소나기 속에 콩밭 타며 "살 것 같네." 한다.

배경이든 인물과 사건이든 내 무수히 많은 체험들 중 이들만을 선택, 대조적으로 배열한 것은 "우리들 삶에 있어서 불볕 같은 괴로움(苦)만 있다면 어떻게 살겠는가, 그래도 소나기 같은 즐거운(樂) 순간이 있어서 이렇게 사는 것이다."라는 주제를 말하기 위한 것이다.

---

7) 이 글에 드러난 삼돌이는 삼돌이의 전모가 아니다. 다만 사람 죽겠네, 살 것 같네 하는 삼돌이다. 피천득 선생이 아사꼬의 많은 행동들 중 입맞춤, 악수, 절만을 선택, 그런 순으로 배열함으로써 결합할 수 없는 운명의 여인으로서의 아사꼬를 창조했듯, 나는 삼돌이의 많은 일(사건)들 중 둘만을 선택, 대조적으로 배열함으로써 괴로움에 시달리면서도 순간순간 즐거움을 누리며(위로를 받으며) 살아가는 한 농촌 청년을 창조해 보려 한 것이다.
선택과 배열 문제와는 좀 다르지만, 삼돌이가 삼돌이라는 이름의 실재인물이 아니라는 점도 이야기해 두어야겠다. 나는 여름날 소 몰고 콩밭 타는 젊은이들을 많이 보았다. 그 젊은이들을 종합, 전형화(典型化)해 본 것이 바로 이 삼돌이다. 그러니까 삼돌이는 여름날 소 몰고 콩밭 타는 젊은이 모두를 대표하면서 동시에 그들 중 어느 누구도 아니다. 즉, 내가 만든 인물이다.

수필쓰기가 참으로 창조행위가 되기 위해서는 체험의 참신한 해석, 체험의 참신한 선택과 배열은 매우 중요한 수단이다. 내 글이 별로 창조적인 것이 못 된다면 그것은 내 해석, 내 선택과 배열이 참신하지 못한 탓이지 결코 그 수단에 결함이 있어서가 아니다.

나는 비록 아둔하지만 이 두 수단에 더 매달려 보려고 한다.

수필쓰기는 창조행위다.

※ 이글은 연전에 ≪에세이 21(2013년 겨울호)≫에 발표했던 것을 다소 개고하여 2015년 11월 28일 의사수필가협회서 강의한 원고임.

한국 고전수필선

우리는 그 동안 수필쓰기의 여러 이론을 공부했다. 그럼 그 이론들을 우리 고전 수필을 통해서 한번 확인해 보면 어떨까? 물론 그 많은 이론들을 다 확인할 수는 없다. 해서 몇 가지만 해 보기로 한다.

나는 여러분이 이 예문들을 통해서 우리 고전수필에 대한 관심이 깊어지기를 바란다. 각 편마다 주석 끝에 몇 줄 붙였다. 이것은 내 독후감이다. 그 글을 이해하는 데 참고가 되었으면 한다.

1. 우리는 수필의 형식이 자유롭다는 것을 안다. 다음에 보이는 글A는 기본형식, 글B는 편지형식, 글C는 일기형식, 그리고 글D는 기행문형식이다.

A. 남공철(南公轍)/잡설(雜說)-한문

거미가 거미줄을 친다. 나비가 날아와 걸려 죽는다.

아이놈이 마당에 그물을 친다. 치고는 그 안에 곡식 몇 알 뿌려놓고 까마귀와 까치가 날아들기를 기다린다. 그러나 종일 한 마리도 잡지 못한다. 내가 내다보고 탄식하며 말했다.

"이는 각각 자취(自取)한 것이다. 대저 나비라는 놈은 벌레인지라

그 모이고 흩어짐의 경영(經營)이 모두 냄새와 맛을 탐하는 데서 이루어진다. 그 보고 듣는 것의 미혹함은 저 새와 짐승을 가리지 않고 다 똑같다. 나비는 이러하므로 거미에게 잡을 뜻이 없어도 스스로 날아와 거미줄에 걸리는 것이다.

그러나 저 까마귀와 까치는 그 성품이 두려워할 줄을 알아, 곡식 한 알 취할 때도 서두르지 않고 그 한 알 쪼고 나면 곧 물러선다. 사람의 헛기침 소리만 나도 돌아보고 그 자취가 보이면 곧 일어선다. 새 잡는 그물을 보면 가 버리고 새 잡는 틀이 보이면 거기 들어가지 않는다. 이는 곧 이(利) 앞에 두려움을 아는 자이다."

내가 이미 말한 바가 있다.

"세상의 탐욕스러운 자는 늘 뜻밖의 재앙을 만나지만, 이익 앞에 두려움을 나는 자는 이를 면할 수 있다. 이로써 경계를 삼을 것이다."

- 남공철, ≪금능집(金陵集)≫

* 남공철(1760-1840) : 조선 정조 때의 문신, 문장가. 호는 금능(金陵), 선양자(宣陽子) 등. 시문이 뛰어났다. 저서로 ≪금능집≫등.

붙임 : 나비는 이(利) 앞에 두려움을 모른다. 그러므로 좋은 냄새 좋은 맛이 있으면 물불을 가리지 않는다. 그러다가 거미줄에 걸려 어이없는 죽음을 맞는다. 까마귀와 까치는 利 앞에 두려움을 안다. 그러므로 곡식 한 톨 함부로 먹지 않고 먹으면 곧 물러난다. 그리하여 재앙을 면하고 삶을 유지한다. 문제는 탐욕이다. 냄새든 맛이든, 돈이든 벼슬이든, 탐욕이 앞서면 거미줄이 안 보인다. 다 잘 알면서도 버리지 못하는 이것-.

B. 허균(許筠)/여이여인(與李汝仁)-한문

처마 끝에 비 듣고 바람도 서늘한데, 향로엔 파르스름한 연기가 가늘게 피어오르네. 바야흐로 두어 벗이 윗옷 벗고 발 벗고 남의 눈이 안 띄게 둘러앉아, 떠들썩하게 연근(蓮根)도 씻고 참외도 쪼개면서 세상의 온갖 번려(煩慮)를 다 씻어내고 있네.

그러니 지금 이 자리에 어찌 우리 여인(汝仁)이 없을 수 있겠는가? 자네 집의 마나님은 늙은 사자처럼 포효하여 자네로 하여금 묘면랑(猫面郎)이 되게 하겠네만, 그러나 노괴(老瓌)도 되지 말고 축상(縮狀)이 될까도 두려워하게.

우리 집의 심부름하는 아이 하나가 우산을 가지고 갈 걸세. 그것으로 가랑비쯤이야 가리지 않겠는가? 서둘러 서둘러서 오게나. 모이고 흩어짐이 본래 무상(無常)한 것이니 이런 모임이 어찌 자주 있겠는가? 우리 서로 나뉘어 떠난 후면 후회한들 무엇에 쓰겠는가?

- 허균, ≪허균전집(許筠全集)≫

* 허균(1569-1618) : 조선 선조 때의 문신, 문인. 호는 교산(蛟山). 시문이 뛰어났다. 저서로 ≪성수시화(惺叟詩話≫, ≪홍길동전≫등

* 이여인(1553-1623) : 지은이의 벗인 이재영(李再榮)이라고 한다. 여인은 그의 자(字). 그는 대단한 공처가였던 모양이다. -안대회, ≪고전산문산책≫

붙임 : 이 글은 심부름하는 아이에게 쥐어 보낸 쪽지다. 퍽 유머러스하다. 그러나 "모이고 흩어짐이 본래 무상한 것이니 이런 모임이 어찌 자주 있겠는가? 우리 서로 나뉘어 떠난 후면 후회한들 무엇에 쓰겠는가?", 이 말에 이르면 삶의 덧없음을 생각하게 된다.

C. 지은이 미상/남한산성-한글

이십삼일에.

큰비 내리니 성첩(城堞) 지키는 군사 다 적시고 얼어 죽은 이 많으니 상(上)이 세자로 더불어 뜰 가운데 서서 하늘에 빌어 가라사대

"금일 이에 이르기는 우리 부자(父子) 득죄(得罪)함이니, 일성군민(一城軍民)이 무삼 죄리까? 우리 부자에게 화를 내리시고 원컨대 만민(萬民)을 구하소서."

군신(群臣)이 들으시기를 청하되 허락지 아니하시더니, 미구에 비 그치고 일기 차지 아니 하니 성안 사람이 감읍(感泣)지 아니 할 이 없더라.

- ≪산성일기(山城日記)≫

* 이 글은 지은이 미상이다. 그러나 당시 조정(남한산성)에서 임금과 함께 병자호란을 겪은 사람일 것이다. 내용이 매우 구체적이다.

붙임 : 병자호란 때의 남한산성, 찬비로 군민이 다 얼어 죽는다. 임금(조선 제16대 임금 인조)이 세자(인조의 장남인 소현세자)와 함께 그 비 다 맞으며 하늘에 빈다. 퍽 감동적이다. 이 글은 본래 수필은 아니지만 수필적 효과를 나타내므로(감동을 주므로) 수필로 읽어도 좋을 것 같다. 〈남한산성〉

이란 제목은 내가 붙인 것, 원문엔 제목이 없다.

◎ D. 혜초(慧超)/고리등무주(故里燈無主)–한문

산중에 절이 하나 있다. 나가라다나(那揭羅馱娜)라는 이름의 절이다. 한 중국 스님이 이 절에서 돌아갔다. 이 절 스님이 말했다.

"그분은 중천축국(中天竺國)에서 오셨는데 삼장성교(三藏聖教)에 밝으셨습니다. 장차 고향으로 돌아가려 하시다가 갑자기 병을 얻으셨습니다."

나는 그 말을 듣고 마음이 아파 4운(四韻)으로 5언시(五言詩)를 써 그의 저승길을 슬퍼했다.

스님은 가시고 고향은 먼데/어디로 떠나셨나, 재가 되신 몸.
못 이루신 그 소원이 애처로워라./흰 구름만 부질없이 돌아가는가.
故里燈無主, 他方寶樹摧. 神靈去何處, 玉貌已成灰.
憶想哀情切, 悲君願不隨. 孰知鄕國路, 空見白雲歸.

- 혜초, ≪왕오천축국전(往五天竺國傳)≫

* 혜초((704-787) : 신라 성덕왕 때의 스님. 저서로 ≪왕오천축국전≫. 이는 다섯 천축국(지금의 인도, 당시 천축국 동, 서, 남, 북, 중천축국의 다섯 나라로 나뉘어 있었다.)을 여행하고 쓴 기행문. 〈고리등무주〉라는 제목은 내가 붙인 것, 원문엔 제목이 없다.

붙임 : 이 글은 기행문이니만치 보고 듣고 겪은 사실이 중심을 이루지만, 위에 보인 부분처럼 정서적인 데도 적지 않다. 먼 나라에 나그네 노릇 하는 지은이, 고향에 돌아가지 못한 중국 스님의 죽음이 마음 아팠을 것이다.

2. 우리는 수필을, 그 내용에 따라 서정수필, 서사수필, 설리수필의 세 갈래로 나눈 일이 있다. 다음에 보이는 글A는 서정, 글B는 서사, 글C는 설리수필이다.

◎ A. 정도전(鄭道傳)/매천부(梅川賦)–한문

경신년 늦겨울, 날씨 매섭게 차고 마른 나무에 바람이 휘몰아쳤다.

나 나막신 신고 문을 나섰다. 사방이 아득하다. 천지는 온통 얼어붙고. 홀연히 코끝에 향기 맑게 일었다. 만지려 해도 보이지 않고 찾으려 해도 간 곳이 없다. 다만 황홀할 뿐-. 무얼까? 공연히 섭섭했다.

마침 눈 그치고 달빛 희게 흘렀다. 물소리 맑았다. 그 내를 건너 걸음을 옮겼다. 아, 저기 있구나. 냇가에 그가 서 있다. 그대 누구뇨? 허나 말이 없다.

낯빛 천진해라, 차림새 곱고./흰 치마 하얀 소매 우의(羽衣) 입은 듯./살결 희어라, 맵시도 곱고./탐스러운 얼굴은 옥처럼 맑고. ‖

내가 문득 눈을 씻고 다시 보니 그가 호보(浩甫)와 더불어 매천(梅川)에 노닐고 있었다.

- 서거정(徐居正), ≪동문선(東文選)≫

* 정도전(?-1398) : 여말선초(麗末鮮初)의 문신, 학자. 호는 삼봉(三峰). 시문이 뛰어났다. 저서로 ≪삼봉집(三峰集)≫. 호보(浩甫)는 하유종(河有宗)이라는 이의 자(字), 매천(梅川)은 그가 살던 곳이라고 한다.

붙임 : 이 글은 매화를 예찬한 글이다. 늦겨울 모진 추위 속을 달빛을 벗하여 매화가 핀다. 맑게 이는 향기, 눈처럼 흰 살결, 우의(羽衣)이듯 깨끗한 차림. 아니, 호보(浩甫)의 매화처럼 고결한 인품을 예찬한 글이다. 이런 예찬을 받을 수 있다면-. 아니다, 비난이나 덜 받고 살자.

B. 유몽인(柳夢寅)/과연 하늘을 아는 이냐-한글

홍서봉(洪瑞鳳)의 집이 영경전(永敬殿) 앞에 있어 손을 맞으려고 장차 소를 잡으려 할 새 큰 소를 사 오니 포정(庖丁, 백정)이 이르지 못한지라 바야흐로 기다리더니, 때에 노자(奴子, 종) 수손(水孫)이 과천(果川)으로부터 큰 소에 나무 싣고 와 기둥에 매었더니 쇠등에 가로질린 나무가 꿰이어 부러져 기동을 못 하는지라

"사 온 소와 크기 같으니 이(과천서 나무 싣고 온 소)로써 저(잡으려고 사 온 소)를 바꾸라."
하여, 나무 실은 소는 마침내 잔치 음식에 들고 잡으려 한 소는 좋이 과천으로 가니라.

우리 집에 두 수탉이 있어 그 검은 놈이 암탉을 거느려 독장(獨場)을 치고 매양 붉은 놈을 쫓으니 붉은 놈이 능히 용납지 못하여 이웃집

에 가 의탁하거늘, 노비로 하여금 붉은 놈을 쏘아 오라 한즉 그놈이 그릇 듣고 검은 놈을 쏘아 오니, 집에 있는 자 음식에 들고 이웃에 도망한 자 도리어 천단(擅斷)히 뭇 닭을 거느리니,

미물(微物)의 사생(死生)도 또한 그 수(數, 운명, 명수)이 있어 해(害)코자 하는 자를 시러곰 임의로 못 하거든 하물며 사람이랴. 사람이 사생(死生)으로써 근심하여 백계(百計)로 영위하는 자, 과연 하늘을 아는 이냐?

- 유몽인, ≪어우야담(於于野談)≫

* 유몽인(1556-1523) : 조선 선조 때의 문신, 문인. 호는 어우당(於于堂). 시문이 뛰어 났다. 저서로 ≪어우집≫, ≪어우야담≫. 밑줄 부분은, 삶과 죽음을 걱정하여 수많은 계책을 강구하고(오래 살겠다며) 그것을 실행에 옮기는 자, 그는 천명을 모르는 사람이라는 뜻. 〈과연 하늘을 아는 이냐〉라는 제목은 내가 붙인 것, 원문엔 제목이 없다.

* 홍서봉(1572-1645) : 조선 인조 때의 문신. 호는 학곡(鶴谷). 시문과 글씨에 두루 뛰어났다. 저서로 ≪학곡집≫.

붙임 : 포정이 일찍 왔더라면 잡으러 사 온 그 소는 죽었을 것이다. 늦게 왔더라도 과천서 나무 싣고 온 소가 다치지 않았더라면 역시 죽었을 것이다. 과천 소도 그렇다. 하필 그때 와서 다쳤을까? 주인이 사내종을 보고 붉은 놈을 쏘아 오라고 한 것은 그놈이 못나서 그랬을 것이다. 그런데 왜 사내종은 주인의 말을 잘못 들었을까? 검은 놈으로 보면 기막힌 일이다. 이것은 주인의 뜻이 아니다.

소든 닭이든 다 수(數)가 있어서 사람이 마음대로 할 수 없다는 것이 지은이의 생각이다. 사람도 그렇다는 뜻을 함축한다. 정말 그런지 어떤지 나는 잘 모르겠다.

C. 이지함(李之菡)/대인설(大人說)-한문

사람에게 네 가지 소원이 있으니, 안으로 원하는 것은 신령(神靈)하게 됨과 강력(强力)하게 됨이요, 밖으로 원하는 것은 부유(富裕)하게 됨과 존귀(尊貴)하게 됨이다.

그러나 존귀하기로는 벼슬하지 아니함(不爵)보다 더한 것이 없고, 부유하기로는 욕심내지 아니함(不慾)보다 더한 것이 없으며, 강력하기로는 다투지 아니함(不爭)보다 더한 것이 없고, 신령하기로는 알지 아니함(不知)보다 더한 것이 없다.

그런데 알지 않는데도 신령하지 못한 자가 있으니 이는 어리석은 자가 그러하고, 다투지 않는데도 강력하지 못한 자가 있으니 이는 나약한(정신력이 허약한) 자가 그러하며, 욕심이 없는데도 부유하지 못한 자가 있으니 이는 빈궁한(정신세계가 빈약한) 자가 그러하고, 벼슬하지 않았는데도 존귀하지 못한 자가 있으니 이는 미천한(정신적으로 천박한) 자가 그러하다.

알지 않음으로써 능히 신령하게 되고, 다투지 않음으로써 능히 강력하게 되며, 욕심이 없음으로써 능히 부유하게 되고, 벼슬하지 않음으로써 능히 존귀하게 되는 것은 오직 대인군자(大人君子)만이 할 수 있는 일이다.

- 이지함, ≪토정집(土亭集)≫

* 이지함(1517-1578) : 조선 선조 때의 학자. 호는 토정(土亭). 천문(天文), 지리(地理), 복서(卜筮) 등에 두루 능통했다. ≪토정비결(土亭秘訣)≫의 저자로 알려져 있다. 저서로 ≪토정집≫.

붙임 : 벼슬에 연연하다가 불행을 자초하는 사람이 많다. 욕심에 사로잡혀 가진 것마저 잃는 사람도 많다. 남 위에 군림하려다가 더 큰 힘을 만나 쓸쓸히 밀려나는 사람은 또 얼마나 많은가? 잡다한 지식에 가려 사물에 이치를 잘못 보는 사람도 많다.

그러나 대인군자는 그렇지 않다. 나는 그 동안 나약하진 않았는가, 빈궁하진 않았는가, 미천하진 않았는가, 부끄러울 때가 많다.

3. 우리는 산문의 시점(視點)을 네 갈래로 나누어 이해한 바 있다. 다음에 보이는 글A는 1인칭주인공, 글B는 1인칭관찰자, 글C는 전지적작가, 글D는 작가관찰자 시점이다.

A. 심노숭(沈魯崇)/산해필희(山海筆戲), 임진록 제29화–한문

새벽에 일어나 빗소리를 들었다.

점검(點檢)받으러 가는 길, 불어난 냇물에 길이 막힐까 저어 주인집 소를 빌려 탔다. 산 아래 마을에 이르니 냇물이 소의 배에 차 물 건너기가 두려웠다. 다만 엷은 안개에 싸인 사방의 산들과 외길로 치닫는

냇물만 눈에 들어왔다. 이욱고 보리 늦게 패는 쓸쓸한 마을을 지나 나무들 오래 된 외로운 성 안으로 들어갔다.

최칠칠(崔七七)이 지금 있어 한 폭 그림으로 이 정경을 담는다면 족히 풍치가 있을 것이다. 그러나 이 그림을 보는 사람이 누가 알랴, 소를 타고 가는 저 사람이 의리(義理)를 저버리고 선류(善類, 착한 사람들)를 해친 죄로 나라 한가운데 함께 살 수 없다 하여 그 끝으로 내쫓긴 소인(小人)이라는 것을?

- 심노숭, ≪효전산고(孝田散稿)≫

* 심노숭(1762-1837) : 조선 정조 때의 문신. 호는 효전(孝田), 몽산거사(夢山居士). 문장이 뛰어났다. 저서로 ≪효전산고≫. 그는 지금, 의리를 저버리고 선류를 해쳤다는 죄로 나라 끝에 내쫓겨 귀양살이를 하고 있다. 오늘은 그곳 관가에 점검받으러 가는 날이다.

* 최칠칠 : 조선 영조 때의 기인 화가 최북(崔北), 칠칠은 그의 자(字). 산수화에 뛰어났다고 한다.

붙임 : 지은이가 소를 타고 성 안에 이르는 과정이 정말 한 폭의 산수화 같다. 허나 마을은 쓸쓸하고 성 안은 외롭다. 귀양 사는 그의 마음이 황량하니까. 지은이는 자신이 언어로 그린 이 그림에다 자기의 죄명을 아주 대수롭지 않은 듯 써 넣는다. 터무니없 뜻의 야유일 것이다.

B. 정약용(丁若鏞)/조신선전(曺神仙傳)–한문

조신선이라는 자는 책장수다. 그는 수염이 자줏빛인데 농담을 잘한다. 두 눈은 번쩍거려 신들린 사람 같고, 무슨 책이든지 그 내용을 환히 다 알아 유식하게도 보인다.

그는 천성이 욕심이 많다. 해서 누구네 집 아무리 깊은 곳에 숨겨 놓은 책이라도 헐값에 사다가 비싸게 파니 다른 책장수들이 다 이를 잘못이라 한다.

그는 사는 곳을 숨기므로 아는 사람이 없다. 누가 말하기를

"남산(南山) 아래 석가산동(石假山洞)에 산다."

했으나 확실치 않다.

병신년(丙申年, 1776)에 내가 서울에서 그를 처음 만났을 때 그의 얼굴과 머리털은 사오십 세밖에 되어 보이지 않았다. 경신녀(庚申年, 1800)에 보았을 때도 조금도 늙지 않고 병신년과 똑같았다. 근자에 어

떤 사람이 말하기를

"경진년(庚辰年, 1820)에도 그랬다."

했는데 이는 내가 본 것은 아니다. 이가환(李家煥) 공도

"병자년(丙子年, 1756)에 내 그를 만났는데 그때도 그랬네."

했으니, 그렇다면 그의 나이 백년이 넘은 지 오래 된 것이다. 자줏빛 수염에 무슨 이치가 있는가?

외사씨(外史氏)가 말했다.

"도가(道家)에서는 마음을 깨끗하게 하고 욕심을 없애 버림으로써 신선(神仙)이 되는 근본을 삼는데 조신선은 욕심이 많은데도 오히려 능히 이처럼 늙지 않으니, 세상이 말세가 되매 신선도 속(俗)됨을 면치 못하는가?

- 정약용, ≪여유당전서(與猶堂全書)≫

* 정약용(1762-1836) : 조선 정조 때의 문신, 학자. 호는 다산(茶山). 시문이 뛰어났다. 조선 후기의 실학(實學)을 집대성했다. 저서로 ≪여유당전서≫.

* 이가환(1742-1801) : 조선 정조 때의 학자. 호는 금대(錦帶). 문장이 뛰어나고 필법이 탁월했다. 천주교 신도로 신유박해(辛酉迫害) 때 순교했다. 저서로 ≪금대유고(錦帶遺稿)≫.

붙임 : 도가(道家)에 따르면 마음을 깨끗하게 하고 욕심을 버려야 신선이 된다는데 이 글의 주인공 조신선은 욕심이 많은데도 신선처럼 오래 사니 웬일인가? 말세가 되어서 신선도 세속적으로 타락했기 때문이라는 것이 외사씨(지은이)의 의견이다. 신선 세계의 질서가 파괴되었다는 것-.

오늘 우리 사회는 어떤가? 실례지만 도적님 같은 분들이 떵떵거리고 신선처럼 사시는 걸 보면 아직도 신선 세계의 질서가 회복되지 못한 모양이다.

C. 이제현(李齊賢)/거북아, 거북아-한문

근세 통해현(通海縣, 평안남도 소재의 한 고을)에 거북처럼 생긴 큰 짐승이 밀물을 타고 들어왔다가 썰물에 돌아가지 못하니 백성들이 장차 잡아먹으려 했다. 이에 현령(縣令) 박세통(朴世通)이 이를 말리고 새끼를 꼬아 두 배(舟)로 끌어다가 바다에 놓아 주었더니, 그날 밤 꿈에 한 노인이 절하고 말했다.

"내 자식이 날을 가리지 않고 나가 놀다가 솥에 삶길 뻔하였습니다. 다행히 그대가 살려 주셨으니 그 음덕(陰德)이 실로 큽니다. 앞으로

그대의 자손삼세(子孫三世)가 반드시 재상(宰相)이 될 것입니다."

그런데 세통과 세통의 아들 홍무(洪茂)는 다 재상의 반열에 올랐으나 손자 함(瑊)은 상장군(上將軍)에서 물러나게 되었다. 이에 세통이 마음이 언짢아 읊기를

거북아, 거북아, 잠에서 깨라.	龜乎龜乎莫耽睡,
삼세(三世) 재상이 헛말이구나.	三世宰相虛言耳.

하니, 그날 밤 꿈에 거북이 말했다.

"그대가 주색에 빠져 스스로 복을 감한 것이지 내가 그대의 덕을 잊은 것이 아닙니다. 그러나 장차 기쁜 일 한 가지가 있을 것입니다."

며칠 후 과연 벼슬이 주어져 마침내 복야(僕射)가 되었다.

- 이제현, ≪역옹패설(櫟翁稗說)≫

* 이제현(1287-1367) : 고려 충렬왕 때의 문신, 문인, 학자. 호는 익재(益齋). 시문과 글씨에 뛰어나고 학문이 깊었다. 저서로 ≪익재난고(益齋亂藁)≫, ≪역옹패설≫. 대장군은 정3품으로 2품 이상인 재상의 반열에 들지 못한다. 복야는 본래 중국의 관명이지만 여기서는 재상의 뜻. 〈거북아, 거북아〉라는 제목은 내가 붙인 것, 원문엔 제목이 없다.

붙임 : ≪역경(易經)≫에 "적선지가(積善之家)에 필유여경(必有餘慶)"이라는 말이 있다. 적선하는 집안은 반드시 그 자손이 여경을 누린다는 뜻이다. 지은이가 거북 이야기를 한 것도 그런 뜻을 나타내려 한 것일 게다. 그러나 적선이 어디 그리 말처럼 쉬운가? 남에게 해나 끼치지 않고 살았으면 싶다.

D. 서거정(徐居正)/양녕대군(讓寧大君)–한문

세조(世祖)는 천선(天性)이 호매(豪邁)로워 평소에 의론(議論)이 강개(慷慨)했는데, 일찍이 당태종(唐太宗)을 사모하고 한고조(漢高祖)는 가벼이 여겼다.

어느 날 세조가 양녕대군(讓寧大君) 제(禔)와 고금(古今)의 제왕(帝王)을 논하다가 말했다.

"아무리 해도 당태종에게 미칠 수 없을 것 같습니다."

이 말을 듣고 양녕이 말했다.

“전하께서 당태종보다 나으십니다.”

세조가 낯빛을 고치며 말했다.

“이 어인 말씀이십니까?”

양녕이 답했다.

“당태종은 아주 사소한 일로 장온고(張蘊古)를 죽였습니다. 그러나 전하께서는 그러지 않으실 것입니다. 더구나 전하께서는 가법(家法)이 바르시니 이는 당태종의 미칠 바가 아닙니다.”

세조가 빙긋 웃었다.

이야기가 포주강(蒲州江) 야인(野人)을 정벌하던 일일에 이르자 양녕이 또 말했다.

“옛 사람의 말에, 천균(千鈞)의 활로는 작은 쥐를 쏘지 않는다 했으니, 원컨대 전하께서는 이 말을 잊지 마십시오.”

양녕은 역시 보는 눈이 기이했다.

- 서거정, ≪필원잡기(筆苑雜記)≫

* 서거정(1420-1488) : 조선 성종 때의 문신, 문인. 호는 사가정(四佳亭). 시문이 뛰어났다. 저서로 ≪동인시화(東人詩話)≫, ≪필원잡기≫, 편저로 ≪동문선(東文選)≫. 〈양녕대군〉이라는 제목은 내가 붙인 것, 원문엔 제목이 없다. 이 글은, 보기에 따라서는 1인칭관찰자시점으로도 볼 수 있겠다.

* 양녕대군(1394-1462) : 조선 제3대 임금인 태종의 장남. 세자에 책봉되었으나 아우인 충녕(忠寧, 세종)에게 성인의 자질이 있는 것을 보고 스스로 미친 체 품행을 방자하게 해 폐위 되었다고 한다. 시와 글씨에 뛰어났다. 양녕이 인용한 말(밑줄 친 부분)은 ≪삼국위지(三國魏志)≫에 나오는 것으로 큰 뜻을 가진 사람은 사소한 일에 대범하다는 뜻. 천균은 아주 무겁다는 뜻, 한 균은 서른 근.

* 세조(1417-1468) : 조선 제7대 임금), 수양대군(首陽大君). 조카인 어린 단종(端宗)을 내쫓고 왕위에 올랐다. 그 과정에서 많은 사람을 죽였다. 그러나 치적도 많이 쌓았다.

* 당태종(598-649) : 당나라 제2대 임금. 이름은 이세민(李世民). 많은 치적을 쌓았다. 우리 고구려를 쳐오다가 안시성(安市城)에서 패퇴한 일이 있다. 당시 장온고라는 사람이 〈대보잠(大寶箴)〉을 썼는데 이는 임금이 할 일을 적은 것이라고 한다. 당태종은 이를 보고 장온고를 죽였다.

* 한고조(BC247?-BC195) : 한나라 초대 임금. 이름은 유방(兪邦). 서민 출신이었으나 성격이 대담 치밀했다고 한다.

붙임 : 임금 자리를 마다 한 양녕, 그는 그 피비린내 나는 비극의(사육신을 도륙하고 단종을 유폐시켜 죽게 하는 등의) 앞날을 미리 내다본 것일까? 정말 보는 눈이 기이하다. 세조가 그의 말을 마음에 새겼더라면 그 처참한 역사를 비껴 갈 수도 있었을 것을. 세조는 천균의 활로 무엇을 쏘았는가?

미래를 예측한다는 것은 어려운 일이다. 임금에게 이 말을 잊지 말라고 말하는 것도 어려운 일이다. 그것은 지혜롭고 마음을 비운 사람만이 할 수 있는 일일 것이다.

찾아보기

ㄷ

ㄹ

ㅁ

ㅂ

ㅇ

1

3

수필쓰기의 이론

초판 발행 - 2018년 01월 10일
초판 인쇄 - 2018년 01월 15일
지은이 - 정 진 권
발행인 - 한 점 덕
펴낸곳 - 학 연 사
서울시 영등포구 경인로 82길 3-4 센터플러스 814호
TEL. (代)2164-3311 FAX. 2164-3314

정가 12,000원 <登錄: 1976年 12月 23日 第12-6號>

ISBN 978-89-8060-043-4 93710